Ο δρόμος των δακρύων

Τίτλος πρωτοτύπου:
El camino de las lágrimas

Εκτύπωση: Πάνος Γκόνης
Βιβλιοδεσία: Θ. Ηλιόπουλος - Π. Ροδόπουλος

Εκδόσεις opera
Κωλέττη 23Α, 106 77 Αθήνα
Τηλ. (210) 330 45 46 - Fax: (210) 330 36 34
e-mail: opera@otenet.gr
www.operabooks.gr

ISBN: 978-960-8397-41-5

ΧΟΡΧΕ ΜΠΟΥΚΑΪ

Ο ΔΡΟΜΟΣ ΤΩΝ ΔΑΚΡΥΩΝ

ΦΥΛΛΑ ΠΟΡΕΙΑΣ III

Μετάφραση
Κωνσταντίνα Επισκοποπούλου

Εκδόσεις opera
Αθήνα 2012

στη Μούσι
τη Σουζάνα
τη Χέι
και την Μπάτσι

γιατί η απουσία τους μου έδειξε
τον δρόμο των δακρύων

ΦΥΛΛΑ ΠΟΡΕΙΑΣ

Υπάρχει *σίγουρα* μια πορεία
που μπορεί,
με πολλούς *τρόπους*,
να είναι προσωπική και μοναδική.

Υπάρχει, *πιθανόν*, μια πορεία,
σίγουρα
και με πολλούς *τρόπους*,
ίδια για όλους.

Υπάρχει μια πορεία σίγουρη,
και κατά κάποιον τρόπο εφικτή.

Ο *ΤΡΟΠΟΣ* ΕΙΝΑΙ Ν' ΑΝΑΚΑΛΥΨΕΙΣ την πορεία και ν' αρχίσεις να βαδίζεις προς τα εκεί. Είναι *πιθανό* να ξεκινήσεις μόνος, αλλά θα εκπλαγείς όταν συναντήσεις αργότερα στο δρόμο όλους εκείνους που *σίγουρα* πορεύονται προς την ίδια κατεύθυνση.

Αυτή η τελευταία διαδρομή είναι μοναχική, προσωπική και καθοριστική, αλλά δεν θα πρέπει να ξεχάσουμε ότι είναι η γέφυρα που μας ενώνει με τους άλλους· το μοναδικό σημείο επαφής που μας συνδέει αναπόδραστα με τον κόσμο έτσι όπως είναι.

Όποιο όνομα κι αν δώσουμε στον τελικό προορισμό: ευτυχία, αυτοπραγμάτωση, άνοδος, διαφωτισμός, συνειδητοποίηση, ειρήνη, επιτυχία, κορυφή, ή, απλώς, τέλος... το ίδιο κάνει. Όλοι ξέρουμε πως η πρόκληση για μας είναι μόνο να φτάσουμε ώς εκεί.

Θα υπάρξουν κάποιοι που έχασαν το δρόμο και καταδικάστηκαν να φτάσουν αργά. Άλλοι, θα βρουν το πιο σύντομο μονοπάτι και θα γίνουν οι έμπειροι οδηγοί των υπολοίπων.

Κάποιοι από τους οδηγούς αυτούς, μου δίδαξαν πως υπάρχουν πολλοί δρόμοι για να φτάσει κανείς, αμέτρητες προσεγγίσεις, χιλιάδες τρόποι, δεκάδες μονοπάτια που μας οδηγούν στη σωστή κατεύθυνση.

Ασφαλώς, υπάρχουν κάποιοι δρόμοι που αποτελούν μέρος κάθε πορείας που χαράξαμε.

Δρόμοι που δε γίνεται να αποφύγουμε.

Δρόμοι που πρέπει να διαβεί κανείς αν θέλει να συνεχίσει.

Δρόμοι για τους οποίους θα μάθουμε τα απολύτως απαραίτητα, ώστε να φτάσουμε στο τελευταίο κομμάτι της διαδρομής.

Κατά τη γνώμη μου, αυτοί οι αναπόφευκτοι δρόμοι είναι τέσσερις:

Ο πρώτος, ο δρόμος της οριστικής αποδοχής της ευθύνης για την ίδια μας τη ζωή, είναι αυτός που ονομάζω:

Ο δρόμος της Αυτοεξάρτησης

Ο δεύτερος, ο δρόμος της ανακάλυψης του άλλου, του έρωτα και του σεξ, είναι αυτός που εγώ τον λέω:

Ο δρόμος της Συνάντησης

Ο τρίτος, ο δρόμος της απώλειας και του πένθους, είναι αυτός που ονομάζω:

Ο δρόμος των Δακρύων

Ο τέταρτος και τελευταίος, ο δρόμος της ολοκλήρωσης και της αναζήτησης του νοήματος, είναι αυτός που ονομάζω:

Ο δρόμος της Ευτυχίας.

Στο ταξίδι μου μέχρις εδώ, έζησα μελετώντας τις σημειώσεις που άφησαν άλλοι για τα ταξίδια τους και πέρασα αρκετό χρόνο σχεδιάζοντας τους δικούς μου χάρτες.

Οι χάρτες μου γι' αυτούς τους τέσσερις δρόμους αποτέλεσαν αυτά τα χρόνια τα δικά μου φύλλα πορείας και με βοήθησαν να ξαναβρώ το δρόμο μου κάθε φορά που χανόμουν.

Αυτά τα «Φύλλα Πορείας», λοιπόν, μπορεί να φανούν χρήσιμα σε όσους —όπως εγώ— χάνονται συχνά στον δρόμο, και ακόμη σε όσους στάθηκαν άξιοι να βρουν τα μονοπάτια. Οπωσδήποτε, όμως, ο χάρτης δεν είναι *ο ίδιος ο τόπος*, και θα πρέπει να προχωράμε διορθώνοντας το δρομολόγιο κάθε φορά που η δική μας εμπειρία διαπιστώνει κάποιο λάθος του χαρτογράφου. Μόνον έτσι θα φτάσουμε στην κορυφή.

Είθε να συναντηθούμε εκεί.
Θα σημαίνει πως θα έχετε φτάσει.
Θα σημαίνει πως κι εγώ θα τα έχω καταφέρει...

Χόρχε Μπουκάι

Η ΑΛΛΗΓΟΡΙΑ ΤΗΣ ΑΜΑΞΑΣ III

ΟΠΩΣ ΚΟΙΤΑΖΩ ΑΦΗΡΗΜΕΝΟΣ ΔΕΞΙΑ, με τρομάζει ξαφνικά μια απότομη κίνηση της άμαξας.

Σκύβω έξω και βλέπω ότι έχουμε ανέβει στο πεζοδρόμιο.

Φωνάζω στον αμαξά να προσέχει, κι αυτός αμέσως ξαναμπαίνει στο δρόμο.

Δεν καταλαβαίνω πώς αφαιρέθηκε τόσο πολύ και δεν είδε ότι ξέφυγε από την πορεία του.

Φαίνεται πως γέρασε.

Γυρίζω το κεφάλι αριστερά να κάνω νόημα στον συνταξιδιώτη μου να μην ανησυχεί γιατί είναι όλα εντάξει... αλλά δεν τον βλέπω πουθενά!

Ταράζομαι. Αυτό δεν έχει ξαναγίνει ποτέ ώς τώρα. Δεν έχουμε ξαναχαθεί στον δρόμο.

Από την πρώτη μας συνάντηση, δεν έχουμε χωρίσει λεπτό.

Ήταν μια σιωπηρή συμφωνία.

Σταμάταγε ο ένας, σταμάταγε κι ο άλλος.

Βιαζόταν ο ένας, πήγαινε γρηγορότερα κι ο άλλος.

Παίρναμε μαζί τη στροφή, αν ο ένας από τους δύο ήθελε να στρίψει.

Μα τώρα, χάθηκε.

Ξαφνικά, έγινε άφαντος.

Μάταια βγάζω το κεφάλι και κοιτάζω τον δρόμο δεξιά και αριστερά.

Δεν φαίνεται πουθενά.

Ρωτάω τον αμαξά, κι αυτός ομολογεί πως εδώ και λίγη ώρα τον είχε πάρει ο ύπνος στη θέση του. Μου δικαιολογείται ότι πολλές φορές ο ένας από τους δύο αμαξάδες κοιμάται λιγάκι και αφήνει τον άλλον να προσέχει τον δρόμο.

Ήταν φορές που και τα άλογα ακόμη σταματούσαν να πηγαίνουν με τον δικό τους ρυθμό και ακολουθούσαν τον ρυθμό των αλόγων της διπλανής άμαξας.

Ήμαστε σαν δύο άτομα που τα οδηγούσε η ίδια επιθυμία, σαν δύο πρόσωπα με ένα μυαλό, σαν δύο άνθρωποι σε ένα σώμα.

Κι έξαφνα,
μοναξιά,
σιωπή,
αμηχανία...

Να έπαθε κάποιο ατύχημα την ώρα που εγώ, αφηρημένος, δεν κοιτούσα προς το μέρος του;

Μήπως πήραν τα άλογα λάθος δρόμο, αφού και τους δύο αμαξάδες τους πήρε ο ύπνος...

Μπορεί, όμως, και να προχώρησε η δική του άμαξα χωρίς να αντιληφθεί ο αμαξάς του την απουσία μας, και να συνέχιζαν τώρα την πορεία τους προπορευόμενοι.

Βγάζω το κεφάλι μου απ' το παραθυράκι άλλη μια φορά και φωνάζω:

«Έεειιι!!!»

Περιμένω λίγα δευτερόλεπτα και ξαναφωνάζω στον έρημο δρόμο:

«Γειάααα!!!»

Και ξανά, ακόμα μια φορά:
«Πού είσαι;;;»

...

Καμία απάντηση.

Θα έπρεπε άραγε να γυρίσω πίσω...
ή μήπως να μείνω ακίνητος εδώ που είμαι και να τον περιμένω...
ή να πω, καλύτερα, στον αμαξά να τρέξει για να τον προφτάσουμε;

Πάει πολύς καιρός που δεν μου ήταν πρόβλημα αυτές οι αποφάσεις.

Είχα αποφασίσει, εκεί και τότε, να είμαι δίπλα του και να τον ακολουθώ όπου μας έβγαζε ο δρόμος.

Τώρα όμως...

Ο φόβος μήπως χάθηκε και η ανησυχία πως μπορεί κάτι να έπαθε όλο και υποχωρούν, και στη θέση τους εμφανίζεται ένα συναίσθημα διαφορετικό.

Και αν αποφάσισε να μη συνεχίσει μαζί μου;

Μετά από λίγο συνειδητοποιώ πως όσο και να περιμένω, δεν πρόκειται να ξαναγυρίσει.

Πάντως, όχι στο μέρος αυτό.

Οι επιλογές μου είναι να συνεχίσω ή να μείνω εδώ και να πεθάνω.

Να πεθάνω.

Με ερεθίζει αυτή η ιδέα.

Ξεζεύω τα άλογα και ζητάω από τον αμαξά να κατέβει.

Μας κοιτάζω: την άμαξα, τον αμαξά, τα άλογα, εμένα τον ίδιο...

Έτσι αισθάνομαι: διχασμένος, χαμένος, συντρίμμια.

Αλλού οι σκέψεις μου, αλλού τα συναισθήματά μου, αλλού το σώμα, αλλού η ψυχή μου. Και το μυαλό μου, η συνείδηση του εαυτού μου καθηλωμένα εκεί...

Σηκώνω τα μάτια και κοιτάζω τον δρόμο μπροστά.
Από εδώ που βρίσκομαι, το τοπίο μοιάζει βαλτότοπος.
Λίγα μέτρα πιο πέρα, το έδαφος γίνεται έλος.
Εκατοντάδες έλη και λάσπες — όλα δείχνουν πως το μονοπάτι είναι ολισθηρό και επικίνδυνο...

Δεν είναι η βροχή που μούσκεψε το χώμα.

Είναι τα δάκρυα όσων πέρασαν κάποτε από αυτόν τον δρόμο ενώ θρηνούσαν μιαν απώλεια.

Το ίδιο και τα δικά μου, νομίζω... σύντομα θα μουσκέψουν το μονοπάτι...

1

ΣΤΗΝ ΑΡΧΗ ΤΟΥ ΔΡΟΜΟΥ

ΕΤΣΙ ΞΕΚΙΝΑΕΙ Ο ΔΡΟΜΟΣ ΤΩΝ ΔΑΚΡΥΩΝ.

Έτσι· φέρνοντάς μας σε επαφή με αυτό που πονάει.

Γιατί έτσι μπαίνει κανείς σ' αυτό το μονοπάτι· με αυτό το βάρος· με αυτό το φορτίο.

Και ακόμη, με την αναπόφευκτη —αν και πάντοτε απατηλή— πεποίθηση, ότι δεν πρόκειται να το αντέξουμε.

Παρόλο που φαίνεται απίστευτο, όλοι νομίζουμε στην αρχή του δρόμου πως είναι αβάσταχτος.

Δεν είναι δικό μας το φταίξιμο, ή τουλάχιστον δεν είναι μόνο δικό μας το φταίξιμο...

Μας έμαθαν στο σχολείο να πιστεύουμε ότι είμαστε βασικά ανίκανοι να αντέξουμε τον πόνο μιας απώλειας. Ότι κανείς δεν μπορεί να ξεπεράσει τον θάνατο ενός αγαπημένου προσώπου. Ότι θα πεθαίναμε αν μας άφηνε αυτός που αγαπάμε, και δεν θα μπορούσαμε να υποφέρουμε ούτε για ένα λεπτό τον ακραίο πόνο μιας σημαντικής απώλειας, γιατί η θλίψη είναι ζοφερή και καταστροφική...

Κι εμείς ζήσαμε όλη μας τη ζωή με βάση αυτές τις σκέψεις.

Ωστόσο, όπως σχεδόν πάντοτε συμβαίνει, οι αντιλήψεις αυτές που διδαχτήκαμε κι έγιναν δικές μας πεποιθήσεις, είναι μια συντροφιά επικίνδυνη. Συχνά λειτουργούν σαν φοβεροί εχθροί και κάνουν πολύ μεγαλύτερο κακό από αυτό που υποτίθεται ότι αποτρέπουν. Στην περίπτωση του πένθους, για παράδειγμα, μας αποπροσανατολίζουν από την πορεία μας προς την οριστική απελευθέρωση, από αυτό που δεν υπάρχει πια.

Θα σας διηγηθώ μια ιστορία που λένε ότι είναι αληθινή.

Προφανώς, συνέβη κάπου στην Αφρική.

Έξι μεταλλωρύχοι εργάζονται σε μια πολύ βαθιά σήραγγα και βγάζουν ορυκτά από τα έγκατα της γης. Ξαφνικά, μια κατολίσθηση φράζει την έξοδο της σήραγγας και τους απομονώνει από τον έξω κόσμο. Μόλις γίνεται αυτό, με μια γρήγορη ματιά, χωρίς να πουν λέξη, εκτιμούν την κατάσταση. Είναι όλοι τους πολύ έμπειροι και καταλαβαίνουν αμέσως πως το μεγάλο πρόβλημα θα είναι το οξυγόνο. Αν κάνουν ό,τι πρέπει, τους μένουν τρεις, το πολύ τρεισήμισι ώρες αέρα.

Ο κόσμος απέξω ξέρει πως είναι εκεί εγκλωβισμένοι, μια τέτοια κατολίσθηση όμως σημαίνει ότι θα πρέπει να ανοίξουν τη σήραγγα από την αρχή για να κατέβουν να τους βρουν. Θα προφτάσουν πριν τους τελειώσει ο αέρας;

Οι έμπειροι μεταλλωρύχοι αποφασίζουν πως πρέπει να εξοικονομήσουν όσο γίνεται περισσότερο οξυγόνο.

Συμφωνούν να κάνουν την ελάχιστη δυνατή σωματική δαπάνη. Σβήνουν τις λάμπες που κρατούν και ξαπλώνουν στο πάτωμα χωρίς να μιλάνε.

Βουβοί λόγω της κατάστασης και ακίνητοι μέσα στο σκοτάδι, είναι δύσκολο να υπολογίσουν το πέρασμα του χρόνου. Συμπτωματικά, ένας μόνο έχει ρολόι. Σ' αυτόν λοιπόν απευθύνονται όλες οι ερωτήσεις: Πόση ώρα πέρασε; Πόση απομένει; Και τώρα;

Ο χρόνος αρχίζει να μακραίνει, τα δύο λεπτά τους φαίνονται μία ώρα. Η απελπισία πριν από κάθε απάντηση κάνει ακόμη μεγαλύτερη την ένταση που νιώθουν. Ο επικεφαλής των μεταλλωρύχων συνειδητοποιεί πως αν συνεχίσουν έτσι, η αγωνία θα τους κάνει να αναπνέουν πιο γρήγορα κι αυτό μπορεί να τους σκοτώσει. Διατάζει, λοιπόν, εκείνον που έχει το ρολόι να ελέγχει, εκείνος μόνο, το πέρασμα της ώρας. Κανένας πλέον δεν θα κάνει ερωτήσεις, θα τους ενημερώνει εκείνος κάθε μισή ώρα.

Αυτός, εκτελώντας τη διαταγή, παρακολουθεί το ρολόι του. Και μόλις περνάει η πρώτη μισή ώρα, λέει «πέρασε μισή ώρα». Ένα μουρμουρητό ακούγεται... Η αγωνία τους πλανιέται στον αέρα.

Ο κάτοχος του ρολογιού καταλαβαίνει πως, όσο περνάει η ώρα, θα είναι όλο και πιο φοβερό να τους ανακοινώνει ότι πλησιάζει το τελευταίο λεπτό. Χωρίς να το συζητήσει με κανέναν, αποφασίζει πως δεν τους αξίζει να βασανίζονται μέχρι να πεθάνουν. Έτσι, την επόμενη φορά που τους ανακοινώνει τη μισή ώρα, έχουν στην πραγματικότητα περάσει 45 λεπτά.

Δεν υπάρχει τρόπος να καταλάβουν τη διαφορά, κι έτσι δεν αμφιβάλλει κανείς.

Αφού βλέπει ότι πέτυχε το τέχνασμα, την τρίτη ενημέρωση την κάνει μία ώρα μετά. Τους λέει: «πέρασε άλλη μισή ώρα...» Και οι πέντε πείθονται ότι έχουν περάσει παγιδευμένοι, συνολικά, μιάμιση ώρα, και σκέφτονται μάλιστα πόσο μακρύς τους φαίνεται ο χρόνος.

Έτσι συνεχίζει αυτός με το ρολόι, κάθε μία ολόκληρη ώρα να τους ενημερώνει πως έχει περάσει μόνο μισή.

Στο μεταξύ, η ομάδα που επιχειρεί το έργο της διάσωσης ξέρει σε ποιον θάλαμο έχουν παγιδευτεί, και ξέρουν, επίσης, ότι θα είναι πολύ δύσκολο να φτάσουν εκεί πριν περάσουν τουλάχιστον τέσσερις ώρες.

Φτάνουν, τελικά, μετά από τεσσερισήμισι ώρες. Το πιθανότερο είναι να βρουν τους έξι μεταλλωρύχους νεκρούς.

Βρίσκουν ζωντανούς τους πέντε.
Ένας πέθανε από ασφυξία... Εκείνος που είχε το ρολόι.

Να τι δύναμη έχουν οι πεποιθήσεις στη ζωή μας.
Να τι μπορούν να μας κάνουν οι εξαρτήσεις μας.

Κάθε φορά που κατασκευάζουμε τη βεβαιότητα ότι κάτι ανεπανόρθωτα καταστρεπτικό θα μας συμβεί —κι ας μην ξέρουμε πώς (ή και ξέροντάς το)—, αυτό που στην ουσία κάνουμε είναι ότι προκαλούμε, πάμε γυρεύοντας, βοηθάμε και σίγουρα δεν κάνουμε το παραμικρό για να μη μας συμβεί στ' αλήθεια κάτι (έστω και λίγο) από το κακό που είχαμε προβλέψει.

Παρεμπιπτόντως, (όπως στην ιστορία), ο μηχανισμός λειτουργεί και αντίστροφα:

Όταν νομίζουμε, ή μάλλον έχουμε την πεποίθηση, ότι με κάποιον τρόπο μπορούμε να πάμε μπροστά, οι πιθανότητες να προχωρήσουμε πολλαπλασιάζονται.

Είναι φανερό πως αν η ομάδα διάσωσης είχε κάνει 12 ώρες να φτάσει, δεν θα μπορούσαν ούτε να διανοηθούν ότι θα έβρισκαν ζωντανούς τους μεταλλωρύχους. Δεν λέω πως από μόνη της η θετική στάση είναι ικανή να αποτρέψει το μοιραίο ή να αποφύγει μια τραγωδία. Αυτό που λέω είναι ότι, οι πεποιθήσεις αυτο-υποτίμησης καθορίζουν χωρίς αμφιβολία τον τρόπο που ο καθένας μας αντιμετωπίζει τις δυσκολίες.

Η ιστορία των μεταλλωρύχων θα έπρεπε να μας κάνει να σκεφτούμε τι σημαίνουν οι εξαρτήσεις. Κι αυτό είναι το πρώτο που πρέπει να μάθουμε. Είναι ανάγκη να ξεκινήσουμε από αυτό το σημείο, γιατί ένας από τους πλέον καθοριστικούς και λανθασμένους «επιμορφωτικούς» μύθους που μας δίδαξε η εκπαίδευσή μας είναι, ακριβώς, ότι δεν είμαστε προετοιμασμένοι για τον πόνο ούτε για την απώλεια.

Επαναλαμβάνουμε συχνά, σχεδόν χωρίς να σκεφτούμε:

«Δεν θα μπορούσα να συνεχίσω, αν έχανα εκείνο.»
«Δεν μπορώ να πάω μπροστά, αν δεν έχω αυτό.»
«Δεν θα μπορέσω να προχωρήσω, αν δεν αποκτήσω το τάδε».

Όταν μιλάω για τους μηχανισμούς που δημιουργούν εξάρτηση, αναφέρω πάντοτε πως όταν ήμουν βρέφος μόλις λίγων ωρών ή λίγων ημερών, ήταν φανερό (παρόλο που εγώ δεν το ήξερα ακόμη τότε) ότι δεν θα μπορούσα να επιβιώσω εάν η μαμά μου, ή κάποιος άλλος, δεν μου πρόσφερε τις στοργικές της φροντίδες. Η μαμά μου ήταν, επομένως, στην κυριολεξία απαραίτητη για την ύπαρξή μου, εφόσον εγώ δεν θα μπορούσα να ζήσω χωρίς εκείνη. Μετά από τρεις μήνες ζωής, ασφαλώς είχα περισσότερη συνείδηση αυτής της ανάγκης, ανακάλυψα όμως επιπλέον τον μπαμπά μου, κι άρχισα να καταλαβαίνω ότι, πραγματικά, δεν θα μπορούσα να ζήσω χωρίς αυτούς τους δύο. Μετά από λίγο καιρό δεν ήταν πια η μαμά και ο μπαμπάς, ήταν η οικογένειά ΜΟΥ η πηγή από όπου «ανάβλυζε» ό,τι είχα ανάγκη: αγάπη, συντροφιά, παιχνίδι, προστασία, δώρα, αναγνώριση, συμβουλές...

Στην οικογένειά μου υπήρχε πολύς κόσμος: ο αδελφός μου, ένα σωρό θείοι και οι παππούδες μου. Τους αγαπούσα όλους βαθιά και ένιωθα —το θυμάμαι αυτό— πως δεν θα μπορούσα να ζήσω χωρίς όλους αυτούς...

Μετά ήρθε το σχολείο και μαζί του οι δάσκαλοί μου: η δεσποινίς Ανχελός, ο κύριος Αλμεχούν, η δεσποινίς Μαριάνο και ο κύριος Φερνάντες, τους οποίους εκείνη την εποχή θεωρούσα απαραίτητους για τη ζωή μου. Στο σχολείο Ρεπούμπλικα του Περού γνώρισα και τον πρώτο μου φίλο, τον κολλητό μου, τον «Πότσο» Βαλιέντε, που τότε σκεφτόμουνα ότι ποτέ, μα ποτέ δεν θα μπορούσα να τον αποχωριστώ.

Ακολούθησαν μετά οι φίλοι μου του γυμνασίου, και βέβαια η Ροζίτα... η Ροζίτα, το πρώτο μου κορίτσι, χωρίς την οποία σίγουρα, το ΗΞΕΡΑ πως δεν θα μπορούσα να ζήσω.

Και μετά ήρθε η ομάδα του θεάτρου και οι φίλοι του μπιλιάρδου. Αργότερα το πανεπιστήμιο, που ενσάρκωνε τις σπουδές, το μέλλον, την καριέρα — κι εγώ σκεφτόμουν, φυσικά, πως δεν θα μπορούσα να ζήσω χωρίς τη δουλειά μου.

Μέχρι που, αφού πέρασαν από τη ζωή μου διάφορα κορίτσια, επίσης απολύτως απαραίτητα, γνώρισα την Πέρλα.

Αισθάνθηκα αμέσως αυτό που νόμιζα ότι δεν είχα αισθανθεί ποτέ μέχρι τότε: πως δεν θα μπορούσα να ζήσω χωρίς εκείνη.

Ίσως γι' αυτό φτιάξαμε μια οικογένεια, που χωρίς αυτήν δεν ξέρω πώς θα ζούσα.

Κατά τον ίδιο τρόπο, σιγά σιγά, με τον καιρό, έζησα συλλέγοντας ιδέες και ανακαλύπτοντας ακόμη περισσότερα «απολύτως απαραίτητα»: το νοσοκομείο, τους ασθενείς μου, τη διδασκαλία, κάποιους φίλους, τη δουλειά, την οικονομική ασφάλεια, ένα κεραμίδι πάνω από το κεφάλι μου. Λίγο μετά, κι άλλα άτομα, κι άλλες καταστάσεις, κι άλλα πράγματα χωρίς τα οποία ούτε εγώ ούτε κανένας άλλος στη θέση μου, λογικά, θα μπορούσε να ζήσει.

Μέχρι που μια μέρα, συγκεκριμένα στις 23 Νοεμβρίου του 1979, χωρίς κάποιον ειδικό λόγο που ήταν αυτή η μέρα και όχι κάποια άλλη, κατάλαβα πως δεν θα μπορούσα να ζήσω χωρίς εμένα.

Ποτέ, μα ποτέ δεν το είχα σκεφτεί αυτό.

Δεν είχα νιώσει ποτέ πόσο απαραίτητος ήμουν εγώ για μένα τον ίδιο.

Ο ανόητος!

Ήξερα πάντοτε χωρίς ποιον δεν θα μπορούσα να ζήσω και δεν κατάλαβα ποτέ, μέχρι τα τριάντα μου, πως πάνω απ' όλα δεν θα μπορούσα να ζήσω χωρίς εμένα.

Ήταν σημαντικό από κει κι έπειτα —και μέχρι σήμερα—, να επιβεβαιώνω κάθε μέρα πως θα μου ήταν αληθινά δύσκολο να ζήσω χωρίς κάποια άλλα πράγματα και πρόσωπα που έμπαιναν στη ζωή μου, αυτό όμως δεν μείωνε στο παραμικρό την αξία της νέας μου ανακάλυψης:

Θα μου ήταν αδύνατον να ζήσω χωρίς εμένα.

Τότε άρχισα να σκέφτομαι πως κάποια από τα πράγματα που είχα αποκτήσει και κάποια από τα πρόσωπα χωρίς τα οποία νόμιζα πως δεν θα μπορούσα να ζήσω, μπορεί μια μέρα να μην υπάρχουν πια. Τα πρόσωπα μπορεί να αποφασίσουν να φύγουν — όχι ότι αναγκαστικά θα πεθάνουν, απλώς δεν θα υπάρχουν στη ζωή μου. Τα πράγματα μπορεί να αλλάξουν και οι καταστάσεις μπορεί να γίνουν εντελώς αντίθετες από ό,τι τις γνώρισα. Τότε κατάλαβα πως έπρεπε να μάθω και να προετοιμαστώ για να αντιμετωπίσω τέτοιες απώλειες.

Ασφαλώς, δεν είναι το ίδιο να φεύγει κάποιος και το ίδιο αυτός ο κάποιος να πεθαίνει. Σίγουρα διαφέρει το να μετακομίζεις από ένα σπίτι χειρότερο σ' ένα σπίτι καλύτερο, από το να συμβαίνει το αντίθετο. Προφανώς, δεν είναι το ίδιο να αλλάζεις ένα σαραβαλιασμένο αυτοκίνητο μ' ένα καινούργιο, και δεν είναι το ίδιο να κάνεις το αντίθετο.

Είναι φανερό πως το βίωμα της απώλειας δεν είναι το ίδιο σε κανένα από τα παραδείγματα αυτά, όμως, καλό είναι να ξεκαθαρίσουμε από την αρχή ότι πάντοτε υπάρχει πόνος όταν εγκαταλείπουμε κάτι που ήταν, για να πάμε σ' ένα άλλο μέρος όπου δεν υπάρχει τίποτ' άλλο παρά αυτό που είναι. Και αυτό που είναι, δεν είναι το ίδιο μ' αυτό που ήταν μέχρι τώρα.

Και επαναλαμβάνω: η αλλαγή αυτή, είτε είναι εσωτερική είτε εξωτερική, εμπεριέχει ΠΑΝΤΟΤΕ μια διαδικασία ενεργού προσαρμογής σε ό,τι καινούργιο έχει το διαφορετικό και σε ό,τι διαφορετικό έχει το καινούργιο, ακόμη κι αν είναι καλύτερο.

Η διαδικασία αυτή είναι γνωστή με το όνομα «επεξεργασία του πένθους» και όπως υποδηλώνει το όνομά της, είναι επίπονη.

Όσο ξεκάθαρο κι αν φαίνεται αυτό, δεν θα πάψω να προειδοποιώ όσους παίρνουν αυτόν τον δρόμο:

Το πένθος… πονάει.

Κι αυτό δεν μπορούμε να το αποφύγουμε.

Βέβαια, η σκέψη (ή η επίγνωση) ότι πηγαίνω σε κάτι καλύτερο από εκείνο που εγκατέλειψα, είναι πολλές φορές ένα θαυμάσιο βραβείο «της παρηγοριάς», μια μικρή ικανοποίηση που αντισταθμίζει τον πόνο που προκάλεσε η απώλεια. Όμως, προσοχή:

ΑΝΤΙΣΤΑΘΜΙΖΕΙ, αλλά δεν ΑΠΟΤΡΕΠΕΙ,

ΓΛΥΚΑΙΝΕΙ, αλλά δεν ΔΙΑΓΡΑΦΕΙ,

ΕΝΘΑΡΡΥΝΕΙ να συνεχίσεις,
αλλά δεν ΕΞΑΦΑΝΙΖΕΙ τον πόνο.

Θυμάμαι ακόμα την ημέρα που έφυγα από το πρώτο μου ιατρείο.

Ήταν ένα νοικιασμένο διαμέρισμα, πραγματικά για γέλια, με έναν μικρούτσικο ενιαίο χώρο, σκοτεινό, εσωτερικό και αρκετά στενάχωρο. Μου άρεσε να αστειεύομαι μ' αυτό το θέμα τότε και να λέω ότι δεν ασκώ ορθόδοξη ψυχανάλυση, γιατί ο ασθενής δεν χωράει να ξαπλώσει στο ιατρείο. Πρέπει να είναι καθιστός.

Κάποια μέρα, όταν άρχισαν να βελτιώνονται τα οικονομικά μου, αποφάσισα να φύγω απ' αυτό το διαμέρισμα και να πάω σ' ένα ιατρείο μεγαλύτερο, με δύο δωμάτια και σε καλύτερη τοποθεσία.

Η αλλαγή ιατρείου ήταν για μένα ένα εντυπωσιακό άλμα, σύμβολο της ανόδου μου και συγχρόνως ένας τρόπος να σταθμίσω πώς πήγαιναν τα πράγματα στη δουλειά μου.

Ωστόσο, λυπόμουνα που άφηνα το μέρος απ' όπου ξεκίνησα, και μου κόστιζε που ετοιμαζόμουν να εγκαταλείψω το πρώτο μου ιατρείο. Αν δεν ήταν ο Κάτσο, ο αδελφός μου, που ήρθε να με βοηθήσει να μεταφέρω τα πράγματα, θα είχα μείνει εκεί να κάθομαι, όπως με βρήκε όταν ήρθε, να κοιτάζω τους τοίχους, τα ταβάνια, τις ρωγμές στο μπάνιο, το ηλεκτρικό καλοριφέρ... δεν θα είχα καταφέρει να βάλω ούτε ένα πράγμα στα κιβώτια.

Θυμάμαι ακόμη, που όταν ήρθε ο Κάτσο με ρώτησε:

«Τι τρέχει;»

«Όχι, τίποτα...» του λέω, «το πάω σιγά σιγά.»

«Έλα, σταμάτα τις υπερβολές» μου λέει ο αδελφός μου, «γιατί έχω από κάτω το φορτηγάκι.»

Είχε έρθει να με βοηθήσει, και ενώ εκείνος άρχιζε να ξεκρεμάει τα κάδρα από τον τοίχο και να τα ακουμπάει στο πάτωμα, εγώ του έλεγα:

«Όχι, αυτό άσ' το τελευταίο...» και τελείως παράλογα το ξανακρεμούσα «στη θέση του».

Αυτός τακτοποιούσε τα πράγματα στα κιβώτια κι εγώ τα έβγαζα για να τα κοιτάξω...

Κατέβαινε αυτός με το ασανσέρ για να πάει κάποια έπιπλα στο φορτηγάκι, κι εγώ μέχρι να γυρίσει είχα ήδη ξανακρεμάσει κι άλλο κάδρο...

Αυτό συνεχίστηκε για ώρες...

Κι όλα αυτά για να μπορέσω ν' αφήσω αυτό το ιατρείο και να πάω σε κάποιο ανώτερο, σ' ένα ιατρείο που το είχα διαλέξει γιατί θα ήταν καλύτερο για την καριέρα μου και γιατί θα με βόλευε περισσότερο...

Το απίστευτο είναι ότι εγώ το ήξερα· είχα υπόψη μου ότι θα μου συνέβαινε κάτι τέτοιο. Παρόλα αυτά, δεν μπορούσα να αποφύγω τον πόνο στη σκέψη εκείνου που άφηνα.

Για ό,τι αφήνει, λοιπόν, κανείς, είναι ανάγκη πάντοτε να επεξεργάζεται τη θέση που είχε στη ζωή του και τους λόγους που τον έκαναν να το αφήσει.

Πρέπει πάντοτε ν' αφήνει κανείς πίσω τα πράγματα που ανήκουν στο χτες.

Ό,τι έμεινε πίσω στο παρελθόν δεν είναι πια εδώ, ούτε κι αν, επαναλαμβάνω, ούτε κι αν εξακολουθεί να υπάρχει... (;)

Τι θέλω να πω; Πάνε τριάντα χρόνια που είμαι παντρεμένος με τη γυναίκα μου. Ξέρω πως είναι πάντοτε η ίδια, έχει το ίδιο όνομα, το ίδιο επώνυμο, μπορώ να την αναγνωρίσω, μοιάζει αρκετά μ' αυτήν που ήταν κάποτε, ξέρω όμως επίσης πως δεν είναι η ίδια.

Από μια άλλη οπτική γωνία, είναι ένας τελείως άλλος άνθρωπος.

Στην εμφάνιση έχουμε ασφαλώς αλλάξει και οι δύο (εγώ πολύ περισσότερο από εκείνη), όμως, πέρα απ' αυτό, όταν σκέφτομαι την Πέρλα του τότε, κατά κάποιον τρόπο έρχομαι αντιμέτωπος με την Πέρλα του σήμερα. Και πολύ συχνά μου φαίνεται πως αυτή του σήμερα μου αρέσει περισσότερο από εκείνη του χθες.

Τότε, λέω μέσα μου: « Είναι φανταστική η σημερινή Πέρλα, αν τη συγκρίνω μ' εκείνη που ήταν κάποτε· είναι υπέροχο που έχει εξελιχθεί τόσο· είναι καταπληκτικό!» Αυτό, όμως, δεν σημαίνει ότι δεν πρέπει να πενθήσω τη γυναίκα εκείνη που υπήρξε κάποτε η Πέρλα.

Και φανταστείτε! Δεν μιλάω για θάνατο, ούτε για εγκατάλειψη, απλώς μιλάω για κάποιον που τότε ήταν κάπως και σήμερα είναι αλλιώς.

Ας το επαναλάβουμε λοιπόν: Ακόμη κι αν το παρόν είναι καλύτερο από το παρελθόν, αυτό δεν σημαίνει ότι δεν πρέπει να επεξεργαστούμε το πένθος.

Γι' αυτό λέω ότι πρέπει να μάθουμε πώς να περνάμε αυτόν τον δρόμο: τον δρόμο των απωλειών. Πρέπει να μάθουμε να θεραπεύουμε τα τραύματα που προκαλούνται όταν αλλάζει κάτι, όταν φεύγει κάποιος, όταν μια κατάσταση φτάνει στο τέλος της, όταν δεν έχω πια αυτό που είχα ή νόμιζα πως είχα (αφού δεν έχει καμιά σημασία αν το είχα πραγματικά ή δεν το είχα). Το πένθος είναι επίσης αναγκαίο για την επεξεργασία της απώλειας που συνεπάγεται η ακύρωση ενός σχεδίου, η ματαίωση ενός ευσεβούς πόθου, η απόλυτη βεβαιότητα ότι δεν θα αποκτήσω ποτέ αυτό που περίμενα ή λαχταρούσα να αποκτήσω μια μέρα.

Η πορεία αυτή έχει τους κανονισμούς της· μια συγκεκριμένη γραμμή πλεύσης. Ο δρόμος έχει τους χάρτες του, κι αν τους γνωρίζει κανείς, αυτό θα τον βοηθήσει σίγουρα να φτάσει στο τέλος πιο δυνατός.

Ένας εξαιρετικός επιστήμονας, ο Κορσίμπσκι,[1] έλεγε ότι στην πραγματικότητα κατασκευάζουμε όλοι ένα σχεδιάγραμμα του κόσμου στον οποίο κατοικούμε, έναν «χάρτη» του τόπου όπου ζούμε. Ο χάρτης, όμως, λέει με σαφήνεια ο Κορσίμπσκι, δεν είναι ο *τόπος*.

Ο χάρτης αυτός είναι μόλις και μετά βίας ο δικός μας χάρτης. Είναι η ιδέα που έχουμε εμείς για την πραγματικότητα, αν και πολύ συχνά διαστρεβλωμένη από τις προκαταλήψεις μας. Η αλήθεια είναι, ότι ακόμη κι αν δεν ανταποκρίνεται ακριβώς στα γεγονότα, ακόμη κι αν απέχει πολύ από την πραγματικότητα των άλλων, ΑΥΤΟΣ είναι ο δικός μας χάρτης, και με βάση αυτόν ζούμε.

Δεν ζούμε στην πραγματικότητα όπως είναι, αλλά στην εικόνα που έχουμε εμείς γι' αυτήν.

Εάν έχω καταγράψει στον χάρτη μου ότι μέσα στο δωμάτιό μου υπάρχει ένα δέντρο —ακόμη κι αν δεν υπάρχει, ακόμη κι αν δεν υπήρχε ποτέ—, είναι σίγουρο, όπως καταλαβαίνετε, ότι θα ζήσω την υπόλοιπη ζωή μου αποφεύγοντας το δέντρο.

1. Άλφρεντ Κορσίμπσκι (1879-1950), πολωνοαμερικανός γλωσσολόγος. (Σ.τ.Μ.)

Ακόμη κι αν —εφόσον το δέντρο δεν υπάρχει στον δικό σας χάρτη—, περάσετε αμέριμνοι από το σημείο αυτό και, βλέποντάς με να αποφεύγω τον κορμό, μου πείτε:

«Μα τι κάνεις εκεί, τρελάθηκες;»

Αν δεν λάβει κανείς υπόψη του τον χάρτη μου, η συμπεριφορά αυτή φαίνεται από ηλίθια έως και διασκεδαστική, στην πράξη, όμως, μπορεί να γίνει επικίνδυνη.

Λέγεται πως ήταν μια φορά ένας μεθυσμένος και περπατούσε αμέριμνα στην εξοχή.

Ξαφνικά, βλέπει να έρχονται προς το μέρος του δύο ταύροι — ο ένας αληθινός, ο άλλος φανταστικός.

Ο τύπος αρχίζει να τρέχει για να γλιτώσει από τους ταύρους, και φτάνει σ' ένα σημείο όπου βλέπει μπροστά του δύο τεράστια δέντρα.

Το ένα δέντρο είναι κι αυτό φανταστικό, το άλλο ευτυχώς αληθινό.

Ο μεθυσμένος... σαν μεθυσμένος που ήταν, επιχείρησε ν' ανέβει στο φανταστικό δέντρο... και ενώ πάλευε να σκαρφαλώσει, ο αληθινός ταύρος όρμησε και τον άρπαξε, τον κακομοίρη.

Και φυσικά... έζησαν αυτοί καλά κι εμείς καλύτερα...

Δηλαδή, το πώς θα επεξεργαστώ την απώλεια εξαρτάται από το πώς έχω χαράξει το χάρτη της ζωής μου, εξαρτάται από τη θέση που έχει κάθε πράγμα στο σχέδιό μου, εξαρτάται από τις πεποιθήσεις που διαμορφώνουν την πορεία μου. Πώς θα πορευτώ σ' αυτόν τον δρόμο που ξεκινάει όταν υφίσταμαι ή συνειδητοποιώ μιαν απώλεια, και τελειώνει όταν αυτήν την απώλεια την έχω ξεπεράσει.

Η χρησιμότητα των δακρύων

Δεν μπορούμε να μιλάμε για πένθος και απώλειες και να αγνοούμε τη μικρή αναστάτωση που σίγουρα μας προκαλεί η συζήτηση ενός τέτοιου θέματος. Απλώς θεωρούμε πως είναι μια αναστάτωση που, κατά κάποιον τρόπο, αξίζει τον κόπο, με την έννοια ότι μαθαίνουμε κάποια πράγματα, αναθεωρούμε κάποια άλλα, και τέλος, συστηματοποιούμε αυτό που, πιθανότατα, όλοι γνωρίζουμε. Με άλλα λόγια, δεν πιστεύω πως κάτι από αυτά που γράφω εδώ είναι τελείως άγνωστο ή θα φανεί παράξενο σε όσους το διαβάζουν. Με τον άλφα ή βήτα τρόπο, όλοι έχουμε δει ανθρώπους να υποφέρουν. Έχει συμβεί σ' εμάς τους ίδιους να νιώσουμε οδύνη ή να βρεθούμε κοντά σε κάποιον που ένιωθε πόνο. Με διαφορετικό ύφος και άλλες λέξεις, σχεδόν όλα όσα διαβάζετε εδώ, τα έχει γράψει, τα έχει πει ή τα έχει διδάξει κάποιος άλλος παλιότερα.

Ένα από τα πράγματα που έχω μάθει είναι ότι ο θάνατος, για παράδειγμα, ενός αγαπημένου προσώπου, είναι κάτι διαφορετικό γι' αυτόν που το έχει ζήσει και εντελώς διαφορετικό γι' αυτόν που απλώς το συζητάει. Μια άσχημη είδηση γι' αυτούς που τη διαβάζουν είναι ταυτόχρονα εύνοια της τύχης για μένα, γιατί εγώ, αυτή τη στιγμή που γράφω, δεν έχω εμπειρία του θανάτου κάποιου στενού συγγενή (και οι δύο γονείς μου, έχοντας συμπληρώσει πάνω από ογδόντα χρόνια ζωής, σηκώνουν το βάρος της ηλικίας τους με —πέρα από κάθε λογική—, ψυχική και σωματική υγεία).

Έχω διαβάσει πολλά σχετικά μ' αυτό το θέμα, έχω δει πολλά κι έχω συντροφεύσει πολλούς ανθρώπους στον πόνο τους. Παρόλα αυτά, αισθάνομαι πως είναι σχεδόν θράσος να γράφεις για το θέμα χωρίς να έχεις περάσει ο ίδιος απ' αυτό το σημείο, χωρίς να έχεις υποφέρει προσωπικά, και η διευκρίνιση αυτή αποτελεί κατά κάποιον τρόπο μια συγνώμη, που τόλμησα να κάνω κάτι τέτοιο. Ξέρω καλά πως εκείνη τη στιγμή, τη στιγμή του πένθους, το βίωμα του πόνου διδάσκει πραγματικά πολύ περισσότερα από όλα όσα θα μπορούσε κανείς να διαβάσει.

Το βιβλίο όμως αυτό δεν μιλάει μόνο για τον θάνατο αγαπημένων προσώπων. Στη ζωή μας οι απώλειες αποτελούν ένα φαινόμενο πολύ ευρύτερο και, καλώς ή κακώς, κοινό σε όλους. Βιώνουμε την απώλεια όχι μόνο μέσα από τον θάνατο, αλλά και όταν μας εγκαταλείπουν, όταν αλλάζουμε, όταν προχωράμε μπροστά. Οι απώλειές μας, όπως έχω ήδη αναφέρει, περιλαμβάνουν επίσης τη συνειδητή ή ασυνείδητη παραίτηση από τα ρομαντικά μας όνειρα, τη ματαίωση των υπερβολικών προσδοκιών μας και των ευσεβών πόθων μας για ελευθερία, δύναμη και ασφάλεια. Περιλαμβάνουν ακόμη την απώλεια της νιότης μας — εκείνου του γεμάτου αναίδεια νέου που νομίζαμε πως δεν θα αποκτήσει ποτέ ρυτίδες, και θα είναι άτρωτος και αθάνατος.

Απώλειες οι οποίες, κατά τα λεγόμενα της Τζούντιθ Βιόρστ,[1] μας συνοδεύουν σε όλη μας τη ζωή, απώλειες «αναγκαίες», όπως τις χαρακτηρίζει εκείνη. Απώλειες που θα υποστούμε όταν ερχόμαστε αντιμέτωποι όχι μόνο με τον θάνατο κάποιου αγαπημένου, όχι μόνο με μια υλική αναποδιά, όχι μόνο όταν χάνουμε κομμάτια του εαυτού μας, αλλά και όταν μας συμ-

1. Η Τζούντιθ Βιόρστ γεννήθηκε το 1931 στην Αμερική. Επί είκοσι χρόνια συγγραφέας παιδικών βιβλίων, δημοσιογράφος στις εφημερίδες «The New York Times» και «Washington Post», και από το 1981, όταν αποφοίτησε από το Ψυχαναλυτικό Ινστιτούτο της Ουάσινγκτον, ερευνήτρια και συγγραφέας βιβλίων με ψυχολογικό περιεχόμενο. (Σ.τ.Μ.)

βαίνουν κάποια αναπόδραστα γεγονότα που η συγγραφέας περιγράφει ως «αναπόφευκτες δόσεις αυτογνωσίας».

Καλό είναι να ξέρουμε και επιβάλλεται να δεχτούμε ότι...

όσο και να μας αγαπάει η μητέρα μας, κάποτε θα μας αφήσει, όπως κι εμείς εκείνη,

δεν θα έχουμε ποτέ την αποκλειστικότητα στην αγάπη των γονιών μας,

αυτό που μας πλήγωσε δεν θεραπεύεται πάντοτε μ' ένα φιλί,

θα πρέπει να δεχόμαστε την αγάπη που είναι ανάκατη με μίσος, και το καλό που έχει μέσα του κάτι κακό,

ο πατέρας (ή η μητέρα) σου δεν πρόκειται να σε παντρευτούν ούτε κι αν τα κατάφερες να είσαι όπως σε ήθελαν (κι όχι μόνο αυτό, αλλά πιθανότατα δεν εγκρίνουν καθόλου το πρόσωπο που διάλεξες για να τους αντικαταστήσεις στην καρδιά σου),

κάποιες επιλογές μας περιορίζονται από τη σωματική μας διάπλαση,

σε όλες τις σχέσεις υπάρχουν προβλήματα και συγκρούσεις,

οι επιθυμίες των ανθρώπων που αγαπάμε δεν συμπίπτουν πάντοτε με τις δικές μας, μερικές φορές μάλιστα είναι ασυμβίβαστες μεταξύ τους,

δεν έχει καμιά σημασία πόσο έξυπνοι, ή πόσο προσεκτικοί είμαστε, κάποτε έρχεται η σειρά μας να χάσουμε...

η ύπαρξή μας σ' αυτόν τον κόσμο είναι αδυσώπητα εφήμερη.

Αυτό πάντως που είναι πιο δύσκολο να δεχτεί κανείς (εγώ τουλάχιστον), και όχι γιατί δεν είναι αλήθεια, είναι ότι...

Είμαστε εντελώς ανίκανοι
να προσφέρουμε στα αγαπημένα μας πρόσωπα
την προστασία που θα θέλαμε ενάντια σε κάθε κίνδυνο,
σε κάθε πόνο, ενάντια στις ματαιώσεις,
τον χαμένο χρόνο, τα γηρατειά
και τον θάνατο.

Οι απώλειες αυτές αποτελούν μέρος της ζωής μας. Είναι σταθερές καθολικές και αναπόδραστες, και τις χαρακτηρίζουμε «απαραίτητες», γιατί μέσα απ' αυτές μεγαλώνουμε.

Πράγματι, είμαστε αυτοί που είμαστε χάρη σε όλα όσα χάσαμε και το πώς αντιμετωπίσαμε τις απώλειες εκείνες.

Η σχεδίαση αυτού του χάρτη μάς βάζει βέβαια σ' ένα κλίμα διαφορετικό από εκείνο του *Δρόμου της Αυτοεξάρτησης* ή του *Δρόμου της Συνάντησης*. Στον πρώτο «δρόμο» το κλίμα είναι της ανακάλυψης του εαυτού μας, και στον δεύτερο της απόλαυσης να είμαστε ο εαυτός μας δίπλα σε κάποιον άλλο. Η συζήτηση, όμως, της επεξεργασίας του πένθους δεν είναι ένα θέμα που θα μας προσφέρει περισσότερη απόλαυση ή χαρά, γιατί μια πλευρά του, όπως λέγαμε πριν, μας φέρνει σε επαφή με τον πόνο. Ωστόσο, ο δρόμος των δακρύων μας διδάσκει να δεχόμαστε τον ζωτικό δεσμό που υπάρχει ανάμεσα στις απώλειες και τις κατακτήσεις μας.

Ο δρόμος αυτός μας δείχνει ότι πρέπει να παραιτηθούμε από ό,τι δεν υπάρχει πια. Έτσι θα κατακτήσουμε την ωριμότητα.

Θα διαπιστώσουμε, διανύοντάς τον, ότι οι απώλειες είναι τραυματικές και επώδυνες, όμως, μόνο μέσα από αυτές ολοκληρωνόμαστε σαν άνθρωποι.

Είπαμε στην αρχή ότι αντικειμενικός σκοπός του δρόμου των δακρύων είναι η επεξεργασία του πένθους για μιαν απώλεια.

Επεξεργασία **και** **πένθος**

↓ Επεξεργασία που προκύπτει από σκληρή δουλειά

↓ Πένθος που προκύπτει από πόνο

Όπως λέει ο Σίγκμουντ Φρόιντ στο έργο του «Πένθος και Μελαγχολία», η επεξεργασία του πένθους είναι δουλειά... ΔΟΥΛΕΙΑ.

Χρειάζεται δουλειά η αποδοχή της καινούργιας πραγματικότητας.

Ιδού λοιπόν ξανά η διαδικασία αποδοχής:

διαδικασία **αποδοχής**

↓ που σημαίνει χρόνο και αλλαγές

↓ που σημαίνει σταματάω να γκρινιάζω γιατί τα πράγματα δεν είναι όπως θα ήθελα

Ο κύκλος της επαφής

Κάθε απώλεια είναι διαφορετική, γι' αυτό δεν μπορούμε να τις βάζουμε όλες μαζί στο ίδιο σακί, ούτε να αναλύουμε όλες τις διαδικασίες του πένθους από την ίδια σκοπιά. Από ψυχολογική άποψη, η διαφορά θα έχει ασφαλώς να κάνει με τη δυσκολία αυτής της δουλειάς και τις διαφορετικές έννοιες που έχει ο «δρόμος». Οι φάσεις, όμως, και η εξέλιξη της διαδικασίας του πένθους είναι λίγο-πολύ οι ίδιες, όπως σε έναν αποχωρισμό, μια υλική απώλεια χωρίς σημασία ή όταν βρίσκεται κανείς αντιμέτωπος με τον θάνατο κάποιου δικού του ανθρώπου. Οποιαδήποτε διαδικασία προσαρμογής σε μιαν απώλεια, ανεξάρτητα από τις αιτίες που την προκάλεσαν, μπορούμε να πούμε ότι ξεκινάει από το σημείο μηδέν, που είναι κοινό σε κάθε κατάσταση. Αυτό, οι επιστήμες της συμπεριφοράς[1] το ονομάζουν σημείο της «Αρχής» ή σημείο της «Απόσυρσης».

Για να καταλάβουμε καλύτερα την έννοια αυτή, είναι αναγκαίο να προβούμε σε μια περιγραφή λίγο πιο θεωρητική, ή τουλάχιστον πιο παραστατική.

Ο καθένας αντιδρά στα εξωτερικά ερεθίσματα ακολουθώντας ένα συγκεκριμένο μοντέλο συμπεριφοράς. Στο μεγαλύτερο μέρος της, η σχέση μας με τον κόσμο που μας περιβάλλει συνοψίζεται σ' αυτό το μοντέλο: ένα διαρκές και εναλλασσόμενο παιχνίδι Επαφής και Απόσυρσης.

Το σημείο μηδέν (Αρχή ή Απόσυρση) είναι εκεί όπου βρίσκεται κανείς απομονωμένος από αυτό που δεν έχει ακόμα συμβεί, ή στο περιθώριο αυτού που τώρα συμβαίνει και για το οποίο δεν έχει ακόμη ενημερωθεί.

1. Συμπεριφορισμός ή Μπεχαβιορισμός (Σ.τ.Μ.)

Είναι ένα ερέθισμα εξωτερικό, χωρίς καμία απολύτως σχέση με το άτομο.

Εάν, παραδείγματος χάριν, ετοιμάζομαι να πάω σε μια συγκέντρωση όπου θα υπάρχει κόσμος που δεν γνωρίζω, η κατάσταση του σημείου μηδέν θα είναι πριν από την είσοδό μου στην αίθουσα, ίσως και πριν ξεκινήσω το ταξίδι μου για να πάω εκεί που γίνεται η συγκέντρωση.

Φτάνω στη συγκέντρωση και βρίσκομαι αντιμέτωπος με τον κόσμο που έχει συγκεντρωθεί.

Έχω κάποια αίσθηση, ευχάριστη ή δυσάρεστη. Δηλαδή, κάτι αισθάνομαι. Οι αισθήσεις μου μεταδίδουν διάφορες πληροφορίες. Βλέπω τον κόσμο, ακούω θορύβους και κάποιος με πλησιάζει. Έχω αισθήματα όσφρησης, οπτικά, ακουστικά και σωματικά. Τρέμει λίγο το σώμα μου και αισθάνομαι ότι ιδρώνω. Με τα αισθήματα αυτά «συνειδητοποιώ», έχω συναίσθηση του τι συμβαίνει. Αναλύοντας, δηλαδή, ό,τι έχω αντιληφθεί, καταλήγω στο συμπέρασμα ότι η συγκέντρωση είναι επίσημη, και ότι υπάρχει πάρα πολύς κόσμος. Κάποια στιγμή λέω μέσα μου: «Αμάν, με κοιτάνε!» Αντιλαμβάνομαι, δηλαδή, αυτό που συμβαίνει· τι είναι αυτό που ερεθίζει τις αισθήσεις μου.

Αφού αντιληφθώ ή αποκτήσω πλήρη συναίσθηση του τι συμβαίνει, διακινούνται τα συναισθήματά μου. Αισθάνομαι ένα σωρό πράγματα, που δεν προέρχονται όμως από τις αισθήσεις, τα αφτιά, τα μάτια ή το στόμα. Νιώθω να τρομάζω, μου αρέσει κάτι ή με αγχώνει. Αισθάνομαι ευχαρίστηση, ανησυχία ή συγκίνηση. Αισθάνομαι φόβο ή όρεξη και επιθυμία, ευχαρίστηση που τους είδα ή τρόμο για το αποτέλεσμα της συνάντησης.

Ένα σωρό συναισθήματα που κοχλάζουν μέσα μου.

Μόλις δημιουργηθούν αυτά τα συναισθήματα, αρχίζουν να πιέζουν για να μετατραπούν σε δράση. Νιώθω την ενέργεια μέσα μου να ασκεί πίεση· να με ωθεί να δράσω. Τρομάζω και φεύγω, ή μένω και αρχίζω να μιλάω. Μιλάω με τον έναν και με τον άλλον, αποφασίζω να αποκαλύψω τα συναισθήματά μου ή να τα αποκρύψω, να προσποιηθώ ή να κάνω κάτι άλλο.

Είναι η στιγμή της επαφής, το σημείο κλειδί.

Επαφή είναι η δυνατότητα να δημιουργηθεί μια ειδική σχέση με το εξωτερικό ερέθισμα.

Επαφή σημαίνει: Όχι μόνο έχω αισθήματα, συναισθάνομαι, κινητοποιούμαι και ενεργώ, αλλά, επιπλέον, ζω και συμμορφώνομαι με την κατάσταση στην οποία έχω εμπλακεί. Είμαι, δηλαδή, σε επαφή.

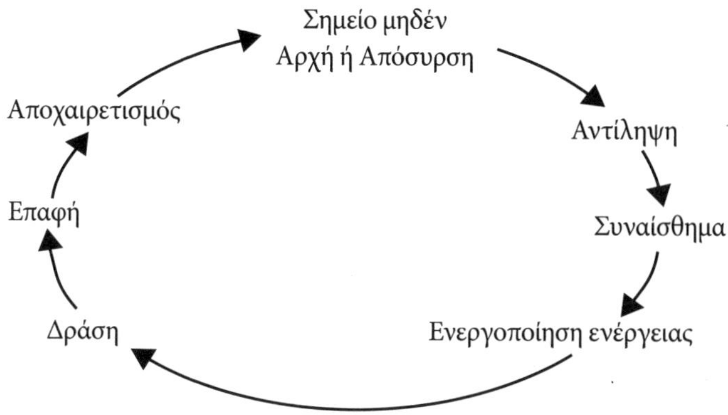

Και αφού είμαι σε επαφή, μετά, για λόγους προφύλαξης, για λόγους υγείας, επειδή εξαντλήθηκε ο κύκλος ή εξατμίστηκε το συναίσθημα, προχωράω σε αποχαιρετισμό και απόσυρση.

Απομακρύνομαι για να μείνω λίγο με τον εαυτό μου ή για να πάω πάλι από την αρχή.

Ας πάρουμε ένα κλασικό παράδειγμα: τον ζωγράφο με τον πίνακά του.

Ο ζωγράφος στέκεται λίγα λεπτά μπροστά στο τελάρο πριν ακόμη αρχίσει να ζωγραφίζει. Αισθάνεται την πρόκληση που του δημιουργεί η λευκότητα του τελάρου. Αντιλαμβάνεται το κενό που έχει απέναντί του και νιώθει την ευθύνη ότι κάτι πρέπει να κάνει μ' αυτό που υπάρχει εκεί μπροστά στα μάτια του. Ο καλλιτέχνης δέχεται, σαν να μη μπορεί να κάνει αλλιώς, έναν καταιγισμό συναισθημάτων. Αρχίζει να αισθάνεται διάφορα πράγματα μπροστά σ' αυτό το λευκό τελάρο, μαζί με την επιθυμία να ζωγραφίσει. Και τότε, κάνει μια κίνηση. Αρπάζει ένα πινέλο, λίγη μπογιά και μια σπάτουλα, πλησιάζει το τελάρο και ζωγραφίζει κάτι. Αυτό αποτελεί τη μετουσίωση του συναισθήματος που ένιωθε.

Αφού βάλει μερικές πινελιές, ο ζωγράφος σταματάει. Κάνει δυο-τρία βήματα πίσω και κοιτάζει.

Αυτή είναι η στιγμή που ονομάσαμε «της απόσυρσης».

Όταν πηγαίνει λίγο πίσω και κοιτάζει, συνειδητοποιεί και αντιλαμβάνεται αυτό που βλέπει, και αποκτά συναίσθηση του τι έχει βάλει στον πίνακά του. Λίγα μόλις δευτερόλεπτα ή λεπτά μετά, έχει συνείδηση του έργου του και αισθάνεται ξανά να τον πλημμυρίζουν συναισθήματα, έχει ξανά συναίσθηση αυτού που βλέπει, και νιώθει ξανά ότι κάτι πρέπει να κάνει. Η αίσθηση αυτή μετατρέπεται πάλι σε ενέργεια. Ο καλλιτέχνης πλησιάζει το πινέλο και την παλέτα. Ζωγραφίζει για κάποιο διάστημα, πριν κάνει πάλι λίγα βήματα πίσω για ένα νέο ξεκίνημα του κύκλου.

Η ζωή μας ολόκληρη σημαδεύεται από τέτοιες στιγμές. Ενώ είμαστε μόνοι μας και σε απόσταση από αυτό που συμβαίνει, ανακαλύπτουμε αισθήματα και νιώθουμε να διακινούνται μέσα μας συναισθήματα τα οποία, όπως είπαμε παραπάνω, μπορεί να γίνουν ενέργεια στην υπηρεσία αυτού που θα ακολουθήσει.

Όταν καταφέρνω να μετατρέπω τα συναισθήματά μου σε μιαν ανάλογη ενέργεια, τότε η πράξη αυτή με φέρνει σε επαφή με «το πράγμα». Το ζω, λειτουργώ μέσα σ' αυτό και, σ' έναν μικρό ή μεγάλο βαθμό, το αλλάζω.

Αν με την παρέμβασή μου εξαντληθεί ή αλλάξει η κατάσταση (ή όταν εμένα με κουράσει το βίωμα), αποσύρομαι ξανά — όχι όμως με την έννοια ότι φεύγω, αλλά ότι ακόμη μια φορά ξαναρχίζω.

Το μικρό αυτό σχεδιάγραμμα —κάπως πρακτικό όπως είπαμε—, είναι η βάση για το τι σημαίνει εμπειρική στάση απέναντι στη ζωή. Το αναφέρω εδώ για να τεκμηριώσω ότι η διαδικασία του πένθους δεν είναι τίποτα περισσότερο και τίποτα λιγότερο από μια ειδική περίπτωση «Επαφής και Απόσυρσης». Ο δρόμος των δακρύων είναι κι αυτός ένας κύκλος εμπειρίας που θα ακολουθήσεις για να μάθεις να διατρέχεις τον κύκλο χωρίς διακοπές, χωρίς καθυστερήσεις, χωρίς στάσεις και χωρίς να λοξοδρομήσεις.

Κατά την επεξεργασία του πένθους, το ερέθισμα που αντιλαμβανόμαστε από τη θέση της ήρεμης απόσυρσης, είναι η απώλεια. Κάποιες φορές αμέσως, και άλλες με καθυστέρηση, αντιλαμβάνομαι αυτό που μου συμβαίνει: έχω χάσει αυτό που είχα ή νόμιζα πως είχα. Και αισθάνομαι. Στις αισθήσεις μου αποτυπώνονται ένα σωρό πράγματα, όχι ακόμη συναισθήματα, αλλά τα αισθήματά μου. Και μετά, μέσα από αρνητικές ή δυσάρεστες εντυπώσεις, συνειδητοποιώ τι ακριβώς συνέβη.

Τώρα εμφανίζονται και με κατακλύζουν ένα πλήθος από διαφορετικά συναισθήματα —μερικές φορές αντιφατικά—, τα οποία, όπως πάντα, προηγούνται της κίνησης. Το συναίσθημα είναι αυτό που προετοιμάζει το σώμα για να ενεργήσει. Ωστόσο, το συναίσθημα είναι η μισή διαδικασία. Η άλλη μισή είναι η ενέργεια. Αυτό λοιπόν που γίνεται αμέσως μετά είναι ότι φορτίζομαι με ενέργεια, δύναμη και διάθεση. Η μετατροπή των συναισθημάτων αυτών σε ενέργεια θα μου επιτρέψει να συνειδητοποιήσω πραγματικά την απουσία αυτού που δεν υπάρχει πια. Και η συνειδητοποίηση του απόντος, η επαφή με την απουσία που φοβόμουν, θα μου επιτρέψει στη συνέχεια να δεχτώ τη νέα πραγματικότητα. Αυτή είναι μια συνειδητοποίηση καθοριστική πριν από τη στροφή στον εαυτό μου.

Θα ήθελα να μοιραστώ μαζί σας μια ιστορία που έφτασε στα χέρια μου πριν από μερικά χρόνια από κάποιους αναγνώστες, κι εγώ με τη σειρά μου τη χάρισα στον Μαρσέλο, τον αγαπημένο μου φίλο, σε μια σημαντική στιγμή επιτυχίας στη ζωή του.

Ο Μαρτίν είχε ζήσει το μεγαλύτερο μέρος της ζωής του μέσα σε έντονες απολαύσεις.

Όταν η νοημοσύνη του δεν έφτανε για να του δείξει τον καλύτερο δρόμο, τον οδηγούσε η διαίσθησή του. Ένιωθε σχεδόν όλη την ώρα ήρεμος κι ευτυχισμένος, απλώς, μερικές φορές, τη διάθεσή του σκίαζε η αίσθηση ότι ασχολιόταν υπερβολικά με τον εαυτό του.

Είχε μάθει να είναι υπεύθυνος για τη ζωή του και αγαπούσε τον εαυτό του τόσο ώστε να προσπαθεί να του εξασφαλίζει ό,τι καλύτερο. Ήξερε ότι κατέβαλλε κάθε δυνατή προσπάθεια προσέχοντας να μη βλάψει τους άλλους, και κυρίως εκείνους που αγαπούσε. Ίσως γι' αυτό τον πείραζαν τόσο οι άδικες επικρίσεις, ο φθόνος των τρίτων και οι κατηγορίες που πολύ συχνά δεχόταν από το στόμα γνωστών και αγνώστων.

Έφτανε η αναζήτηση της απόλαυσης για να δώσει νόημα στη ζωή του;

Το άντεχε ο ίδιος να ορίζει τον εαυτό του σαν έναν ηδονιστή που είχε βάλει στο επίκεντρο της ύπαρξής του την προσωπική του ικανοποίηση;

Πώς να εναρμονίσει τα συναισθήματα αυτά της προσωπικής ευχαρίστησης με τις απόψεις του περί ηθικής, με τη θρησκευτική του πίστη, με όλα αυτά που είχε διδαχτεί από τους προγόνους του;

Τι νόημα είχε μια ζωή που σήμαινε κάτι μόνο για τον ίδιο;

Εκείνη την ημέρα, οι σκέψεις αυτές τον βάραιναν περισσότερο από κάθε προηγούμενη.

Ίσως θα έπρεπε να απομακρυνθεί. Να φύγει μακριά. Να αφήσει ό,τι είχε και δεν είχε στα χέρια άλλων. Να μοιράσει όλη του την περιουσία ή να την αφήσει κληρονομιά, ώστε ν' αποτελέσει για κάποιους —έστω και απών—, μια καλή ανάμνηση.

Κάπου αλλού, σε άλλη χώρα, σε άλλη πόλη, με άλλους ανθρώπους, θα μπορούσε να κάνει ένα νέο ξεκίνημα. Μια διαφορετική ζωή, μια ζωή στην υπηρεσία των άλλων, μια ζωή με αλληλεγγύη.

Έπρεπε να βρει χρόνο να στοχαστεί για το παρόν και το μέλλον του.

Έβαλε λοιπόν ο Μαρτίν κάτι λίγα πράγματα σ' ένα σακίδιο κι έφυγε με κατεύθυνση το βουνό.

Κάποιος του είχε πει ότι ήταν ήσυχα εκεί πάνω, και πως η θέα της εύφορης κοιλάδας σε βοηθούσε να βάλεις τις σκέψεις σου σε τάξη.

Όταν έφτασε στο ψηλότερο σημείο του βουνού γύρισε να κοιτάξει την πόλη του για τελευταία ίσως φορά.

Σουρούπωνε και η πόλη φαινόταν πολύ ωραία από ψηλά.

«Ένα πέσο για να κοιτάξεις μέσα από το τηλεσκόπιο.»

Ήταν η φωνή ενός γέρου που εμφανίστηκε από το πουθενά, μ' ένα μικρό πτυσσόμενο τηλεσκόπιο στα χέρια. Τώρα, με το ένα χέρι του δείχνει το τηλεσκόπιο και με το άλλο απλωμένο περιμένει τα λεφτά.

Ο Μαρτίν ψάχνει στην τσέπη του, βρίσκει το κέρμα που ήθελε και το δίνει στον γέρο. Ανοίγει τότε κι εκείνος το τηλεσκόπιο και το δίνει στον Μαρτίν.

Ο Μαρτίν παίρνει το τηλεσκόπιο και κοιτάζει... Καταφέρνει να εντοπίσει τη γειτονιά του, την πλατεία, και απέναντι από την πλατεία, το σχολείο.

Ξαφνικά, κάτι του τραβάει την προσοχή. Μια χρυσή κουκίδα λάμπει ζωηρά στην αυλή του παλιού κτιρίου.

Ο Μαρτίν σηκώνει τα μάτια του από τον φακό, τα ανοιγοκλείνει μερικές φορές και ξανακοιτάει. Η χρυσή κουκίδα είναι ακόμη εκεί.

«Πολύ περίεργο!» λέει ο Μαρτίν απορημένος, χωρίς να καταλάβει ότι μίλησε δυνατά.

«Πού είναι το περίεργο;» τον ρωτάει ο γέρος.

«Να εκεί, η κουκίδα που λάμπει...» λέει ο Μαρτίν, «...στην αυλή του σχολείου» συνεχίζει και του δίνει το τηλεσκόπιο για να δει κι ο γέρος αυτό που μόλις είδε εκείνος.

«Αυτά είναι ίχνη» του λέει ο γέρος.

«Τι ίχνη;» ρωτάει ο Μαρτίν.

«Θυμάσαι εκείνη την ημέρα —πρέπει να ήσουνα επτά χρόνων—, που ο Χαβιέρ, ο παιδικός σου φίλος, έκλαιγε απα-

ρηγόρητος στην αυλή του σχολείου; Του είχε δώσει η μητέρα του λεφτά να πάρει ένα μολύβι για την πρώτη μέρα στο σχολείο. Είχε χάσει τα λεφτά κι έκλαιγε με λυγμούς» του απαντάει ο γέρος. Κάνει μια παύση και συνεχίζει: «Θυμάσαι τι έκανες; Είχες ένα καινούργιο μολύβι που πρώτη φορά το έφερνες στο σχολείο. Ακούμπησες στην πόρτα, έσπασες το μολύβι σε δύο ίσα μέρη, έξυσες το σπασμένο μισό κι έδωσες στον Χαβιέρ το άλλο μισό από το καινούργιο σου μολύβι.»

«Δεν το θυμόμουνα» λέει ο Μαρτίν. «Αυτό, όμως, τι σχέση έχει με τη χρυσή κουκίδα;»

«Ο Χαβιέρ δεν ξέχασε ποτέ εκείνη τη χειρονομία, και η ανάμνηση αυτή είχε μεγάλη σημασία για τη ζωή του.»

«Ε, και λοιπόν;»

«Υπάρχουν πράξεις στη ζωή ενός ανθρώπου που αφήνουν ίχνη στη ζωή των άλλων» του εξηγεί ο γέρος. «Οι πράξεις που συμβάλλουν στην εξέλιξη των υπολοίπων, αφήνουν σημάδια σαν χρυσές κουκίδες...»

Ο Μαρτίν ξανακοιτάει μέσα από το τηλεσκόπιο και βλέπει κι άλλη κουκίδα να λάμπει στο δρομάκι που βγάζει από το κολέγιο.

«Αυτή είναι για την ημέρα που βγήκες να υπερασπιστείς τον Πάντσο, θυμάσαι; Γύρισες σπίτι με μαυρισμένο μάτι και μία τσέπη του παλτού σου σκισμένη.»

Ο Μαρτίν κοιτάζει την πόλη απ᾽ άκρη σ᾽ άκρη.

«Αυτή εδώ στο κέντρο...» συνεχίζει ο γέρος, «είναι η δουλειά που βρήκες στον δον Πέδρο όταν τον απέλυσαν από το εργοστάσιο... και η άλλη, εκεί δεξιά, είναι το ίχνος εκείνης της φοράς που έδωσες τα χρήματα που έλειπαν για την εγχείρηση του παιδιού του Ραμίρες... Τα ίχνη πάλι εδώ αριστερά, είναι από

τότε που γύρισες από ταξίδι γιατί πέθανε η μητέρα του φίλου σου, του Χουάν, και ήθελες να είσαι δίπλα του.»

Ο Μαρτίν βάζει στην άκρη το τηλεσκόπιο. Δεν το έχει πια ανάγκη γιατί, και χωρίς αυτό, αρχίζει να βλέπει χιλιάδες χρυσές κουκίδες διασκορπισμένες σ' ολόκληρη την πόλη.

Μόλις έπεσε ο ήλιος, η πόλη φωτίστηκε ολόκληρη από τα χρυσά του ίχνη.

Τότε ένιωσε ο Μαρτίν ότι μπορούσε να γυρίσει ήσυχος στο σπίτι του.

Θα ξεκινούσε τη ζωή του από την αρχή, αλλά αυτή τη φορά από ένα διαφορετικό σημείο.

2

Οι απωλειες ειναι αναγκαιες

Ο Θεός που εγώ πιστεύω δεν μας δίνει τα βάσανα,
παρά μόνο τη δύναμη να τα αντέξουμε.

ΧΑΡΟΛΝΤ Σ. ΚΟΥΣΝΕΡ[1]

ΝΑ ΜΠΟΡΟΥΜΕ ΝΑ ΞΕΚΙΝΑΜΕ ΠΑΛΙ από την αρχή, να αφήνουμε πράγματα πίσω μας, να μαθαίνουμε να λειτουργούμε αλλιώς, να μην εξαρτιόμαστε από το βλέμμα του άλλου, να πατάμε γερά στα πόδια μας... Αυτά είναι τα πράγματα που μας βοηθάνε να μεγαλώσουμε, που μας κάνουν αυτό που είμαστε τελικά. Γιατί είμαστε, σε μεγάλο βαθμό, το αποτέλεσμα της ανάπτυξης και της ωρίμανσής μας. Αυτά, και τα δύο, εξαρτώνται από το αν τα καταφέραμε ή όχι, και με ποιον τρόπο, να αντιμετωπίσουμε τις απώλειες που έχουμε υποστεί: εμπειρίες οδυνηρές, που καθορίζουν όμως τον τρόπο που υπάρχουμε στον κόσμο. Και βέβαια, αυτό περιλαμβάνει και τον δικό μας ιδιαίτερο τρόπο να αντιμετωπίζουμε το πένθος.

Δεν μεγαλώνει κανείς αν δεν δοκιμάσει ο ίδιος κάποια από τα συναισθήματα που ορίζουν το περιεχόμενο των παρακάτω λέξεων:

---

1. Harold S. Kushner, διακεκριμένος αμερικανός ραβίνος, συγγραφέας πολλών θεολογικών βιβλίων. (Σ.τ.Μ.)

αδυναμία να κάνεις κάτι,
μη αναστρέψιμο,
απογοήτευση,
θυμός,
πόνος,
εσωτερικό κενό,
απουσία,
εγκατάλειψη,
άγχος,
σύγχυση,
νοσταλγία,
απελπισία,
αυτοκατηγορία,
θρήνος,
βάσανο,
μοναξιά,
φόβος,
θλίψη,
αγωνία,
αδυναμία αποδοχής,
θάνατος.

Δεν έχει νόημα να διαφωνήσουμε για τη σχέση που έχουν οι όροι αυτού του καταλόγου μεταξύ τους, γιατί ορισμένα πράγματα ταιριάζουν μόνο σ' εκείνον που τα λέει. Είναι βέβαιο, πάντως, ότι αυτές τις λέξεις χρησιμοποιούν οι άνθρωποι όταν υπάρχει πιθανότητα ή βρίσκονται στην ανάγκη να αντιμετωπίσουν μιαν απώλεια.

Φτάνει μόνο μια γρήγορη ματιά για να αντιληφθούμε πόσο φρικτή, πόσο απειλητική είναι μια απώλεια για την ψυχή μας. Νομίζω ότι όλοι θα θέλαμε, με μιαν αποφασιστική κίνηση, να διαγράψουμε τις λέξεις αυτές από το λεξιλόγιό μας, όχι μόνο μην τύχει στη ζωή μας και συναντηθούμε μαζί τους, αλλά, κυρίως, για να τις εξαφανίσουμε οριστικά από τον δρόμο αυτών που αγαπάμε.

Είναι σαφές πλέον ότι εξελίσσεται κανείς και μαθαίνει από τις απογοητεύσεις του και δεν ωριμάζει χωρίς πόνο.

Άραγε, αυτό σημαίνει ότι πρέπει να πονέσω για να μεγαλώσω;

Χρειάζεται, δηλαδή, να έρθω σε επαφή με το κενό μέσα μου για να ενηλικιωθώ;

Πρέπει να έχω σκεφτεί τον θάνατο για να μπορέσω να συνεχίσω τον δρόμο μου;

Σε όλες αυτές τις ερωτήσεις εγώ απαντάω θετικά. Λέω πως χρειάζεται, δυστυχώς, να έχεις δοκιμάσει όλες αυτές τις καταστάσεις για να φτάσεις στην αυτοπραγμάτωση. Ο κατάλογος αυτός περιγράφει σε κάποιον βαθμό μερικά από τα βιώματα και τα συναισθήματα μιας ΦΥΣΙΟΛΟΓΙΚΗΣ διαδικασίας επεξεργασίας του πένθους. Το πένθος δε, όπως είπαμε, είναι μια εμπειρία απαραίτητη· αναπόσπαστο μέρος της ανάπτυξής μας. Καμία από τις λέξεις αυτές δεν αποτελεί αυτή καθεαυτήν σύμπτωμα αρρώστιας, κανένα από τα συναισθήματα αυτά δεν είναι αφύσικο, καμία κατάσταση δεν αποτελεί απειλή για την ακεραιότητά μας.

Μπορεί ένας άνθρωπος να περνάει κάποια στιγμή ένα πένθος λιγότερο βαθύ, όχι τόσο περίπλοκο, μια διαδικασία που δεν περιλαμβάνει τόση οδύνη, ούτε τόση ταλαιπωρία... Μπορεί να συμβεί κάτι τέτοιο. Μπορεί, όμως, επίσης, ένα άλλο άτομο —ή κι αυτό το ίδιο—, μιαν άλλη στιγμή, να περάσει ένα πένθος το οποίο περιλαμβάνει όλα αυτά κι ακόμη περισσότερα.

Διαβάζοντας αυτά τα πράγματα ίσως ξυπνήσουν μέσα σου κάποιες αναμνήσεις. Μπορεί να έρθουν στην επιφάνεια κάποια προσωπικά θέματα, κάποια ζητήματα που ίσως δεν έχουν λήξει οριστικά, όπως αυτά που δίνουν και σ' εμένα το απλό ερέθισμα να τα γράψω. Γι' αυτό και τώρα, περισσότερο από κάθε άλλη φορά, σου ζητάω να νιώσεις ότι έχεις το δικαίωμα να διαφωνήσεις. Σου επιτρέπεται να πεις: «δεν συμφωνώ» ή, «για μένα είναι σωστό το ακριβώς αντίθετο». Μπορείς ακόμη και να σκεφτείς πως είμαι ηλίθιος, και δικαιούσαι να με διασύρεις που υποστηρίζω αυτά τα πράγματα.

Μην αφήσεις, όμως, να σε παρασύρει η κοινή αντίληψη

πως, αν το λέει το βιβλίο, τότε έτσι «πρέπει» ή «δεν πρέπει» να αισθάνεσαι. Γιατί το πένθος είναι πάντοτε κάτι προσωπικό που αφορά την ιδιοσυγκρασία του καθενός.

Αν πάρουμε μερικές χιλιάδες άτομα, βάψουμε τον αντίχειρα του καθενός μαύρο, και τους ζητήσουμε μετά ν' αφήσουν τα αποτυπώματά τους στον τοίχο, θα διαπιστώσουμε ότι κάθε αποτύπωμα είναι διαφορετικό. Δεν υπάρχουν δύο όμοια γιατί δεν υπάρχουν δύο άτομα με πανομοιότυπα δακτυλικά αποτυπώματα. Βέβαια... όλοι οι άνθρωποι έχουν παρόμοια χαρακτηριστικά που μας επιτρέπουν να τα μελετήσουμε και να μάθουμε περισσότερα γι' αυτούς.

Κάθε πένθος είναι προσωπικό, και κάθε τρόπος αντιμετώπισης μοναδικός και ανεπανάληπτος...

Αλλά είναι επίσης απολύτως βέβαιο πως κάθε πένθος, δικό μας ή ξένο, μοιάζει με το προηγούμενο κι έχει ορισμένα κοινά σημεία. Αυτά θα μας βοηθήσουν να το καταλάβουμε. Πράγματι, για να βοηθήσεις σ' ένα πένθος, προϋπόθεση είναι να φέρεις σ' επαφή το άτομο που υποφέρει με το δικαίωμά του να εκφράσει τα συναισθήματά του, όποια κι αν είναι αυτά, με τον δικό του τρόπο και τη στιγμή που κρίνει. Οι θεραπευτές σε όλον τον κόσμο (που είμαστε τόσο διαφορετικοί μεταξύ μας), συμφωνούμε ότι βρίσκοντας έναν τρόπο να εκφράζουμε τα εσωτερικά βιώματα, βοηθάμε όσους πορεύονται σ' αυτόν τον δρόμο ν' απαλύνουν τον πόνο τους.

Η πρόκληση της απώλειας

Για να καταλάβουμε πόσο δύσκολο είναι ν' αντιμετωπίσουμε μιαν απώλεια, έχει σημασία να καταλάβουμε τι είναι η απώλεια. Έψαξα στο ετυμολογικό λεξικό, όπως το συνηθίζω, για να βρω από πού προέρχεται η λέξη, και με έκπληξη βρήκα ότι η λέξη *pérdida* (απώλεια) προέρχεται από την ένωση του προθήματος *per*, που σημαίνει «σε ακραίο σημείο, σε υπερβολικό βαθμό, ολοκληρωτικά» και του *der*, που είναι παλαιότερος τύπος του ρήματος *dar* (δίνω).

Η ετυμολογία με ανάγκασε να συσχετίσω την απώλεια με το γεγονός ότι έχω δώσει ή έχω δοθεί ολοκληρωτικά. Με την αίσθηση, ίσως, ότι τα έχω δώσει όλα σε κάποιον ή κάτι που δεν υπάρχει πια.

Και τότε σκέφτηκα ότι κάπου πρέπει να υπάρχει ένα λάθος, γιατί όταν δίνεις από την καρδιά σου, συνήθως δεν αισθάνεσαι την απώλεια. Χαμένο θεωρούμε, σε κάθε περίπτωση, αυτό που μας στέρησε κάποιος — η ζωή ή οι περιστάσεις.

Τότε θυμήθηκα και τον Ναστραντίν...

Έχασα το μουλάρι μου, δυστυχία μου, πάει το μουλάρι μου, είμαι σε απελπιστική κατάσταση, πώς θα ζήσω τώρα...

Αν δεν βρω το μουλάρι μου θα πεθάνω.

Όποιος βρει το μουλάρι μου θα πάρει για πληρωμή... το μουλάρι μου.

Ο κόσμος τον ακούει και τον ρωτάει με απορία:

– Μα τι λες, τρελάθηκες τελείως; Έχασες το μουλάρι σου και θα δώσεις ανταμοιβή το ίδιο το μουλάρι σου;

Κι εκείνος απαντάει:

– Ναι, γιατί με πειράζει που δεν το έχω, όμως με πειράζει πολύ περισσότερο που το έχασα.

Γιατί ο πόνος της απώλειας δεν έχει τόσο να κάνει με το γεγονός ότι δεν έχω πια κάτι, όσο με το ότι δεν αντέχω την αδυναμία μου. Αυτό είναι που μένει από την απώλεια κάποιου πράγματος που, εκείνη τη στιγμή τουλάχιστον, δεν ήθελα να χάσω.

Στο πένθος υπάρχει πάντοτε κάτι που μου στερούν,

κάτι που δεν ήθελα να εγκαταλείψω, κάτι που δεν ήθελα να χάσω.

Τώρα που το ξανασκέφτομαι, μπορεί ΕΔΩ ΝΑ ΒΡΙΣΚΕΤΑΙ Η ΕΤΥΜΟΛΟΓΙΚΗ ΒΑΣΗ της λέξης.

Η λέξη *pérdida* (απώλεια), σημαίνει ότι η ζωή με υποχρεώνει να παραχωρήσω πολύ περισσότερα απ' όσα θα ήμουν διατεθειμένος να δώσω.

Γεγονός είναι ότι στο βάθος, εγώ —όπως κι εσείς, κι όλοι οι άλλοι—, προσπαθούμε να μην αποχωριστούμε ποτέ τίποτα. Μπορεί το βίωμα του χαμένου να είναι η αντίδρασή μου στην ιδέα του «ποτέ πια». Ένα «ποτέ πια» που μου επιβάλλεται, που δεν εξαρτάται από την απόφασή μου, ούτε από την ικανότητά μου. Ένα είδος αναγκαστικής παραίτησης από κάτι που θα προτιμούσα να κρατήσω... «Πώς μπορώ, όμως, να το αποφύγω;»

Είδαμε προηγουμένως ότι πλημμυρίζουμε από συναισθήματα όταν είμαστε έτοιμοι να προβούμε σε μιαν ενέργεια. Αυτά μας συνδέουν ενεργά με το ερέθισμα. Προσοχή όμως: «Συνδέομαι», σημαίνει είμαι ΣΥΝΤΟΝΙΣΜΕΝΟΣ στο ίδιο μήκος κύματος με ό,τι συμβαίνει. Δημιουργώ, δηλαδή, μια σχέση ανάμεσα σε ό,τι κάνω, ό,τι αισθάνομαι, ό,τι αντιλαμβάνομαι, και το αρχικό ερέθισμα. Γι' αυτό και «σύνδεση» μπορούμε επίσης να πούμε ότι σημαίνει: «αρχίζω να τρέχω» (παρόλο που μια τέτοια συμπεριφορά δεν ακούγεται και πολύ «συνδετική»).

Η απάντηση αυτή (Η ΔΙΚΗ ΜΟΥ απάντηση) με συνδέει ΓΙΑ ΕΝΑ ΔΙΑΣΤΗΜΑ με την κατάσταση και την τροποποιεί ανάλογα με το πώς αντιλαμβάνομαι εγώ το ερέθισμα. Αφού περάσει το διάστημα αυτό (το οποίο ποικίλει ανάλογα με τα ερεθίσματα, τα άτομα η τις διαφορετικές στιγμές που το ίδιο άτομο βρίσκεται αντιμέτωπο με το ίδιο ερέθισμα), αφού περάσει αυτή η στιγμή, η σύνδεση στην καλύτερη περίπτωση εξασθενεί, φθάνει στο τέλος και χάνει την ισχύ της, και τότε μπορώ να επιστρέψω στην κατάσταση της ανάπαυσης.

Ο κύκλος αυτός της εμπειρίας αναπαράγεται σε κάθε κατάσταση, λεπτό προς λεπτό, κάθε στιγμή, κάθε μέρα της ζωής μας. Και επειδή δεν μπορώ να είμαι αλλιώς, έτσι θα λειτουργήσω κι αν βρεθώ αντιμέτωπος με το θλιβερό γεγονός του θανάτου κάποιου δικού μου ανθρώπου.

Αυτό που συμβαίνει σ' εμένα, σ' εσένα και στον καθένα σε μια τέτοια περίπτωση, ακολουθεί ακριβώς την ίδια διαδρομή:

I. αντιλαμβάνομαι την κατάσταση απ' έξω,
II. συνδέομαι με ένα ορισμένο συναίσθημα,
III. κινητοποιώ μέσα μου ενέργεια,
IV. που θα πρέπει να μετατραπεί σε δράση
V. για να έρθω σ' επαφή με τη συγκεκριμένη κατάσταση,
VI. μέχρι να εξαντληθεί η κατάσταση αυτή
VII. και να επιστρέψω στην ανάπαυση.

Ο δρόμος αυτός, όταν πρόκειται για τον θάνατο κάποιου, ονομάζεται «επεξεργασία του πένθους».

Θα συζητήσουμε τώρα για το γεγονός ότι η επεξεργασία αυτή δεν γίνεται μόνο μπροστά στον θάνατο, τη φυσική εξαφάνιση κάποιου, αλλά και σε πολλές άλλες περιστάσεις. Θα μιλήσουμε ιδιαίτερα για το θέμα του θανάτου και για το συναίσθημα του φόβου για όλες τις άλλες απώλειες. Τέλος, θα μιλήσουμε για την αρρωστημένη σύνδεση που δεν εξαντλείται, για την προσκόλληση και τον αποχωρισμό.

Μεγάλες απώλειες και μικρές απώλειες

Κάθε απώλεια, όσο μικρή κι αν είναι, έχει ως συνέπεια την ανάγκη επεξεργασίας.

Αυτό ισχύει για όλες ανεξαιρέτως τις απώλειες.

Δεν προξενούν μόνο οι μεγάλες απώλειες πένθος. κάθε απώλεια συνεπάγεται ένα πένθος, μικρό ή μεγάλο.

Οι μεγάλες απώλειες, βέβαια, προξενούν γενικά πένθος πιο δύσκολο και πιο βαθύ, και οι μικρές όμως συνεπάγονται έντονο πόνο και δουλειά που πρέπει να γίνει. Δεν είναι ότι, απλώς, κάτι μου συνέβη και πρέπει να το αντέξω...

Κι αυτή είναι μια δουλειά επίπονη, που δεν γίνεται σχεδόν ποτέ αυθόρμητα ούτε ολοκληρώνεται μέσα σε μια στιγμή, με το άτομο να παρακολουθεί ως θεατής.

Θα πρέπει να υπογραμμίσουμε ως ιδιαίτερα ενδιαφέρον ότι, παρόλο που όλα έρχονται και παρέρχονται φυσικά, χωρίς πίεση, χωρίς να το επιδιώκουμε, η επεξεργασία αντίθετα του πένθους συνεπάγεται μια ελάχιστη έστω συναίσθηση, και κάποια διάθεση για δράση (συνειδητοποιώ, δηλαδή, τι έγινε και κάνω αυτό που πρέπει).

Είναι ένας δρόμος που, όπως είπαμε, είναι οδυνηρός, δεν είναι επιλογή μας, και δεν είναι ποτέ ευχάριστος.

Πολύ ωραία, θα μου πείτε, *δεν χρειάζεται όμως να είναι και δραματικός. Γιατί θα πρέπει να σκεφτώ ότι πρόκειται να αποχωριστώ κάποια πράγματα; Μπορεί να υπάρχουν —και υπάρχουν στ' αλήθεια—, ένα σωρό πράγματα που απολαμβάνω στη ζωή μου. Απ' αυτά μπορώ να κρατηθώ και να είμαι ήσυχος ότι θα είναι δίπλα μου ώς την τελευταία μου στιγμή, γιατί εγώ το αποφάσισα να είναι μαζί μου για πάντα...*

Κι εγώ απαντώ: αυτό δεν γίνεται.

Αυτό είναι το πρώτο που μαθαίνει κανείς όταν ενηλικιώνεται.

Είτε μου αρέσει είτε όχι, θα έρθει κάποια στιγμή, αργά ή γρήγορα —πάντως αναπόφευκτα—, που θα με έχουν εγκαταλείψει όλοι και όλα. Θα έχω χάσει πρόσωπα και πράγματα, θα έχουν αλλάξει καταστάσεις, θα έχω ξεπεράσει κάποιες φάσεις ζωής και θα έχω αλλάξει ιδέες.

Αλλά ακόμη κι αν δεν γίνει έτσι —ακόμη κι αν εγώ πεθάνω πριν με εγκαταλείψουν και αρνούμαι να αποδεχτώ πως όλα θα συνεχίσουν με τον ίδιο τρόπο χωρίς εμένα—, θα πρέπει τότε να αποδεχτώ πως εγώ θα είμαι αυτός που θα φύγει. Και θα ήταν ανέντιμο να μη βρίσκομαι σε επιφυλακή, για να αποφύγω να δεσμεύσω κάποιον, να μην τον κρατάω παγιδευμένο, προσκολλημένο, δημιουργώντας του ψεύτικες, απραγματοποίητες ελπίδες ότι κάτι θα κρατήσει για πάντα.

Πώς γίνεται, όμως, να απολαύσω κάτι, αν πρέπει συνεχώς να προσέχω μην το χάσω, ή μήπως κάποιος μου το αρπάξει;

Ας υποθέσουμε ότι το αγαλματίδιο πάνω στο γραφείο σας, αυτό το διακοσμητικό αντικείμενο ή εκείνο το σταχτοδοχείο είναι όλα φτιαγμένα από ένα υλικό ζεστό και απαλό στην αφή.

Παρεμπιπτόντως, έχουμε τόσο λίγο συνηθίσει να αντιλαμβανόμαστε τα πράγματα με την αφή, που το παράδειγμα φαίνεται άσχετο. Δεν έχουμε τη σχετική παιδεία ώστε να εκτιμήσουμε τη μεγάλη σημασία που έχει η αίσθηση της αφής. Μπορεί κανείς να βρει στα καταστήματα δώρων σ' ολόκληρο τον κόσμο αντικείμενα που ικανοποιούν την όραση και την ακοή, γλυκά και άλλα φαγώσιμα που ικανοποιούν τη γεύση, αρώματα και άλλα πράγματα που ικανοποιούν την όσφρηση. Τα πάντα πωλούνται, και όμως, δεν υπάρχει σχεδόν τίποτε στην αγορά που να μπορεί κανείς να το απολαύσει με την αφή. Είναι περίεργο, αλλά δεν υπάρχει κουλτούρα της αφής, σαν να ήταν τα χέρια μόνο για να κρατάνε και να στηρίζουν, να αρπάζουν και να κρατούν σφιχτά, να χτυπούν ή να χαϊδεύουν. Δεν υπάρχει πουθενά καταχώρηση της ευχαρίστησης που προσφέρει το απλό άγγιγμα.

Ας πούμε, λοιπόν, ότι υπάρχει κάτι πάνω στο τραπέζι και είναι ένα από τα λίγα πράγματα που ξέρουμε ότι είναι ευχάριστα στην αφή.

Ας υποθέσουμε τώρα ότι παίρνω αυτό το πράγμα στα χέρια μου και το κρατάω γερά, γιατί μου φαίνεται πως κάποιος θέλει να μου το πάρει. Το σφίγγω δυνατά για να μη μου το κλέψουν. Τι θα συμβεί αν ο κίνδυνος εξακολουθεί να υπάρχει (έστω κι αν είναι φανταστικός) κι εγώ συνεχίζω να έχω το αντικείμενο στην κατοχή μου; Θα συμβούν δύο πράγματα.

Το πρώτο είναι ότι θα συνειδητοποιήσω πως δεν υπάρχει πια ευχαρίστηση. Δεν υπάρχει καμία δυνατότητα να χαρώ αγγίζοντας αυτό που σφίγγω με τα χέρια μου. (Μπορείτε να το δοκιμάσετε. Πάρτε κάτι στα χέρια σας και κρατείστε το σφιχτά. Προσπαθήστε να καταλάβετε πώς είναι στην αφή. Δεν θα τα καταφέρετε. Το μόνο που καταλαβαίνετε είναι ότι το κρατάτε γερά προσπαθώντας να μην το χάσετε.)

Το δεύτερο που πρόκειται να συμβεί, καθώς το σφίγγω με πείσμα, είναι ότι θα εμφανιστεί ο πόνος. (Συνεχίστε να κρατάτε το αντικείμενο με δύναμη για να μη μπορεί κανείς να σας το πάρει και δείτε τι γίνεται.) Αυτό που ακολουθεί πάντοτε το σφίξιμο, είναι ο πόνος. Ο πόνος του κλειστού χεριού. Ο πόνος ενός χεριού που, σφιγμένο, μία μόνο ευχαρίστηση μπορεί να πάρει: τη χαρά ότι δεν έχασε. Τη μοναδική ευχαρίστηση που προσφέρει η ματαιοδοξία, ότι κέρδισα, δηλαδή, εκείνον που ήθελε να μου το πάρει. Τη χαρά της «νίκης»...

Καμία όμως ευχαρίστηση που να προέρχεται από τη σχέση μου με το ίδιο το αντικείμενο.

Αυτό συμβαίνει με τη βλακώδη ανάγκη να κατέχουμε άχρηστα πράγματα. Αυτό γίνεται όταν υπερασπιζόμαστε μια ιδέα σαν προμαχώνα. Αυτό επίσης γίνεται όταν είμαστε κτητικοί στις σχέσεις μας, ιδιαίτερα τις πιο τρυφερές, (όπως εκείνες ανάμεσα σε γονείς και παιδιά, ή ανάμεσα σ' ένα ζευγάρι). Πράγματι, στις σχέσεις μου, κυρίως τις πιο στενές, δημιουργείται ανάμεσα σ' εμένα και το αγαπημένο μου πρόσωπο ένα ευχάριστο κενό, όταν ανοίγω το χέρι για να μάθουμε να συνδεόμαστε χωρίς καταπίεση, έλεγχο ή περιορισμό. Έτσι δημιουργείται μια κατάσταση αληθινής συνάντησης με τον άλλον, και όπως μάθαμε όταν πορευτήκαμε στον *Δρόμο της Συνάντησης*,[1] η κατάσταση αυτή μπορεί να είναι ευχάριστη μόνο όταν είναι κανείς ελεύθερος.

Πολλοί νομίζουν ότι αν δεν υπάρχει προσκόλληση, δεν υπάρχει αληθινή σχέση.

Είναι μια άποψη που δεν συμμερίζομαι, αλλά την καταλαβαίνω.

Είναι μια διαστρέβλωση. Καταλήγεις να σκέφτεσαι ότι, αφού προσκολλώμαι μόνο σε όποιον είναι σημαντικός για μένα, η προσκόλληση δείχνει το ενδιαφέρον μου και συνεπώς (;) ... όταν δεν προσκολλώμαι, φαίνεται ότι δεν συνδέομαι επειδή δεν ενδιαφέρομαι (;;).

Η ίδια διαστρέβλωση γίνεται όταν συμπεραίνεις ότι, αφού οι νεκροί δεν πίνουν Κόκα-Κόλα, αν σταματήσεις να πίνεις Κόκα-Κόλα, θα γίνεις αθάνατος.

Με την ίδια λογική, αν ο σύντροφός σου δεν σε ζηλεύει, σημαίνει πως δεν σ' αγαπάει.

---

1. Χόρχε Μπουκάι, *Ο Δρόμος της Συνάντησης*, εκδόσεις opera, 2010 (Σ.τ.Ε.)

Είναι η ίδια ιδέα που έχουν ορισμένοι, ότι δηλαδή, αν δεν εξοργισθεί κανείς, δεν ενεργοποιείται.

Είναι το ίδιο σαν να πιστεύεις πως αν δεν πιεσθείς από την κατάσταση, δεν θα κάνεις ποτέ τίποτε.

Είναι η ίδια πεποίθηση πως αν δεν είσαι απαιτητικός από τον υπάλληλό σου, δεν θα δουλεύει καλά.

Είναι σαν να πιστεύεις πως αν δεν υπάρξει προθεσμία για να παραδώσουν οι δικηγόροι τα έγγραφα, δεν θα τα παραδώσουν ποτέ (... καλά, αυτό είναι σίγουρο).

Είναι το ίδιο σαν να δικαιολογείς τον παραλογισμό του πολέμου με το επιχείρημα ότι γίνεται για να εξασφαλισθεί η ειρήνη.

Στην άλλη άκρη βρίσκονται εκείνοι που, ενώ πιστεύουν το ίδιο πράγμα, προτείνουν το αντίθετο και προσπαθούν να αποφύγουν τον πόνο του πένθους αποφεύγοντας να εμπλακούν συναισθηματικά με οποιοδήποτε πρόσωπο ή πράγμα.

Η σκέψη αυτή έχει γίνει τρόπος ζωής στον ανταγωνιστικό και ηδονιστικό κόσμο που ζούμε. Ένας πνευματικός οδηγός που μας τον δίδαξαν, τον μάθαμε και πολλές φορές τον δοκιμάσαμε, οπωσδήποτε όμως μια επιλογή που, εγώ τουλάχιστον, θεωρώ απαράδεκτη.

Η πρόταση είναι να αγοράσετε ένα ασφαλιστικό συμβόλαιο κατά του πόνου για μια μελλοντική απώλεια, πληρώνοντας ως ασφάλιστρο να μη δώσετε την καρδιά σας σε τίποτα και σε κανέναν. Ίσως αυτή η «ασφάλεια κατά του πόνου» να μην μπορέσει να αποτρέψει τελείως τον πόνο σας, είναι σίγουρο, όμως, ότι θα υποφέρετε λιγότερο. Το ίδιο σίγουρο, όμως, είναι επίσης —και σας το λέω σαν προφητεία—, ότι θα χάσετε κατά ένα μεγάλο μέρος τη δυνατότητα να απολαύσετε μια γνήσια συνάντηση με τους άλλους. Όχι γιατί δεν είναι δυνατόν να χαρούμε χωρίς να υποφέρουμε αναγκαστικά, αλλά γιατί είναι αδύνατον να νιώσουμε πραγματική ευχαρίστηση όταν πεισματικά προσπαθούμε να ξεφύγουμε από τον πόνο.

Αυτό που μπορούμε να κάνουμε για να μην υποφέρουμε «περισσότερο» δεν είναι να αγαπάμε «λιγότερο», αλλά να μάθουμε, όταν φτάνει η στιγμή του αποχωρισμού ή της απώλειας, να μη μένουμε κολλημένοι σ' αυτό που δεν υπάρχει πια. Να χαιρόμαστε τη στιγμή, όσο διαρκεί, και να προσπαθούμε να την κάνουμε όσο γίνεται καλύτερη. Να ζούμε ρισκάροντας κάθε λεπτό της ζωής μας. Τέλος, να μη ζήσουμε αύριο με τη σκέψη στη σημερινή μέρα που ήταν τόσο ωραία, γιατί αύριο θα έχουμε την υποχρέωση να κάνουμε ό,τι φέρει το αύριο. Και θα προσπαθήσουμε να το κάνουμε κι αυτό εξίσου ωραίο.

Όταν μιλάω για «υποχρέωση», εννοώ ότι πρέπει να δεσμευόμαστε απέναντι σ' αυτό που συμβαίνει εδώ και τώρα. Όχι σ' αυτό που πρόκειται να συμβεί, και ακόμη λιγότερο σ' αυτό που ήδη συνέβη. Αν μένεις κολλημένος στα πράγματα του χθες, είναι σαν να έχεις μια δέσμευση απέναντι στα χθεσινά, να ζεις κρεμασμένος από το παρελθόν, και να συντηρείς εκείνο που δεν υπάρχει πια.

Είναι, όπως λένε στο χωριό, σαν ν' ασχολείσαι με τις ντομάτες που τις έκαψε ο πάγος και να ξεχνάς τα μαρούλια που πρέπει να φροντίσεις τώρα να έχουν ήλιο.

Τι θα γίνει αν έχει κανείς τη διάθεση να ξαναφτιάχνει τη σχέση του με τον άλλο κάθε μέρα;

Τι θα γίνει αν αποφασίσει κανείς να ανανεώσει τη δέσμευση μόνο για σήμερα;

Τι θα γίνει αν είμαστε αναγκασμένοι να ανανεώνουμε τη δέσμευση με τον άλλο καθημερινά, αντί μια φορά και για πάντα;

Για πολλούς, που τρέμουν ανασφαλείς και βολεμένοι, η σχέση θα μεταβληθεί σε έναν δεσμό «light» με μικρή συναισθηματική εμπλοκή. Εγώ, όμως, λέω το ακριβώς αντίθετο.

Η πιο υποχρεωτική και σταθερή αντίδραση σε έναν συναισθηματικό δεσμό είναι, απλώς, να είσαι διατεθειμένος να μην προσκολληθείς στο άτομο εκείνο, σ' εκείνη την κατάσταση, σ' εκείνη τη σχέση. Και αν ο δεσμός αυτός, όση χαρά κι αν σου δίνει, τελειώσει αύριο, να μπορείς να πάρεις την απόφαση να τον ξεχάσεις. Μέχρι όμως να έρθει αυτή η στιγμή (που μπορεί να μην έρθει ποτέ), ενόσω δεν έρχεται το τέλος, προσπάθησε να είσαι ΤΕΛΕΙΩΣ αφοσιωμένος.

Εγώ δεν αποτελώ παράδειγμα για τίποτε, στο θέμα όμως αυτό έχω με τη σύζυγό μου την ίδια θέση. Πριν από τριάντα χρόνια κάναμε με τη γυναίκα μου μια συμφωνία που ορίζει σαφώς ότι την ημέρα που ο ένας από τους δύο θ' αποφασίσει ότι δεν θέλει πια να είναι δίπλα στον άλλο, θα πρέπει να χωρίσουμε.

Όχι την επόμενη μέρα: την ίδια μέρα.

Θα ήταν, δε, πολύ αστείο να σκεφτεί κανείς ότι δεν πρέπει να είμαι και πολύ αφοσιωμένος στη γυναίκα μου μετά από 25 χρόνια γάμου, και γι' αυτό μπορώ να κάνω τέτοιου είδους συμφωνίες.

Είμαι αφοσιωμένος
όπως εκείνοι που δηλώνουν ότι αφοσιώνονται
από αγάπη, κι όχι όπως εκείνοι
που αγαπούν από υποχρέωση.

Light είναι η απόφαση να μη δεσμεύεσαι εδώ και τώρα, αλλά να αφήνεις το άνοιγμα και το ρίσκο για κάποιαν άλλη στιγμή, για κάπου αλλού, σε κάποιαν άλλη πραγματικότητα. Εγώ θεωρώ πως αυτό δεν είναι λύση.

Το πόσο υγιής είναι η σχέση σου με τους άλλους μετριέται με το αν είσαι αφοσιωμένος όσο διαρκεί, και πόσο ελέγχεις, ψάχνεις μέσα σου και σιγουρεύεσαι ότι αυτό που έχεις είναι πράγματι αυτό που θέλεις και πρέπει να έχεις, κι όχι τα απομεινάρια εκείνου που είχες. Και αν έχει πεθάνει, έχει σημασία πόσο αποφασιστικά το αποχαιρετάς και φεύγεις από αυτό που έχει ήδη τελειώσει.

Να σας πω μια ιστορία:

Ήταν μια φορά ένας ορειβάτης και επιχειρούσε μια πολύ δύσκολη αναρρίχηση σε ένα βουνό με έντονη χιονόπτωση. Πέρασε τη νύχτα μαζί με άλλους στο καταφύγιο. Το πρωί το χιόνι έχει σκεπάσει για τα καλά το βουνό, πράγμα που κάνει την αναρρίχηση ακόμη πιο δύσκολη. Δεν θέλει, όμως, να γυρίσει πίσω, κι έτσι, όπως μπορεί, με μεγάλη προσπάθεια και θάρρος, συνεχίζει την αναρρίχηση, συνεχίζει να σκαρφαλώνει στο απόκρημνο βουνό. Μέχρι που κάποια στιγμή, ίσως από κακό υπολογισμό, ίσως γιατί η κατάσταση ήταν πραγματικά δύσκολη, πάει να στερεώσει στον πάσσαλο το σχοινί ασφαλείας και του γλιστράει ο γάντζος. Ο ορειβάτης γκρεμίζεται... αρχίζει να κατρακυλάει στο βουνό χτυπώντας άγρια στα βράχια ενώ το χιόνι πέφτει πυκνό...

Από μπροστά του βλέπει να περνάει όλη του η ζωή. Κλείνει τα μάτια περιμένοντας το χειρότερο, και ξαφνικά, νιώθει στο πρόσωπό του ένα χτύπημα από σχοινί. Χωρίς καθόλου να σκεφτεί, πιάνεται από το σχοινί με μια ενστικτώδη κίνηση. Ποιος ξέρει... Το σχοινί αυτό μπορεί να έμεινε εκεί κρεμασμένο από κάποιον πάσσαλο... κι αν είναι έτσι, θα μπορέσει να τον κρατήσει και να σταματήσει την πτώση του.

Κοιτάζει προς τα πάνω, αλλά το μόνο που βλέπει είναι η χιονοθύελλα και το πυκνό χιόνι που πέφτει πάνω του. Τα δευτερόλεπτα μοιάζουν αιώνες σ' αυτό το κατρακύλισμα που γίνεται όλο και πιο γρήγορο και μοιάζει να μην τελειώνει... Ξαφνικά, το σχοινί τινάζεται και νιώθει αντίσταση. Ο ορειβάτης δεν βλέπει τίποτε, ξέρει όμως ότι προς το παρόν έχει σωθεί. Το χιόνι πέφτει ασταμάτητα, κι αυτός εκεί, δεμένος με το σχοινί, μέσα στο φοβερό κρύο, κρεμασμένος από ένα κομμάτι λινάρι, που τον κρατάει για να μην τσακιστεί πέφτοντας στη χαράδρα ανάμεσα στα βουνά.

Προσπαθεί να δει τι υπάρχει γύρω του, αλλά μάταια· δεν ξεχωρίζει τίποτε. Φωνάζει δυο-τρεις φορές, αλλά καταλαβαίνει ότι δεν υπάρχει περίπτωση να τον ακούσει κανείς. Η πιθανότητα να σωθεί είναι απειροελάχιστη. Και να δουν ότι λείπει, δεν θα μπορέσει κανείς ν' ανέβει να ψάξει γι' αυτόν πριν σταματήσει η χιονοθύελλα, αλλά και τότε ακόμη, πώς να ξέρουν ότι βρίσκεται κρεμασμένος στο γκρεμό;

Αντιλαμβάνεται πως αν δεν κάνει κάτι γρήγορα, αυτό θα είναι το τέλος του.

Όμως, τι να κάνει;

Θα μπορούσε ίσως να σκαρφαλώσει προς τα πάνω και να προσπαθήσει να φτάσει στο καταφύγιο, αμέσως όμως καταλαβαίνει πως κάτι τέτοιο είναι αδύνατον. Ξαφνικά... ακούει μια φωνή από μέσα του που του λέει «λύσου!» Μπορεί να είναι η φωνή του Θεού, ή η φωνή της εσωτερικής του σοφίας, μπορεί όμως να είναι κάποιο κακό πνεύμα, ή παραίσθηση... ακούει πάντως τη φωνή να επιμένει «λύσου, λύσου!»

Σκέφτεται πως αν λυθεί αυτή τη στιγμή σίγουρα θα σκοτωθεί. Θα είναι ένας τρόπος για να τελειώσει το μαρτύριό του. Μπαίνει στον πειρασμό να επιλέξει το θάνατο για να σταματήσει να υποφέρει. Σαν απάντηση όμως στη φωνή δένεται ακόμη πιο σφιχτά. Και η φωνή επιμένει «λύσου!...

Μη βασανίζεσαι άλλο, δεν έχει νόημα τόσος πόνος... λύσου!» Εκείνος, όμως, δένεται ακόμη πιο σφιχτά, ενώ πολύ αποφασιστικά λέει μέσα του πως καμία φωνή δεν πρόκειται να τον πείσει να αφήσει αυτό που χωρίς αμφιβολία του έχει σώσει τη ζωή. Η σύγκρουση αυτή συνεχίζεται για ώρες, ο ορειβάτης όμως εξακολουθεί να είναι δεμένος μ' αυτό που νομίζει πως είναι η μοναδική του δυνατότητα για να σωθεί.

Ο μύθος λέει ότι την άλλη μέρα η ομάδα διάσωσης βρήκε τον ορειβάτη μισοπεθαμένο. Η ζωή του κρεμόταν από μια κλωστή. Ακόμα λίγα λεπτά, και ο ορειβάτης θα είχε πεθάνει από το κρύο, παγωμένος, και, παραδόξως, δεμένος με το σχοινί του... σε απόσταση λιγότερο από ένα μέτρο από το έδαφος.

Λέω, λοιπόν, ότι, καμιά φορά, το να μην εγκαταλείπεις κάτι είναι θάνατος.

Κάποιες φορές, ζωή είναι να παρατάς αυτό που κάποτε σ' έσωσε.

Να αφήνεις πίσω τα πράγματα που μαζί τους είσαι δεμένος σφιχτά, επειδή νομίζεις ότι αν τα κρατήσεις θα σε σώσουν από την κατάρρευση.

Όλοι έχουμε αυτήν την τάση να δενόμαστε σφιχτά με ιδέες, πρόσωπα και καταστάσεις. Δενόμαστε με ανθρώπους, με χώρους, με τόπους γνωστούς, γιατί είμαστε βέβαιοι πως αυτό είναι το μόνο πράγμα που μπορεί να μας σώσει. Πιστεύουμε στο «γνώριμο κακό», όπως λέει ένα γνωστό γνωμικό.

Και παρόλο που από διαίσθηση καταλαβαίνουμε ότι το δέσιμο σημαίνει θάνατο, συνεχίζουμε να μένουμε αγκιστρωμένοι σ' αυτό που πια δεν μας χρειάζεται, σ' αυτό που δεν υπάρχει πια, τρέμοντας τις φανταστικές συνέπειες αν αποδεσμευτούμε.

Αυτό που ακολουθεί

Όταν μιλάμε για τον δρόμο των δακρύων, στην ουσία συζητάμε το πώς θα μάθουμε να βλέπουμε τις απώλειες από άλλη οπτική γωνία. Που σημαίνει, όχι μόνο άμεσα από την άποψη του πόνου που είπαμε ότι υπάρχει πάντα, αλλά και από κάποιαν άλλη πλευρά. Τη δυνατότητα να αξιολογήσουμε τη διαδρομή μας από την άποψη αυτού που ακολουθεί. Αφού έχουμε θρηνήσει κάθε απώλεια, αφού έχουμε επεξεργαστεί το πένθος για κάθε απουσία, αφού έχουμε βρει το κουράγιο να απαγκιστρωθούμε, αυτό που ακολουθεί είναι κάτι άλλο.

Αυτό που ακολουθεί είναι η συνάντηση μ' έναν καινούργιο εαυτό. Τον εαυτό μου που αισθάνεται ότι «εμπλουτίζεται» με αυτό που δεν έχω πια αλλά πέρασε από μένα, και από την εμπειρία που βίωσα στη διάρκεια αυτής της διαδικασίας.

Δεν είναι εύκολο να το δεχτούμε αυτό.

Είναι φοβερό να παραδεχτούμε
ότι σε κάθε απώλεια υπάρχει ένα όφελος.
Ότι ο πόνος για την απώλεια
θα τελειώσει αναγκαστικά με κάποιο κέρδος.
Και βέβαια δεν υπάρχει απώλεια χωρίς ένα όφελος.
Δεν υπάρχει απώλεια
που δεν οδηγεί αναγκαστικά στην προσωπική ανάπτυξη.

Θα μου πείτε:
«Είναι φοβερό, δεν μπορώ να σκεφτώ πως ο θάνατος ενός αγαπημένου προσώπου μπορεί να σημαίνει κάποιο όφελος για μένα».

Καταλαβαίνω, ας αφήσουμε λοιπόν έξω από τη συζήτηση αυτή τον θάνατο ενός αγαπημένου προσώπου. Ας κατατάξουμε την περίπτωση αυτή στις εξαιρέσεις, αν και δεν το πιστεύω. Αυτό που μας μπερδεύει στο σημείο αυτό είναι «το επιθυμητό» της ιδέας του κέρδους, αναμεμιγμένο με «το αφόρητο» της ιδέας της απώλειας ενός αγαπημένου προσώπου. Ίσως σας είναι πιο εύκολο να δεχτείτε αυτό που λέω, αν σας εξηγήσω ότι μιλάω για ένα δευτερογενές όφελος που αποκομίζουμε ως επακόλουθο της ανεπιθύμητης στιγμής του πένθους. Δεν εννοώ, δηλαδή, ότι είναι ωφέλιμο να περνάμε από την κατάσταση του θανάτου ενός αγαπημένου προσώπου.

Σε κάθε περίπτωση, ο θάνατος ενός αγαπημένου προσώπου αποτελεί γεγονός αναπόδραστο στη ζωή μας, όπως και η προσωπική ανάπτυξη που απορρέει από αυτό.

Ας μου επιτραπεί να ορίσω προσωρινά, ότι αυτές είναι ειδικές περιπτώσεις.

Ας αφήσουμε για αργότερα το θέμα του θανάτου αυτών που αγαπάμε και πάμε να μιλήσουμε για τη στιγμή οποιασδήποτε άλλης απώλειας.

Ας προσπαθήσουμε να δείξουμε και να αποδείξουμε σ' αυτό το κεφάλαιο, ότι σε κάθε μία από τις άλλες απώλειες υπάρχει ένα όφελος. Αυτό αποτελεί το διαβατήριο για την προσωπική μας ανάπτυξη, που σημαίνει, το διαβατήριο για να ζούμε καλύτερα.

Ρωτάω συχνά διάφορους ανθρώπους πώς τα πάνε στη ζωή τους. Η απάντηση που παίρνω είναι ότι οι περισσότεροι δεν τα πάνε τόσο καλά όσο θα ήθελαν, ή ότι ειλικρινά τα πάνε χάλια.

Το 65% περίπου του αστικού πληθυσμού της Δύσης δηλώνει πως δεν είναι καλά.

Αν θελήσει κανείς να επιβεβαιώσει τις απαντήσεις αυτές και ρωτήσει τους ανθρώπους αυτούς αν υποφέρουν, θα πάρει τη διαβεβαίωση πως άλλος πολύ, άλλος λίγο, πάντως οι περισσότεροι λένε ότι υποφέρουν.

Προφανώς, σε κανέναν δεν αρέσει να υποφέρει, και είναι λογικό, επομένως, να θεωρείται ο πόνος «κάτι αναπόδραστο» που έρχεται ξαφνικά και μας αγγίζει, σαν να εισβάλλει στη λύπη μας.

Γιατί υποφέρουμε;

Υποφέρουμε μόλις συνειδητοποιήσουμε ότι δεν έχουμε κάτι που επιθυμούμε, ή μόλις ενημερωθούμε για κάποιαν απώλεια. Υποφέρουμε όταν αυτό που καταφέραμε απέχει πολύ από αυτό που περιμέναμε, κι όταν νομίζουμε ότι για ορισμένα πράγματα είναι πια πολύ αργά.

Ο πόνος, έλεγε ο Βούδας, είναι πανανθρώπινος, έχει όμως μία μόνο ρίζα.

Και η ρίζα αυτή, φρονούσε ο δάσκαλος, είναι η επιθυμία.

Επιθυμίες, προσκόλληση, πόθοι και προσδοκίες — ιδού οι ρίζες του πόνου μας. Αν λοιπόν πηγάζουν από δω τα βάσανά μας, συνεχίζει ο Βούδας, τότε ο πόνος έχει λύση.

Η λύση είναι να πάψουμε να επιθυμούμε. Να αποδεχτούμε. Να αφήσουμε πίσω. Να διαγράψουμε την επιτακτική ανάγκη να είναι τα πράγματα διαφορετικά απ' ό,τι είναι.

Σταματήστε την προσπάθεια να αποκτήσετε όλα όσα

θα θέλατε να έχετε αυτή τη στιγμή —υλικά, συναισθηματικά ή πνευματικά—, και ο πόνος θα εξαφανιστεί.

Υπήρχε ένας ιησουΐτης ιερέας που λεγόταν Άντονι δε Μέγιο, και μερικές φορές του άρεσε να παίζει με τις λέξεις στις συγκεντρώσεις που έκανε.

«Θέλετε να γίνετε ευτυχισμένοι;» έλεγε στον κόσμο που πήγαινε να τον ακούσει. «Εγώ μπορώ να σας δώσω την ευτυχία αυτή τη στιγμή, και μπορώ να σας την εξασφαλίσω για πάντα. Ποιος από σας δέχεται;»

Αρκετοί από τους παρισταμένους σήκωναν το χέρι...

«Πολύ ωραία» συνέχιζε ο Δε Μέγιο. «Ανταλλάσσω την ευτυχία σας με ό,τι έχετε. Δώστε μου όλα όσα έχετε, κι εγώ σας δίνω για αντάλλαγμα την ευτυχία.»

Ο κόσμος τον κοίταζε. Νόμιζαν ότι μιλούσε συμβολικά, και γελούσαν...

«Σας το εγγυώμαι» τους διαβεβαίωνε. «Δεν αστειεύομαι.»

Τα χέρια άρχιζαν να κατεβαίνουν... κι αυτός έλεγε τότε, χαμογελώντας σαν τον Βούδα:

«Χμμμ... Δεν θέλετε... Δεν θέλει κανένας.»

Και μετά, τους εξηγούσε.

Ταυτίζουμε την ευτυχία με τις ανέσεις μας, με την επιτυχία, τη δόξα, τη δύναμη, την αναγνώριση, τα χρήματα, τις απολαύσεις, τη στιγμιαία ευχαρίστηση. Και δεν φαίνεται να είμαστε ούτε στο ελάχιστο διατεθειμένοι να παραιτηθούμε από κάτι που έχουμε. Ούτε και με αντάλλαγμα την ευτυχία. Ξέρουμε καλά ότι πολλά από τα βάσανά μας προέρχονται απ' όσα κάνουμε καθημερινά για να εξασφαλίσουμε όλα όσα επιθυμούμε, κανείς όμως δεν μπορεί να μας πείσει να παραιτηθούμε απ' αυτά.

Δεν μπορεί κανείς να μας πείσει ότι θα σταματήσουμε να υποφέρουμε αν κάνουμε το μεγάλο βήμα να πάψουμε να επιθυμούμε.

Κι ας είναι ολοφάνερο.

Είμαστε σαν τον ορειβάτη, αγκιστρωμένοι στην αναζήτηση υλικών πραγμάτων σαν να ήταν το σχοινί που θα μας σώσει. Δεν έχουμε το θάρρος ν' αλλάξουμε αντιλήψεις και συμπεριφορά, γιατί φοβόμαστε ότι χωρίς πράγματα στην κατοχή μας, μάς περιμένει ο θάνατος κι η εξαφάνιση. Ξέρουμε ότι το γνωστό μάς προξενεί πόνο, δεν είμαστε όμως διατεθειμένοι να παραιτηθούμε απ' αυτό. Η ιδέα ότι πρέπει ν' αφήσουμε πίσω πράγματα για να διασχίσουμε τον δρόμο πιο ανάλαφροι, δεν μας είναι άγνωστη. Αφού δεν αφήνουμε τίποτε, όμως, δεν έχουμε καμία πιθανότητα να απαλλαγούμε από τον πόνο. Γιατί εκτός από τη στενοχώρια, υπάρχει μέσα μας μια αντίφαση, ένα «ναι μεν, αλλά...»

Οφείλουμε όμως να ομολογήσουμε ότι εμείς, οι άνθρωποι της Δύσης, δεν μπορούμε να απαλλαγούμε από τις επιθυμίες, όπως επίσης ξέρουμε ότι δεν είναι δυνατόν να αποκτούμε εσαεί και απεριόριστα όλα όσα θέλουμε. Δεν είμαστε παντοδύναμοι.

Είναι γεγονός ότι:

Δεν σταματάμε να κατασκευάζουμε επιθυμίες.

Κανένας δεν μπορεί ούτε θα μπορέσει ποτέ να έχει όλα όσα επιθυμεί.

Είναι βασανιστικό να θέλεις κάτι και να μην μπορείς να το αποκτήσεις.

Υπάρχει άραγε τρόπος να ξεφύγουμε από αυτήν την παγίδα;

Εγώ νομίζω πως ΥΠΑΡΧΕΙ.

Το κλειδί θα το βρεις στον δρόμο όπου μαθαίνεις να μπαίνεις και να βγαίνεις από την επιθυμία.

Για να το κάνεις αυτό, είναι απαραίτητο να αναπτύξεις την ικανότητα να επιθυμείς χωρίς να μένεις φυλακισμένος στην επιθυμία. Να ποθείς χωρίς να αγκιστρώνεσαι σαν τον ορειβάτη από το σχοινί που νομίζει πως θα του σώσει τη ζωή. Εν ολίγοις, να μάθεις να απαγκιστρώνεσαι.

Ας δούμε ένα παράδειγμα.

Θα ήταν ίσως πολύ ευχάριστο να κυκλοφορείς με το πιο ακριβό, το πιο πολυτελές αυτοκίνητο στον κόσμο, έστω κι αν έχεις να πας πέντε τετράγωνα πιο πέρα. Είναι ανάγκη όμως να υποφέρεις, αν το αυτοκίνητο αυτό δεν είναι διαθέσιμο αυτήν εδώ τη στιγμή;

Λέω λοιπόν πως, αν υπάρχει, είναι υπέροχο να απολαμβάνεις τη βόλτα σου μ' ένα τέτοιο αυτοκίνητο (έστω και για λίγα τετράγωνα). Αν όμως δεν υπάρχει αυτό... θα υπάρχει κάποιο άλλο αυτοκίνητο. Κι αν δεν υπάρχει αυτοκίνητο... μπορείς να περπατήσεις. Αν πάλι βρέχει... μπορείς να πάρεις ομπρέλα. Κι αν δεν έχεις ομπρέλα... μπορείς να αναβάλεις την έξοδό σου...

Μπορείς ίσως (τώρα μόλις μου ήρθε αυτό και το γράφω...), να αλλάξεις τη συνήθειά σου και, αφού αυτοκίνητο δεν υπάρχει... να απολαύσεις το περπάτημα στη βροχή.

Εάν μπορούσα να ανακαλύπτω κάθε φορά τη δυνατότητα να είμαι ευχαριστημένος σε οποιαδήποτε κατάσταση, αν μπορούσα να φανταστώ ότι θα χαρώ λιγάκι σε οποιαδήποτε περίπτωση, δεν θα στενοχωριόμουν καθόλου περιμένοντας κάτι συγκεκριμένο, όπως στο παράδειγμα.

Αντίθετα, εάν δημιουργώ προσδοκίες και ψευδαισθήσεις, αν επιμένω ότι το μόνο πράγμα που μπορεί να με κάνει ευτυχισμένο αυτή τη στιγμή είναι το αυτοκίνητο αυτό και κανένα άλλο... τότε έρχεται «*η στιγμή των παραπονεμένων φωνηέντων*», όπως τη λέω.

«Αααχ... τι μεγάλη απογοήτευση!»

«Ωωωχ... τι φοβερή απώλεια!»

«Εεε... μα ξέρεις, εγώ πάντα είχα αυτοκίνητο...» και

«Ουουφ... δεν αντέχω το περπάτημα.»

Αν μπορούσαμε να αστειευτούμε με τη δυστυχία μας, αυτή θα λέγαμε πως είναι «*η στιγμή της εγγυημένης δυστυχίας*».

Ευτυχώς, όμως, δεν είμαστε τόσο ανόητοι ώστε να βασίζουμε την ευτυχία μας σε μια βόλτα με το αυτοκίνητο. Άρα... πρέπει να το δούμε από άλλη σκοπιά. Τι είναι αυτό που μας κάνει να υποφέρουμε;

Το ζήτημα είναι η προσκόλληση: η σχέση που διαμορφώνεται ανάμεσα σ' εμένα και τις επιθυμίες μου.

Το πρόβλημα είναι ότι δεν ξέρω να μπαίνω και να βγαίνω από τις καταστάσεις.

Ότι δεν μπορώ να δεχτώ τη δέσμευση και την αποδέσμευση από τα πράγματα.

Ότι δεν έχω μάθει πως το να κερδίζω και να χάνω, αποτελούν μέρος της φυσιολογικής δυναμικής μιας ζωής που θεωρείται ευτυχισμένη.

Θα με ρωτήσετε τώρα για ποιο λόγο έφυγα από το θέμα μου κι έκανα στροφή προς την ευτυχία, την προσκόλληση και την αφοσίωση, αφού μιλούσα πριν για απώλειες, δάκρυα, εγκατάλειψη και θάνατο. Δεν έφυγα από το θέμα. Ο θάνατος, η αλλαγή, η απώλεια και Η ΖΩΗ ΟΛΟΚΛΗΡΗ, είναι θέματα στενά συνδεδεμένα από καταβολής κόσμου, όπως αποδεικνύουν οι μελέτες των συμβόλων με τα οποία ασχολήθηκαν διαδοχικά η ανθρωπολογία, η ιστορία των πρωτόγονων λαών και η ψυχολογία. Στη διαδρομή του χρόνου κάθε σύμβολο έχει μια αρχετυπική σημασία, όπως την ανέλυσε ο περίφημος Καρλ Γιουνγκ στις μελέτες του γύρω από την κατεξοχήν συμβολική δομή στις κάρτες Ταρώ.

Στα Ταρώ υπάρχει, για παράδειγμα, μια κάρτα όπου παρουσιάζεται συμβολικά ο θάνατος. Πρόκειται για το μυστήριο νούμερο 13, που η λαϊκή παράδοση απεικονίζει με το κρανίο, το δρεπάνι και τον χιτώνα. Είναι η εικόνα του θανάτου.

Τα σύμβολα επαναλαμβάνονται πολλές φορές σε όλους τους πολιτισμούς και όλες τις εποχές. Η κάρτα, βέβαια, παρόλο που η εικόνα είναι τρομακτική, δεν συμβολίζει την έλευση του ίδιου του θανάτου. Το θέμα, για όσους γνωρίζουν καλύτερα, ενσαρκώνει την αλλαγή. Συμβολίζει τη διαδικασία μέσω της οποίας κάτι παύει να είναι αυτό που ήταν και δίνει τη θέση του σε κάτι άλλο. Αυτό το άλλο θα καταλάβει τον χώρο που κάλυπτε πριν εκείνο που δεν υπάρχει πια.

Η λαϊκή σοφία ή το συλλογικό ασυνείδητο γνωρίζουν από καταβολής κόσμου ότι οι μικροί καθημερινοί θάνατοι, όπως και τα πιο σοβαρά επεισόδια θανάτου, συμβολίζουν εσωτερικές διεργασίες αλλαγής.

Όταν βιώνεις τις αλλαγές αυτές, βρίσκεις τη δύναμη να επιτρέψεις να πάψουν τα πράγματα να υφίστανται, για να δώσουν τη θέση τους σε άλλα, καινούργια.

Επεξεργάζομαι το πένθος, λοιπόν, σημαίνει μαθαίνω να αφήνω πίσω τα προηγούμενα.

Αντίθετα, όταν φοβάμαι αυτά που έρχονται, τότε αγκιστρώνομαι σε ό,τι υπάρχει.

Μένω συγκεντρωμένος σ' αυτό που έχω γιατί δεν έχω το θάρρος να ζήσω αυτό που ακολουθεί.

Πείθω τον εαυτό μου ότι δεν θα αντέξω τον πόνο, αν δεχτώ πως πάει αυτό, έφυγε... Έτσι δικαιολογούμαι που μένω δεμένος με όλα τα προηγούμενα...

Και από τη θέση αυτή ασφαλώς δεν μπορώ να γνωρίσω, ούτε να χαρώ, ούτε να ζήσω αυτό που ακολουθεί.

Σαν να σας ακούω:

«... *όμως πονάει όταν χάνει κανείς κάτι που αγαπάει. Σε βασανίζει αυτό που δεν υπάρχει πια.*»

Συμφωνώ. Γι' αυτό το θέμα είναι να δούμε τι θα κάνουμε για να μείνουμε μόνο με τον πόνο, και να πάψουμε να βασανιζόμαστε.

Υπάρχουν χιλιάδες πράγματα που σε καλούν να πορευτείς τον δρόμο των δακρύων, γιατί

εκτός από τα πρόσωπα που χάνει κανείς,
υπάρχουν καταστάσεις που μεταβάλλονται,
υπάρχουν δεσμοί που αλλάζουν,
υπάρχουν φάσεις ζωής που ξεπερνιούνται,
υπάρχουν στιγμές που φθάνουν στο τέλος,

και το καθένα από αυτά τα πράγματα αντιπροσωπεύει μιαν απώλεια που πρέπει να επεξεργαστείς.

Αν συνειδητοποιήσω ότι, με τον άλφα ή βήτα τρόπο, ΟΛΑ μια μέρα θα περάσουν και θα φύγουν, θα καταλήξω να δεχτώ πως είναι ΔΙΚΗ ΜΟΥ ευθύνη να «εμπλουτίζομαι» αποχαιρετώντας τα.

Φανταστείτε να έμενα προσκολλημένος σε κάποια ωραία πράγματα της παιδικής μου ηλικίας. Να καθόμουν να σκέφτομαι, ας πούμε, τι ωραία που ήταν όταν ήμουνα μικρός... να ζούσα με τη νοσταλγία της εποχής που ήμουνα μωρό και με θήλαζε η μαμά μου... τότε που εκείνη με φρόντιζε κι εγώ έκανα μόνο ό,τι ήθελα... Ακόμη χειρότερα, να έμενα, σαν τον ορειβάτη, δεμένος με την ανάμνηση της φανταστικής ασφάλειας της μήτρας πριν γεννηθώ, με την πεποίθηση ότι η κατάσταση αυτή ήταν σίγουρα ιδανική...

Φανταστείτε να έμενα στάσιμος σε μια προηγούμενη φάση της ζωής μου... να αποφάσιζα τότε να μην προχωρήσω μπροστά...

Φανταστείτε να έκρινα πως κάποιες στιγμές του παρελθόντος ήταν τόσο ωραίες, κάποιες σχέσεις τόσο ικανοποιητικές, κάποια άτομα τόσο σημαντικά, που δεν ήθελα να τα στερηθώ... Και για να μην τα χάσω ποτέ, να δενόμουνα μαζί τους με ένα σχοινί που θα με έδενε σε τόπους όπου δεν βρίσκομαι πια...

Φανταστείτε να έκανα εγώ αυτό κι εσείς κάτι ανάλογο. Ούτε το βιβλίο αυτό θα υπήρχε, ούτε εσάς θα σας ενδιέφερε να το διαβάσετε κι ούτε θα θέλατε να προχωρήσετε στη ζωή σας. Θα πεθαίναμε κι οι δυο μας εκεί, στο παρελθόν, καθηλωμένοι και παγωμένοι όπως στην ιστορία με τον ορειβάτη. Σίγουρα, δεν είναι αυτό που θέλουμε· δεν μπορεί να είναι αυτό καλό ούτε για μένα, ούτε για κανέναν άλλο.

Το δίχως άλλο, ήταν οδυνηρό που άφησα κάθε έναν από αυτούς τους τόπους. Ήταν οδυνηρό που άφησα την παιδική μου ηλικία. Ήταν οδυνηρό που έπαψα να είμαι βρέφος ολίγων ημερών, ήταν οδυνηρό που εγκατέλειψα τη μήτρα. Ήταν οδυνηρό που άφησα πίσω την εφηβική μου ηλικία...

Όλα αυτά τα βιώματα κατέληγαν σε μιαν απώλεια. Χάρη, όμως, στο γεγονός ότι έχασα ορισμένα πράγματα, μπόρεσα και κέρδισα κάποια άλλα.

Αυτό θα ήθελα να το τονίσω: Δεν υπάρχει σημαντικό όφελος χωρίς κάποια παραίτηση, χωρίς ένα συναισθηματικό κόστος, χωρίς μιαν απώλεια.

Αυτήν την αλήθεια ανακαλύπτει κανείς στο τέλος του δρόμου των δακρύων:

Ότι το πένθος είναι απαραίτητο για τη διαδικασία της προσωπικής ανάπτυξης. Οι απώλειες είναι αναγκαίες για την κατάκτηση της ωριμότητας, και αυτή με τη σειρά της θα μας βοηθήσει στην πορεία μας.

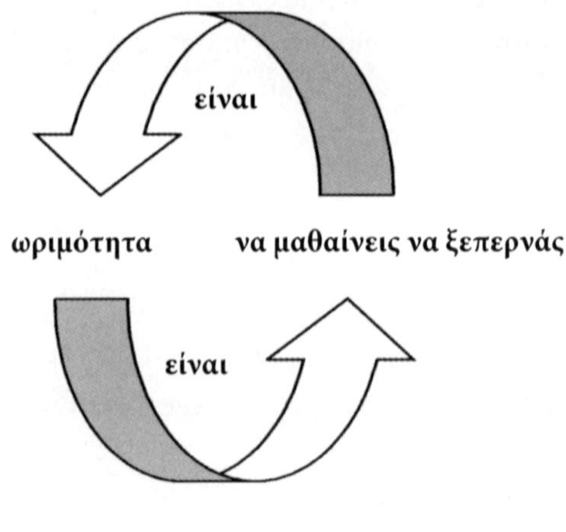

Όσο περισσότερο μαθαίνω να ξεπερνώ καταστάσεις, πρόσωπα και πράγματα, τόσο ευκολότερη γίνεται η προσωπική μου ανάπτυξη. Όσο περισσότερο αναπτύσσομαι, τόσο μικρότερη η στενοχώρια γι' αυτά που χάνω. Όσο λιγότερο μου ραγίζει την καρδιά αυτό που δεν υπάρχει πια, τόσο καλύτερα θα πορευτώ στον δρόμο που ακολουθεί. Ωριμάζοντας, ανακαλύπτω ότι με δική μου απόφαση και με πόνο ψυχής αφήνω κάτι πίσω δημιουργώντας χώρο για το καινούργιο που επιθυμώ.

«Μεγάλε δάσκαλε» λέει ο νέος, «ήρθα από πολύ μακριά για να μαθητεύσω κοντά σου. Έχω φοιτήσει αρκετά χρόνια δίπλα στους φωτισμένους δασκάλους και τους γκουρού της χώρας μας και ολόκληρου του κόσμου. Όλοι μου μετέδωσαν τη σοφία τους. Τώρα, πιστεύω ότι εσύ είσαι ο μόνος που μπορεί να ολοκληρώσει την αναζήτησή μου. Δίδαξέ με, δάσκαλε, όλα όσα μένουν να μάθω ακόμα.»

Ο σοφός Μπαδουΐν του απαντάει ότι ευχαρίστως θα του δείξει όλα όσα γνωρίζει, αλλά πριν αρχίσουν θα ήθελε να του προσφέρει ένα τσάι.

Κάθεται ο μαθητής δίπλα στο δάσκαλο, ενώ εκείνος πλησιάζει ένα τραπεζάκι και παίρνει ένα φλιτζάνι γεμάτο τσάι και μια μπακιρένια τσαγιέρα.

Ο δάσκαλος δίνει το φλιτζάνι στον μαθητή και, μόλις εκείνος το παίρνει στα χέρια του, αρχίζει να του σερβίρει κι άλλο τσάι... και το φλιτζάνι δεν αργεί να ξεχειλίσει.

Ο μαθητής, με το φλιτζάνι στα χέρια, δοκιμάζει να προειδοποιήσει τον οικοδεσπότη:

«Δάσκαλε... δάσκαλε.»

Ο Μπαδουΐν, σαν να μην άκουσε, συνεχίζει να βάζει τσάι, το οποίο, αφού ξεχείλισε το φλιτζάνι και το πιάτο, αρχίζει να χύνεται πάνω στο χαλί.

«Δάσκαλε...» φωνάζει τότε ο μαθητής, «μη βάζεις άλλο τσάι στο φλιτζάνι μου. Δεν βλέπεις ότι είναι γεμάτο;»

Σταματάει τότε ο Μπαδουΐν να βάζει τσάι και του λέει:

«Αν δεν μπορέσεις να αδειάσεις το φλιτζάνι σου, δεν θα μπορέσεις να βάλεις άλλο τσάι.»

Πρέπει να αδειάσεις για να μπορέσεις να ξαναγεμίσεις.

Ένα φλιτζάνι, λέει ο Κρισναμούρτι, χρησιμεύει μόνο όταν είναι άδειο.

Ένα γεμάτο φλιτζάνι είναι άχρηστο· δεν μπορείς να βάλεις τίποτα μέσα.

Αν κρατάς το φλιτζάνι σου πάντα γεμάτο, ούτε να δώσεις μπορείς — γιατί «δίνω», σημαίνει πως «έχω μάθει να αδειάζω το φλιτζάνι». Είναι σαφές ότι για να δώσω πρέπει να μάθω τι σημαίνει αποδέσμευση και αποστασιοποίηση, καθώς υπάρχει απώλεια ακόμα κι όταν αποφασίζω να δώσω κάτι δικό μου, όπως δηλώνει (θυμάσαι;) η ετυμολογία της λέξης pérdida (απώλεια).

Για να μεγαλώσουμε, επομένως, θα πρέπει να δεχτούμε το κενό. Τον χώρο εκείνον όπου —από δική μου απόφαση, της μοίρας ή της φύσης—, δεν βρίσκεται πια αυτό που κάποτε υπήρχε εκεί.

Έτσι είναι η ζωή. Πρέπει να απαλλαγώ από το περιεχόμενο του φλιτζανιού για να μπορέσω να το ξαναγεμίσω. Η ζωή μου εμπλουτίζεται κάθε φορά που γεμίζω το φλιτζάνι, εμπλουτίζεται όμως και κάθε φορά που το αδειάζω... Γιατί κάθε φορά που αδειάζω το φλιτζάνι μου, ανοίγω τον δρόμο για να το ξαναγεμίσω.

Η ιστορία της προσωπικής μου ανάπτυξης και της σχέσης μου με τον κόσμο είναι αυτός ο κύκλος εμπειρίας για τον οποίο συζητάμε. Ζωή, τελικά, σημαίνει ότι έρχομαι σε επαφή με τα γεγονότα, εξαντλώ την επαφή αυτή και αποσύρομαι. Από το σημείο αυτό ξαναρχίζω την έρευνα, φορτίζομαι ξανά με ενέργεια, συγκινούμαι και ενεργώ, και μετά, ξανά συνδέομαι, ξανά εξαντλείται η επαφή, και ξανά αποσύρομαι.

Μπαίνω και βγαίνω.

Γεμίζω και αδειάζω.

Παίρνω και αφήνω.

Βιώνω το πένθος για χάρη της προσωπικής μου ανάπτυξης, παρόλο που η διαδικασία δεν είναι πάντα εύκολη. Παρόλο που δεν είναι απαλλαγμένη από ψυχικό πόνο.

Πάνω στο τραπέζι όπου δουλεύω, έχω ένα ασημένιο νόμισμα που μου χάρισαν οι συνάδελφοι από τη Σχολή Ψυχολογίας της Γκουανταλαχάρα, όταν έδωσα στην πόλη τους μια διάλεξη με αυτό το θέμα. Αν ήθελα τώρα να κοιτάξω το νόμισμα από πολύ κοντά για να εξετάσω την ωραία εικόνα που είναι χαραγμένη πάνω στο μέταλλο, θα μπορούσα να το κάνω πολύ εύκολα, χωρίς να καταβάλω την παραμικρή προσπάθεια. Δεν γίνεται και τίποτε σπουδαίο, εκτός από το ότι πάνω στο τραπέζι μένει άδειο το σημείο όπου ήταν ακουμπισμένο το νόμισμα. Αν, όμως, βάλω λίγη κόλλα στο σημείο αυτό, όταν σηκώσω το νόμισμα, θα έχει μείνει πιθανότατα ένα σημάδι στο τραπεζομάντιλο, κι αν κοιτάξω με μεγεθυντικό φακό, θα δω λίγο χρώμα από το ύφασμα του τραπεζομάντιλου να έχει βγει πάνω στο νόμισμα. Ας υποθέσουμε τώρα ότι, αντί για απλή κόλλα, βάζω λίγη γερή βιομηχανική κόλλα. Αν την αφήσω να στεγνώσει και μετά ξεκολλήσω το νόμισμα, θα έχουν μείνει κομματάκια από το τραπεζομάντιλο κολλημένα πάνω του, και δεν θα χρειαστώ φακό για να το δω· η ζημιά θα είναι ολοφάνερη. Φανταστείτε τώρα ότι τρυπάω σε ορισμένα σημεία το τραπεζομάντιλο, κάνω και στο ξύλο μερικές τρύπες, και μ' ένα μεταλλικό σύρμα στερεώνω το νόμισμα στο τραπεζομάντιλο. Τέλος, κολλάω και το τραπεζομάντιλο με τσιμέντο στο τραπέζι. Και τώρα ας υποθέσουμε ότι θέλω να σηκώσω το νόμισμα για να θαυμάσω ακόμη μια φορά τα χαρακτικά του. Όχι μόνο θα πρέπει να καταβάλω πολύ μεγαλύτερη προσπάθεια για να μπορέσω να χωρίσω αυτά τα δύο πράγματα και να πάρω το νόμισμα, αλλά και όταν το κάνω, αν τελικά τα καταφέρω, το τραπεζομάντιλο θα έχει πιθανότατα καταστραφεί, ένα μέρος του τραπεζιού θα έχει χαλάσει, και το νόμισμα θα είναι σε κακή κατάσταση.

Με το παράδειγμα αυτό γίνεται ξεκάθαρο πως όσο μεγαλύτερη η προσκόλλησή μου σ' αυτό που αφήνω πίσω (όσο πιο δυνατή είναι η κόλλα), τόσο βαθύτερο το ψυχικό τραύμα την ώρα του αποχωρισμού, την ώρα της απώλειας, την ώρα που βιώνω το πένθος.

Δεν είναι απαραίτητο να είναι έτσι τα πράγματα, συνήθως, όμως, όσο περισσότερο αγαπάμε, τόσο περισσότερο «δενόμαστε». Καταλαβαίνουμε λοιπόν, γιατί θεωρείται σωστή η άποψη ότι όποιος αγαπάει κινδυνεύει να πονέσει. Να πώς καταλήγουμε στο φοβερό συμπέρασμα (παραπλανητικό και λανθασμένο), ότι: «Όποιος δεν αγαπάει, δεν πονάει».

Λέω λοιπόν ότι, δυστυχώς, όσον αφορά στον πόνο, ο έρωτας δεν είναι απλώς ρίσκο, είναι εγγύηση. Σε κάθε ερωτική σχέση είναι παραπάνω από πιθανό ότι θα υπάρχει και λίγος πόνος, κι ας μην είναι συχνά ο πόνος αυτός τίποτε παραπάνω από τη διαπίστωση ότι διαφέρουμε κι ότι πρέπει να κοπιάσουμε για να αντιμετωπίσουμε τις διαφωνίες μας. Η συνθήκη αυτή, όμως, είναι ο μόνος τρόπος για να ζει κανείς ολοκληρωμένα, και όπως συνηθίζω να λέω:

Η ζωή αξίζει τον κόπο

Ο πόνος, μου ανοίγει κατά κάποιον τρόπο την πόρτα μιας καινούργιας διάστασης. Είναι ο αναπόφευκτος πόνος που θα με βοηθήσει να πετύχω κάτι άλλο πιο σημαντικό. Είναι ο απαραίτητος όρος πάνω στον οποίο βασίζεται η προσωπική μου ανάπτυξη.

Δεν μεγαλώνει κανείς αλλιώς, παρά μόνο αν έχει περάσει από τον πόνο που συνδέεται με μια ματαίωση, με μιαν απώλεια.

Δεν μεγαλώνει κανείς αν δεν αποκτήσει συνείδηση ότι κάτι δεν υπάρχει πια.

Το πένθος γι' αυτό που δεν υπήρξε ποτέ

Υπάρχει ένα πένθος που εκ πρώτης όψεως φαίνεται διαφορετικό από τα άλλα. Πρόκειται για τον πόνο που βιώνουν όσοι φαντάζονται πως θα έρθει η μέρα να αποκτήσουν κάτι, αλλά κάποια στιγμή προσγειώνονται και συνειδητοποιούν πως αυτό το κάτι ποτέ δεν θα το έχουν.

Στην περίπτωση αυτή δεν υπάρχει απώλεια, γιατί δεν γίνεται να χάσει κανείς κάτι που δεν είχε. Πώς μπορεί, λοιπόν, να το αισθάνεται σαν απώλεια;

Φαίνεται πως είναι μια εξαίρεση. Πενθούμε για το χαμό κάποιου πράγματος που ποτέ δεν είχαμε.

Λέω μέσα μου: «Μα κάτι πρέπει να υπάρχει... κάτι πρέπει να είχε στα χέρια του ο άνθρωπος για να δικαιολογείται η ύπαρξη της απώλειας».

Και απαντώ ότι, ασφαλώς, υπάρχει κάτι που είχε.

Είχε την ψευδαίσθηση.

Είχε τη φαντασίωση.

Είχε το όνειρο.

Αυτό που χάνει, λοιπόν, και γι' αυτό υποφέρει, είναι αυτή η ψευδαίσθηση, η φαντασίωση, και όταν το συνειδητοποιήσει, θα πρέπει να επεξεργαστεί το πένθος για να μπορέσει να αποχωριστεί αυτό που δεν υπάρχει πια.

Το όνειρο δεν είναι κάτι που *θα μπορούσε να υπάρχει*· το όνειρο *υπάρχει* από μόνο του. Υπάρχει αυτή τη στιγμή.

Αν νιώθω ότι οι ψευδαισθήσεις, οι φαντασιώσεις και τα όνειρά μου είναι πραγματικά, τότε υπάρχουν.

Δένομαι με τα όνειρά μου όπως δένομαι με ό,τι είναι πραγματικό, με όσους γνωρίζω κι έχω μαζί τους μια σχέση.

Και όταν με πείθει η πραγματικότητα πως αυτό δεν πρόκειται να γίνει ποτέ, είναι σαν κάτι να πεθαίνει. Γι' αυτό κι εγώ, όπως γίνεται και με τα πρόσωπα, μένω προσκολλημένος στη φαντασίωσή μου.

Όπως με τα γεγονότα, λοιπόν, έτσι και με τις φαντασιώσεις, είναι ανάγκη να απαγκιστρωθώ.

Για να γίνει όμως αυτό, πρέπει να δεχτώ ότι ο κόσμος δεν είναι όπως θα ήθελα. Το αποτέλεσμα θα είναι, τότε, ότι θα ζήσω ένα πένθος γι' αυτήν την απώλεια· ένα πένθος που θα πρέπει να επεξεργαστώ.

Πρέπει να δεχτώ ότι ο κόσμος είναι αυτός που είναι, και να συμφιλιωθώ με το γεγονός ότι έτσι έχουν τα πράγματα.

Πρέπει να δεχτώ πως ο δρόμος μου ίσως δεν περνάει από την απόκτηση όλων όσα ονειρεύομαι.

Μπορεί να περνάει από κάπου αλλού, από εκεί που ούτε το φαντάστηκα ποτέ.

Αν όμως δεν βρω το θάρρος να λύσω το σχοινί που με δένει με το όνειρο, δεν θα μπορέσω να συνεχίσω την πορεία μου προς την αυτογνωσία.

Αφήνω πίσω

Ωριμάζω, σημαίνει αφήνω πίσω κάτι που χάθηκε, έστω κι αν

πρόκειται για ένα φανταστικό κενό. *Επεξεργάζομαι το πένθος*, σημαίνει ότι εγκαταλείπω ένα προηγούμενο κενό (είτε εσωτερικό, είτε εξωτερικό), που μου φαινόταν πιο ασφαλές, πιο προστατευμένο, και που νόμιζα ότι μπορούσα να το προβλέψω.

Το αφήνω για να πάω στο διαφορετικό. Περνάω από το γνωστό στο άγνωστο.

Αυτό με υποχρεώνει αναπόφευκτα να μεγαλώσω.

Το γεγονός ότι ξέρω πως μπορώ να αντέξω το πένθος, —και ξέρω ακόμη ότι μπορώ να απαλλαγώ από αυτό που μου συμβαίνει, αν το αποφασίσω—, μου επιτρέπει να συνεχίσω να κάνω ό,τι κάνω, αν αυτή είναι η απόφασή μου.

Η άλλη όψη της ιστορίας του ορειβάτη, είναι η ιστορία του Δον Χακόμπο.

Ο Δον Χακόμπο μένει στη Λεωφόρο Σάντα Φε, ανάμεσα στη στοά Πιρούλο και την οδό Μενγκάνο.

Υπάρχει ένα περίπτερο που πουλάει εφημερίδες στη γωνία Σάντα Φε και Μενγκάνο, κι ένα άλλο ίδιο περίπτερο στη γωνία Σάντα Φε και Πιρούλο.

Ο Δον Χακόμπο πίνει τον καφέ του κάθε πρωΐ στη γωνία Σάντα Φε και Πιρούλο, και πριν μπει στο μπαρ αγοράζει την εφημερίδα του από το περίπτερο που βρίσκεται στην ίδια γωνία.

Για κάποιον μυστήριο λόγο (ίσως λόγω αντισημιτικής προκατάληψης), ο περιπτεράς της Σάντα Φε και Πιρούλο φέρεται άσχημα στον Δον Χακόμπο.

Του μιλάει απότομα, διαλέγει πάντα την πιο τσαλακωμένη εφημερίδα, την πετάει στον πάγκο αντί να του τη δώσει στο χέρι, κάνει λογαριασμό μουτρωμένος και του δίνει τα ρέστα με αγενέστατο τρόπο.

Ο σερβιτόρος που τον εξυπηρετεί καθημερινά και του έχει μεγάλη συμπάθεια, του λέει:

«Μισό λεπτό, Δον Χακόμπο. Γιατί του επιτρέπετε να σας φέρεται έτσι;»

«Και τι να του κάνω;»

«Όχι, δεν θέλω να του κάνετε τίποτα, όμως, αφού ο τύπος σάς φέρεται τόσο άσχημα, γιατί δεν παίρνετε την εφημερίδα σας από άλλο περίπτερο; Στο κάτω κάτω, για να έρθετε από το σπίτι σας ώς εδώ, περνάτε από το περίπτερο της οδού Μενγκάνο.»

Ο Δον Χακόμπο κοιτάζει τον νεαρό και του απαντάει:

«Αυτός ο αχρείος μου φέρεται άσχημα χωρίς κανένα λόγο... και θα αφήσω να αποφασίσει ΑΥΤΟΣ από πού θα αγοράζω ΕΓΩ την εφημερίδα μου; Σε καμία περίπτωση!»

Αυτό σημαίνει ότι αρνούμαι να επεξεργαστώ το πένθος;

Όχι, δεν νομίζω.

Αρνούμαι το πένθος, σημαίνει μένω προσκολλημένος στη σχέση. Σημαίνει αλλάζω συμπεριφορά με την ελπίδα ο άλλος να μου φερθεί καλύτερα, ή συνεχίζω να του επιτρέπω να μου φέρεται άσχημα.

Χωρίς αμφιβολία, η καλύτερη λύση στο ανέκδοτο του Δον Χακόμπο, θα ήταν να δεχτεί να εγκαταλείψει το μέρος όπου είχε συνηθίσει να αγοράζει την εφημερίδα του, να επεξεργαστεί το πένθος γι' αυτήν την απώλεια και να πάψει να περιμένει πως κάτι θ' αλλάξει. Να δεχτεί ότι μπορεί να αγοράσει την εφημερίδα του κάπου αλλού όπου του φέρονται ευγενικά.

Όπως λέει, όμως, ο Δον Χακόμπο, θα είναι σίγουρα καλύτερο για τη ζωή μου εάν, μετά το πένθος, αποφασίζω εγώ πού θέλω να αγοράζω την εφημερίδα μου. Μπορεί να είμαι ηλίθιος που εξακολουθώ να την αγοράζω από αυτόν τον ελεεινό, η ηλιθιότητα, όμως, δεν με εμποδίζει να βιώσω το πένθος.

Είναι άλλο πράγμα να εμποδίζω το πένθος κι άλλο να το αρνούμαι.

Στο έργο του Σαίξπηρ: *Ο Βασιλιάς Ιωάννης...*

Ο Φίλιππος συζητάει με την Κωνστάνσα, που έχασε τον γιο της στην τελευταία μάχη.

Στην πραγματικότητα εκείνη αγνοεί ότι ο γιος της έχει πεθάνει, από διαίσθηση όμως γνωρίζει ότι δεν θα τον ξαναδεί ζωντανό.

Η Κωνστάνσα κλαίει και θρηνεί. Οδύρεται απελπισμένη. Συντετριμμένη, κλαίει με λυγμούς...

Ο Φίλιππος την παρακολουθεί και της λέει:

«Κλαις τόσο πολύ για τον γιο σου, περνάς τόσες ώρες με τον πόνο σου, που θα νόμιζε κανείς ότι αγαπάς τον πόνο σου περισσότερο από το παιδί σου.»

Και η Κωνστάνσα του απαντάει:

«Ο πόνος που δεν είναι το παιδί μου ζωντανό, κοιμάται στη θέση του, φοράει τα ρούχα του, μιλάει με τα λόγια του και με συντροφεύει όπως πρώτα με συντρόφευε ο γιος μου. Πώς να μην αγαπάω τον πόνο μου, αφού είναι το μόνο που έχω;»

Αλήθεια είναι. Ο πόνος είναι πολλές φορές η συντροφιά εκείνου που υποφέρει από την απουσία κάποιου. Παίρνει τη θέση που είχε πρώτα το αγαπημένο πρόσωπο.

Δεν έχει σημασία τι ρόλο έπαιζε στη ζωή του αυτός που χάθηκε, ή πόσο χώρο καταλάμβανε όταν ζούσε, ο πόνος είναι πάντοτε έτοιμος να γεμίσει αυτά τα κενά. Και εννοείται ότι, ακόμα κι αν δεν είναι ευχάριστη η αίσθηση ότι με συντροφεύει ο πόνος, είναι πάντως λιγότερο απειλητική απ' όσο μου φαίνεται το κενό.

Ο πόνος, τουλάχιστον, γεμίζει τον χώρο.

Ο πόνος καλύπτει το κενό.

Ο πόνος δεν αφήνει άδεια την ψυχή.

Τι θα γινόταν αν δεν υπήρχε ο πόνος για να γεμίσει αυτά τα κενά;

Η διαδικασία της εσωτερίκευσης

Αποτελεί μέρος της διαδικασίας αποδοχής και επεξεργασίας του πένθους, το δύσκολο έργο να ανακαλύψω και να αφήσω να ζει μέσα μου ό,τι άφησε ο άλλος.

Να αφήσω να γεννηθεί μέσα μου και να διατηρηθεί κάτι από αυτό που δεν υπάρχει πια. Δεν απαιτείται ο θάνατος κάποιου για να λειτουργήσει προς όφελός μας ο μηχανισμός αυτός που αποτελεί την προτελευταία φάση ενός υγιούς πένθους. Λειτουργεί με την απουσία κάποιου που —είτε έχει πεθάνει είτε όχι—, κατά κάποιον τρόπο δεν υπάρχει πια. Ίσως γιατί η αρρώστια τον άλλαξε τόσο που δεν είναι πια αυτός που ήταν, ή και για τον απλό λόγο ότι ο χρόνος τον έχει κάνει να μην είναι όπως ήταν. Μπορεί να είναι εδώ, δίπλα μας ως φυσική παρουσία, να έχει το ίδιο πρόσωπο, το ίδιο όνομα και τον ίδιο αριθμό ταυτότητας, δεν έχει όμως πια την ίδια έκφραση. Μπορεί να έχει ακόμη την ίδια φωνή, αλλά δεν λέει πια τα ίδια λόγια... κι αν ακόμη λέει τα ίδια λόγια, δεν έχουν την ίδια σημασία... Δεν είναι πια ο ίδιος άνθρωπος. Όχι, δεν είναι.

Δεν βρίσκεται πια εκεί έξω αυτός που αγαπούσα... Αν όμως συνειδητοποιήσω αυτό που μου άφησε, βρίσκεται μέσα μου.

Αν καταφέρω να φτάσω σ' αυτό το σημείο, τότε, λυπημένος ακόμη, θα μπορέσω να ξαναβρώ τη χαρά της ζωντανής παρουσίας του. Γιατί αυτό θα μου δώσει τη δύναμη να διατηρήσω ζωντανή την εικόνα του στο μυαλό μου.

Η ζωή είναι συνέχεια της ζωής· είναι πιο πέρα από την αληθινή ιστορία. Κάθε λεπτό της ζωής μας πεθαίνει για να δώσει τη θέση του σ' αυτό που ακολουθεί. Κάθε στιγμή που ζούμε θα πρέπει να πεθάνει για να γεννηθεί κάτι καινούργιο, κάτι που θα κάνουμε για πρώτη φορά (όπως λέει και ο Σεράτ).[1]

Πρέπει να ξεκινάει κανείς μια καινούργια ζωή κάθε μέρα, αν θέλει να αντέξει την απώλεια της χθεσινής, διαφορετικής ζωής του, που μόλις τελείωσε.

Αν συνεχίζεις, όμως, να κουβαλάς την προηγούμενη, και την προ-προηγούμενη, και την προ-προ-προηγούμενη... η ζωή σου γίνεται πολύ βαριά.

Μου φαίνεται πως το μυστικό για να μπορώ να παλεύω τις απώλειές μου δεν είναι άλλο από το κουράγιο να βιώνω με τον σωστό τρόπο το πένθος, δεν είναι άλλο από το θάρρος να αντιμετωπίζω τον πόνο ως μέρος της πορείας, δεν είναι άλλο από τη δύναμη να αντέχω τον πόνο. Και λέω τον *πόνο*, όχι το *βάσανο*. Επαναλαμβάνω: *βασανίζομαι* σημαίνει μένω «τρυφερά» συνδεδεμένος με τη λύπη, όπως πρώτα ήμουν συνδεδεμένος με τη χαρά που μου έδινε αυτός που έχασα.

Εγώ, όμως, θέλω να μπορώ να ανοίγω το χέρι και να αφήνω αυτό που δεν υπάρχει πια, αυτό που δεν έχει πια νόημα, δεν είναι για μένα, δεν μου ανήκει.

---

1. Joan Manuel Serrat, (1943). Καταλανός συνθέτης, τραγουδιστής και στιχουργός. (Σ.τ.Μ.)

Δεν θέλω να σε κρατάω, δεν θέλω να μένεις μαζί μου επειδή δεν σε αφήνω να φύγεις.

Δεν θέλω να κάνεις τίποτε για να μείνεις παραπάνω απ' όσο θέλεις.

Όσο έχω ανοιχτή την πόρτα, θα ξέρω ότι είσαι εδώ γιατί το θέλεις... γιατί αν ήθελες να φύγεις, θα είχες ήδη φύγει.

Υπάρχει ένας αργεντινός ποιητής, ο Άμλετ Λίμα Κιντάνα,[1] που τον θαυμάζω γιατί γράφει εξαιρετικά ποιήματα. Ο Λίμα Κιντάνα λέει στη «Μεταβίβαση»:

Τελικά, ο θάνατος είναι μεγάλος ψεύτης.
Λέει ψέματα όταν δηλώνει πως θα μου πάρει τη ζωή,
σαν να μπορούσε να διακόψει την άνοιξη,
γιατί, στο κάτω κάτω,
ο θάνατος μόνο το χρόνο μπορεί να μου κλέψει,
την ευκαιρία να γελάσω,
να φάω ένα μήλο,
να πω έναν λόγο,
να πατήσω το χώμα που αγαπώ,
να ανάψω τον έρωτα για την κάθε μέρα.
Να δώσω το χέρι, να παίξω κιθάρα,
να μεταδώσω την ελπίδα.
Τους χώρους μόνο αλλάζει.
Πού θα ξαπλώσω το κορμί μου,
αν θα χορέψω στο φως του φεγγαριού,
ή θα περάσω το ποτάμι κολυμπώντας.
Αν θα μείνω στο κρεβάτι, αν θα πάρω άλλο δρόμο,
θα καθίσω σ' ένα κλαδί δέντρου,

1. Από τα μεγαλύτερα ονόματα των γραμμάτων και της λαϊκής μουσικής στην Αργεντινή. (Σ.τ.Μ.)

ή αν θα τραγουδάω κάτω απ' τα παράθυρα.
Αλλά, να κλέψει τη ζωή;... Αυτό δεν το μπορεί.
Δεν μπορεί να σκαρώσει αυτή τη φάρσα... γιατί η ζωή...
Η ζωή είναι πυρσός που περνάει από χέρι σε χέρι,
από άνθρωπο σε άνθρωπο, από σπόρο σε σπόρο,
είναι μια μεταβίβαση χωρίς επιστροφή,
μια αέναη κίνηση προς το μέλλον,
σαν το φως που διαλύει το σκοτάδι.

Μου φαίνεται πως έχει δίκιο ο Λίμα Κιντάνα.

Η εξαφάνιση του άλλου, που την ταυτίζουμε με τον θάνατο, βιώνεται στ' αλήθεια ως θάνατος μόνο αν δεν εσωτερικεύσει κανείς όσα έχασε.

Αν όμως ζει ο άλλος (μέσα μας), τότε ο θάνατος είναι μεγάλος ψεύτης. Και η αρρώστια ένα μεγάλο ψέμα.

Μπορεί να χάσω κάποια πράγματα από εκείνον τον άλλο. Δεν μπορεί όμως κανείς να μου τον πάρει γιατί, κατά κάποιον τρόπο, αυτός ο άλλος εξακολουθεί να βρίσκεται μέσα μου.

3

ΘΛΙΨΗ ΚΑΙ ΠΟΝΟΣ, ΔΥΟ ΧΡΗΣΙΜΟΙ ΣΥΝΤΡΟΦΟΙ

Πάντα υπάρχουν στο πένθος περισσότερα,
πολύ περισσότερα από τον πόνο.
Υπάρχει για παράδειγμα μια περηφάνεια,
πως έφτασα εκεί που δεν είχα ξαναφτάσει.
Εκεί που δεν φανταζόμουνα ποτέ
πως θα κατάφερνα να φτάσω.
Όταν κάτι αφήνω πίσω μου, κάτι πάω να συναντήσω.
Σε κάθε αντίο, κρύβεται ένα σιωπηλό καλωσήρθες.
Ο αποχαιρετισμός είναι μάλλον θέμα της ζωής,
παρά του θανάτου.
Γιατί την έσχατη στιγμή και εξαρχής,
η ιστορία η δική μου, όπως κι όλων των άλλων,
είναι ένα παράξενο μείγμα από πρώτες και ύστερες στιγμές.

Και τα ξέρω αυτά, γιατί άλλοι που τα έζησαν μου τα 'παν,
ότι πονέσανε αρχικά, αλλά μεγάλωσαν μετά μέσα απ' τον πόνο.
Θάνατοι που γέννησαν καινούργιες ζωές,
απώλειες που οδήγησαν σε συναντήσεις,
και απουσίες παρούσες που γέμισαν κενές ζωές
και τις γλίτωσαν απ' το μαρτύριο της απούσας παρουσίας.

Έτσι ξέρω ότι προχωράω και δεν είμαι μόνη,

ότι βαδίζω νύχτα-μέρα συντροφιά με άλλους πολλούς.
Άλλους που άφησαν τα ίχνη τους στο μονοπάτι
και που βρήκαν στην πορεία
το αληθινό νόημα του δρόμου που ακολούθησαν.

ΜΑΡΤΑ ΜΠΟΥΧΟ
Δεν είναι όλα πόνος

Στην καθημερινή γλώσσα, συνήθως ταυτίζουμε τον πόνο με το βάσανο και τη θλίψη με την κατάθλιψη.

Αν ψάξουμε την ετυμολογία της λέξης *duelo* (πένθος), θα βρούμε ότι εκτός από τη σχέση που αναφέραμε με τη λέξη *dolor* (πόνος), υπάρχουν άλλες δύο ενδιαφέρουσες ρίζες.

Η μία βεβαιώνει ότι η προέλευση της λέξης *duelo* συγγενεύει με την αρχαία λέξη *dwel*, που σημαίνει «μάχη, συμπλοκή μεταξύ δύο». Στην περίπτωση αυτή, κατά τη γνώμη μου, η ετυμολογική σημασία μάς οδηγεί να σκεφτούμε ότι κατά την εσωτερική επεξεργασία μιας απώλειας γίνεται μέσα μας μια μάχη, ένας αγώνας μεταξύ δύο δυνάμεων. Η πλευρά του εαυτού μου που συμβιβάζεται με την πραγματικότητα και αποδέχεται την απώλεια, συγκρούεται με την άλλη μου πλευρά, που δεν είναι διατεθειμένη να αφήσει αυτό που δεν υπάρχει πια και θέλει να το κρατήσει.

Η άλλη γλωσσολογική προέλευση έχει σχέση με τη λατινική λέξη *dolos* (προέλευση και του νομικού όρου «δόλος» τόσο στα ισπανικά, όσο και τα ελληνικά), που σημαίνει «παγίδα, απάτη, ψευτιά». Η έννοια αυτή μας αναγκάζει να σκεφτούμε ότι μας εξαπάτησαν όσοι μας έμαθαν να πιστεύουμε ότι μπορούμε να κρατήσουμε για πάντα ό,τι αγαπάμε, και πως ό,τι ποθούμε μπορεί να είναι παντοτινό.

	πόνος	⇨	λύπη
ΠΕΝΘΟΣ	μάχη	⇨	σύγκρουση των δύο πλευρών
	δόλος	⇨	εξαπάτηση σχετικά με την αιωνιότητα

Όταν συζητάμε για τον δρόμο των δακρύων, υπογραμμίζουμε τη σχέση του πένθους με τον πόνο για ό,τι χάσαμε. Ας μην ξεχνάμε, όμως, ότι γίνεται ένας πόλεμος μέσα μας όπου η πλευρά «των καλών» είναι εκείνη που θέλει να αποδεχτεί ότι δεν υπάρχει πια αυτός που δεν είναι εδώ. Ας μην ξεχνάμε, επίσης, ότι προχωρούμε σ' αυτόν τον δρόμο με το βάρος της απογοήτευσης, γιατί μόλις διαπιστώσαμε ότι η παιδιάστικη πίστη μας στα αιώνια πράγματα διαλύθηκε όταν συγκρούστηκε με την πραγματικότητα της απώλειας.

Πένθος φυσιολογικό

Όταν πενθείς, δεν είσαι άρρωστος. Αντιθέτως, η διαδικασία που σε κάνει να ξεπεράσεις την απώλεια, αποτελεί εγγύηση προσωπικής ανάπτυξης, εξέλιξης και υγείας.

Μπροστά στο βίωμα της απώλειας, τίθεται σε λειτουργία η διαδικασία του πένθους για να μπορέσουμε να συνεχίσουμε τον δρόμο μας, να ξεπεράσουμε την απουσία. Μοιραία το πένθος συνδέεται με τον θάνατο. Παρ' όλα αυτά, εγώ θα λέω και θα ξαναλέω σ' αυτό το βιβλίο, ότι η διαδικασία της επεξεργασίας του πένθους αρχίζει (ή καλύτερα, θα έπρεπε ν' αρχίζει) όταν είμαστε μπροστά σε οποιαδήποτε απώλεια. Ορίζουμε δε ως «βίωμα απώλειας», την εσωτερική κατάσταση του ανθρώπου που έχει πλήρη συνείδηση ότι κάτι δεν υπάρχει πια. Αυτό σημαίνει ότι πένθος μπορεί να προκληθεί και από μιαν εθελούσια κίνηση του ίδιου του ανθρώπου. Όταν, για παράδειγμα, αποφασίζει να μετακομίσει ή να εγκαταλείψει κάποιον, ή όταν επεξεργάζεται αναπόφευκτα γεγονότα, όπως το πέρασμα του χρόνου.

Σ' αυτόν τον δρόμο, των δακρύων, ανοίγονται μπροστά μας κάποια μονοπάτια, που μας απομακρύνουν από τον προορισμό μας. Ένα τέτοιο υποτίθεται πως είναι «ο σύντομος δρόμος». Ένα άλλο είναι μια εκτροπή, που καταλήγει σε αδιέξοδο.

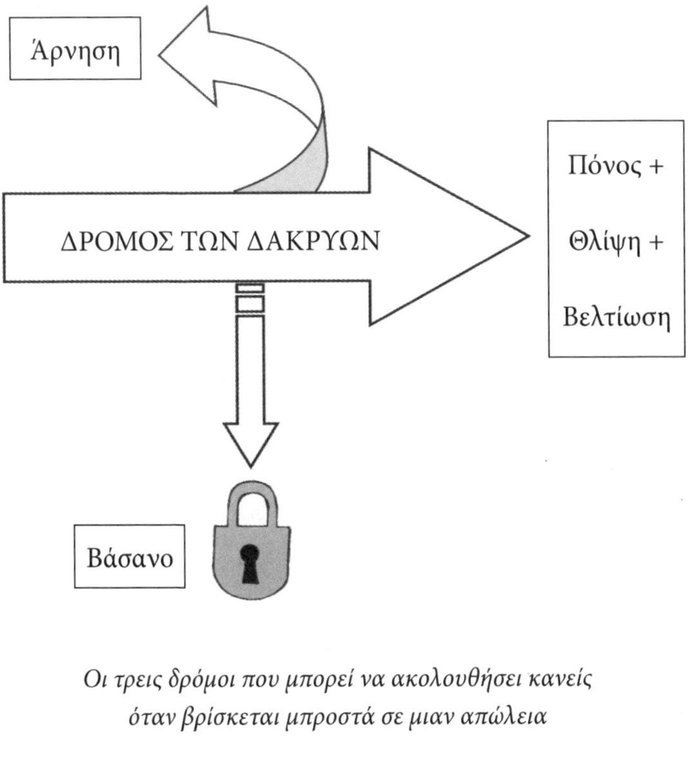

Οι τρεις δρόμοι που μπορεί να ακολουθήσει κανείς όταν βρίσκεται μπροστά σε μιαν απώλεια

Σε κάθε επιλογή ανοίγονται διαφορετικές κατευθύνσεις, αλλά ένας μόνο είναι ο σωστός δρόμος: ο δρόμος της επεξεργασίας του φυσιολογικού πένθους.

Η άρνηση της απώλειας είναι μια απόπειρα αυτοπροστασίας απέναντι στον πόνο και τη φαντασίωση της ψυχικής ταλαιπωρίας. Παρόλο που είναι φυσιολογικό να υπάρχει μια στιγμή αποκλεισμού της δυσάρεστης πραγματικότητας σε κάποια φάση της πορείας (στην αρχή, κυρίως), θεωρούμε ότι παρεκκλίνει από την πορεία του το άτομο που, καθηλωμένο σ' αυτή τη φάση, συνεχίζει να αρνείται την απώλεια και μετά τις πρώτες μέρες.

Η άρνηση είναι ένα είδος φυγής, μια μάταιη απόπειρα να αποδράσει κανείς από την οδύνη. *Μάταιη*, λέω, γιατί η άρνηση μας ξαναφέρνει στο σημείο απ' όπου ξεκινήσαμε. Δεν προσφέρει στο θέμα της απώλειας κάποια οριστική λύση, απλώς αναβάλλει τη λύση και —πάω στοίχημα—, ότι αιωνίως αυτό θα κάνει. Όποιος αρνείται να δεχτεί την πραγματικότητα, ζει σ' έναν κόσμο που είναι δημιούργημα της φαντασίας του. Εκεί, αυτός που χάθηκε δεν έχει φύγει ακόμη, εκεί, αυτός που πέθανε ζει, κι αυτό που έγινε, δεν έγινε ποτέ. Δεν είναι, όμως, αυτός ένας κόσμος μαγικός όπου όλα έχουν ένα ευτυχισμένο τέλος. Είναι η πραγματικότητα που έχει «παγώσει» τη στιγμή που όλα αυτά πήγαιναν ν' αρχίσουν. Το σύμπαν ολόκληρο μένει παγωμένο, μια στιγμή ακριβώς πριν μάθω εκείνο που θα προτιμούσα να μην είχα μάθει.

Από την άλλη, η στροφή προς το βάσανο, την ψυχική ταλαιπωρία, σημαίνει ότι παίρνω την απόφαση να μην προχωρήσω άλλο. Είναι ένα είδος συμφώνου με την πραγματικότητα για αποτροπή μεγαλύτερου πόνου. Ένα συμβόλαιο με τη ζωή όταν βρίσκομαι αντιμέτωπος με την πιθανότητα —από τη μία πλευρά—, να πρέπει να εγκαταλείψω αυτό που έχασα, και —από την άλλη πλευρά—, με την επιθυμία μου να μην το εγκαταλείψω ποτέ. Συνεπώς, σταματάμε και μένουμε προσκολλημένοι, αφοσιωμένοι, σ' αυτόν που έφυγε. Παραδεχόμαστε ότι δεν βρίσκεται πια εδώ, αλλά επιλέγουμε να εγκατασταθούμε στον τόπο της ψυχικής ταλαιπωρίας. *Βασανίζομαι* σημαίνει διαιωνίζω τον πόνο. Μετατρέπω μια στιγμή σε κατάσταση. Προσκολλώμαι στην ανάμνηση του ανθρώπου που θρηνώ για να μην πάψω να τον θρηνώ, για να μην τον ξεχάσω, να μην τον εγκαταλείψω, να μην τον αφήσω πίσω... και τον αντικαθιστώ με το να υποφέρω, να βασανίζομαι.

Με την έννοια αυτή, το να βασανίζομαι αποτελεί αρρωστημένη εκδήλωση πίστης και αφοσίωσης σ' αυτούς που έχουν φύγει. Είναι σαν να έχεις εθιστεί στη θλίψη, σαν να αποφεύγεις «το χειρότερο» διαλέγοντας «το χειρότερο του χειρότερου». Το βάσανο είναι λογικό, αλλά δεν είναι έξυπνο. Μας σπρώχνει στην παράλυση, κάνει θόρυβο, και του αρέσει η επίδειξη. Θέλει να μείνει, και γι' αυτό ζητάει παρέα — όχι όμως για παρηγοριά, αλλά γιατί χρειάζεται μάρτυρες.

Ο πόνος, αντίθετα, είναι σιωπηλός, μοναχικός, και προϋποθέτει αποδοχή. Έχει στενή επαφή με αυτό που νιώθουμε — την έλλειψη, δηλαδή, και το κενό που άφησε αυτός που έφυγε.

Το βάσανο ρωτάει «γιατί;» παρόλο που ξέρει πως δεν υπάρχει απάντηση. Για τον πόνο, αντίθετα, έχουν πάρει τέλος οι ερωτήσεις.

Η διεργασία του πένθους μάς αφήνει πάντοτε μόνους, αδύναμους, διαλυμένους, υπεύθυνους και, πάνω απ' όλα, θλιμμένους.

Ο πόνος είναι παράλογος γιατί μας συνδέει μ' ένα συναίσθημα: τη θλίψη. Ένα συναίσθημα φυσιολογικό, απόλυτα υγιές, αν και δυσάρεστο γιατί μου λείπει αυτός που έχασα.

Η θλίψη μπορεί να σε κάνει να χάσεις για λίγο την εμπιστοσύνη στον εαυτό σου, να περάσεις μια κρίση. Μετά, όμως, ισορροπείς ξανά, γίνεται η αλλαγή και η ζωή συνεχίζεται σε όλο της το μεγαλείο.

Η σημαντικότερη διαφορά ανάμεσα στον πόνο και τη θλίψη είναι ότι ο πόνος έχει πάντοτε ένα τέλος, το βάσανο, όμως, μπορεί να μην τελειώσει ποτέ.

Όταν διαιωνίζεται, το βάσανο καταλήγει στην ασθένεια που φέρει την κοινή ονομασία: «κατάθλιψη». Για την περίπτωση που δεν είναι απόλυτα κατανοητό, θα ήθελα να τονίσω ότι η κατάθλιψη δεν είναι η θλίψη. Η κοινή χρήση των όρων, χωρίς να ορίζεται με σαφήνεια η διαφορά τους, αποτελεί μεγάλο λάθος και πηγή πολλών παρανοήσεων. Η κατάθλιψη είναι ασθένεια ψυχολογικής προέλευσης, και περιλαμβάνει μεν διαταραχή της ψυχικής κατάστασης του ατόμου, υπερβαίνει όμως κατά πολύ το σύμπτωμα αυτό.

Αν εννοήσουμε την κατάθλιψη ως «ένα βαθύ πηγάδι, ένα βούλιαγμα, μια τρύπα, μια δύναμη που σε τραβάει προς τα κάτω, που σε συνθλίβει», θα κατανοήσουμε την ασθένεια ως γενική ψυχοκινητική επιβράδυνση (μείωση ενεργητικότητας και απώλεια ευχαρίστησης). Η απουσία ενδιαφέροντος εκδηλώνεται με έλλειψη επιθυμίας, απουσία πρωτοβουλίας ή διάθεσης να ασχοληθείς με δραστηριότητες και γενικά να κάνεις πράγματα που πρώτα σου ήταν ευχάριστα, όπως να πας στη δουλειά σου, να συμμετέχεις σε κοινωνικές ή οικογενειακές συγκεντρώσεις, κ.λπ. Στο συναισθηματικό επίπεδο εκφράζεται ως θλίψη, υπαρξιακό κενό, ενοχή, αίσθηση μοναξιάς, κ.λπ. Στο πνευματικό-διανοητικό επίπεδο δημιουργείται μεγάλη απαισιοδοξία, αρνητικές σκέψεις που πολλαπλασιάζονται και γίνονται όλο και πιο έντονες, ανασφάλεια, κ.λπ. Για τη διάγωνση μιας ασθένειας απαιτούνται όλα αυτά τα χαρακτηριστικά. Το γεγονός, δηλαδή, ότι κάποιος αισθάνεται θλίψη ή απαισιοδοξία ή ανασφάλεια ή δυσθυμία, δεν εγγυάται ότι το άτομο αυτό έχει κατάθλιψη.

Η διάγνωση της κατάθλιψης είναι αρμοδιότητα του ειδικού, και όχι της αξιολόγησης ενός υποτιθέμενου ειδικού τεστ σε κάποιο περιοδικό που αποφαίνεται: «... Εάν συγκεντρώσατε πάνω από 15 βαθμούς, έχετε κατάθλιψη!»

Εκτός αυτού, χρειάζεται η «διαφορική», όπως λέγεται, διάγνωση από τον ειδικό, γιατί μπορεί ένα άτομο να έχει κατάθλιψη χωρίς να παρουσιάζει κανένα από τα κλασικά συμπτώματα της κατάθλιψης. Ανάλογα με την αιτία που την προκάλεσε, η κατάθλιψη συνήθως ανήκει σε μία από τις δύο κατηγορίες: είναι εξωτερική ή εσωτερική.

Εμείς εδώ θα ασχοληθούμε αποκλειστικά με την πρώτη κατηγορία. Αυτές οι καταθλιπτικές συμπεριφορές εκδηλώνονται εξ ορισμού με αφορμή εξωτερικά γεγονότα που συνέβησαν ενώ πιθανότατα προϋπήρχε μια εσωτερική διαταραχή.

Ποια είναι όμως αυτά τα εξωτερικά αίτια; Συναισθηματικές απογοητεύσεις, διαπροσωπικές συγκρούσεις, να σε βάζουν στο περιθώριο ή να σε απομονώνουν κάποια πρόσωπα, η συνταξιοδότηση, τα οικονομικά προβλήματα, ο θάνατος ενός αγαπημένου προσώπου, η αποτυχία στον γάμο, κ.λπ.

Καθώς όμως οι καταστάσεις που αναφέραμε παραπάνω δεν έχουν την ίδια επίδραση σε όλα τα άτομα, αντιλαμβανόμαστε ότι, εξωτερικά γεγονότα που συμβαίνουν άμεσα, δεν είναι επαρκή αίτια κατάθλιψης.

Τις περισσότερες φορές, ο εκλυτικός παράγοντας (το γεγονός που λειτουργεί ως αφορμή) έρχεται να προστεθεί σε άλλα γεγονότα που αφορούν τον ασθενή και δεν είναι τόσο περιστασιακά: μειωμένη ικανότητα διαχείρισης των ματαιώσεων, παθολογικοί φόβοι, παρατεταμένη ανησυχία, απαισιοδοξία, στρες, κοινωνική φοβία, τάση προς την απομόνωση και τη μοναξιά, εξαρτημένη προσωπικότητα, έντονη νοσταλγία του παρελθόντος, έμμονες ιδέες και, βέβαια, παθολογικό πένθος.

Οι καταθλιπτικοί έχουν την τάση να διαστρεβλώνουν τα γεγονότα και να παρερμηνεύουν ό,τι συμβαίνει θεωρώντας το προσωπική αποτυχία. Υπερβάλλουν, γενικεύουν, και κάνουν συχνά αρνητικές προβλέψεις για το μέλλον.

Η γνώση των αιτίων που την προκάλεσαν, μπορεί να βοηθήσει έναν καταθλιπτικό ασθενή να βγει από την κατάθλιψη, ή κάποιον που δεν είναι ασθενής να προστατεύσει τον εαυτό του από την εισβολή της. Το κλειδί για τη λύση του προβλήματος βρίσκεται στο επίπεδο κατανόησης και, συνεπώς, αλλαγής του τρόπου με τον οποίο αντιμετωπίζει κανείς τα βιώματα αυτά. Να καταφέρει, δηλαδή, να μετακινηθεί λίγο από το σημείο όπου βρίσκεται.

Αν μπορέσει το καταθλιπτικό άτομο να αποκτήσει καλύτερη ιδέα για τον εαυτό του, για τον κόσμο και τις ίδιες του τις σκέψεις, αν δεν ξεχνάει να ασκεί κάποια φυσική δραστηριότητα, αν επιδιώκει την επικοινωνία με πιο αισιόδοξα άτομα και τα ακούει προσεκτικά, αν ακούει Μότσαρτ, αν παρακολουθεί κάποια μαθήματα, αν αναπτύξει τη δημιουργικότητά του και προσπαθήσει να είναι πιο χρήσιμο στην κοινωνία στην οποία ανήκει, μπορούμε να πούμε χωρίς αμφιβολία ότι έχει βελτιώσει την πρόγνωση για την εξέλιξη της αρρώστιας του και, τελικά, ότι έχει βελτιώσει το μέλλον του.

Αρκετά κοντά βρίσκεται μια άλλη ασθένεια, την οποία πολλές φορές επικαλούνται κάποιοι χωρίς να είναι σωστό: η μελαγχολία.

Ήδη το 1917, ο Φρόιντ παραβάλλει το πένθος με τη μελαγχολία, γιατί βλέπουμε και στις δύο καταστάσεις να υπάρχει:

> πολύ βαθύς ψυχικός πόνος,
> απώλεια ενδιαφέροντος για τον εξωτερικό κόσμο,
> ματαίωση της ικανότητας για αγάπη,
> και αναστολή όλων των λειτουργιών.

Στη μελαγχολία, όμως, μαζί με το πένθος για την απώλεια κάποιου, το άτομο χάνει επίσης την αίσθηση του ίδιου του εαυτού του.

Μ' άλλα λόγια, στο πένθος είναι ο κόσμος που μοιάζει να έχει γίνει φτωχότερος, ενώ στη μελαγχολία είναι επιπλέον το ίδιο το εγώ του υποκειμένου που είναι κενό, ανάξιο και αξιοκαταφρόνητο. Και εφόσον το άτομο είναι σίγουρο ότι θα βασανίζεται αιωνίως, οραματίζεται το μέλλον γεμάτο αρνητικές προσδοκίες.

Στο πένθος είναι εύκολο να εντοπίσει κανείς τι είναι αυτό που χάθηκε, ενώ ο μελαγχολικός δεν ξέρει, δεν ήξερε ίσως ποτέ τι χάθηκε, γιατί αυτό που έχει χαθεί, τελικά, είναι η συνείδηση του ίδιου του εαυτού του.

Κατά κάποιον τρόπο, το παθολογικό πένθος μάς συνδέει με αυτό που συμβαίνει στη μελαγχολία: Μπροστά στην απώλεια του αντικειμένου,[1] *το υποκείμενο, αντί να αποσύρει την ψυχι-*

1. Αντικείμενο: ψυχαναλυτικός όρος που σημαίνει ένα άτομο, πράγμα, ιδανικό κ.λπ., με το οποίο το υποκείμενο (ο άνθρωπος) έχει μια σχέση αγάπης ή μίσους. (Σ.τ.Μ.)

κή ενέργεια (λίμπιντο) που είχε επενδύσει στο αντικείμενο και να την απελευθερώσει για να στραφεί σ' ένα άλλο αντικείμενο, την παίρνει πίσω μέσα στον ίδιο τον εαυτό του και την κρατάει εκεί. Έτσι, το υποκείμενο ταυτίζεται απόλυτα με το χαμένο αντικείμενο.

Ο Φρόιντ έλεγε ότι το άγχος είναι η αντίδραση μπροστά στον κίνδυνο που αποτελεί για την ακεραιότητά μου η απώλεια του αντικειμένου, ενώ ο πόνος και η θλίψη είναι η αληθινή αντίδραση στη δοκιμασία στην οποία με υποβάλλει η πραγματικότητα, όταν μου στερεί κάτι.

Κάθε είδος απώλειας σημαίνει ότι δοκιμάζω κάποια στέρηση, και οι αντιδράσεις είναι συνήθως:

ψυχολογικές,
σωματικές,
κοινωνικές,
συναισθηματικές,
πνευματικές.

Οι ψυχολογικές αντιδράσεις περιλαμβάνουν θυμό, ενοχή, άγχος, ή φόβο.

Οι σωματικές αντιδράσεις εκδηλώνονται με δυσκολία στον ύπνο, αλλαγή στην όρεξη (ανορεξία ή βουλιμία), και διάφορες άλλες σωματικές ενοχλήσεις ή αρρώστιες.

Οι αντιδράσεις που αφορούν στην κοινωνικότητα του ατόμου είναι τα συναισθήματα που βιώνει όταν πρέπει να φροντίσει τους άλλους μέσα στην οικογένεια, και η επιθυμία ή η απροθυμία να συναντήσει φίλους και συγγενείς, ή να γυρίσει στη δουλειά του.

Οι συναισθηματικές αντιδράσεις είναι πάρα πολλές και

συχνά υπερβολικές. Νιώθει μοναξιά, θυμάται, κλαίει και χτυπιέται σαν μικρό παιδί.

Οι πνευματικές αντιδράσεις ποικίλουν από την αμφισβήτηση της θρησκευτικής πίστης και την αναζήτηση νέων θρησκευτικών αναφορών, ώς την καταφυγή σε εμπειρίες μαγικών αναζητήσεων επαφής με το παρελθόν.

Η πολιτιστική αντίδραση στην περίπτωση του θανάτου είναι διαφορετική σε κάθε τόπο και κάθε εποχή.

Οι εθιμοτυπικοί κανόνες, τα έθιμα και το τελετουργικό που αναφέρονται στην απώλεια ενός προσφιλούς προσώπου, καθορίζονται από την κοινωνία και αποτελούν αναπόσπαστο μέρος της τελετουργίας του πένθους.

Όμως, παρόλες τις διαφορές, σε οποιοδήποτε μέρος του κόσμου, η διαδικασία του φυσιολογικού πένθους συνεπάγεται ότι θα απελευθερωθείς από τα δεσμά σου με το πρόσωπο που έχει πεθάνει. Κάτι τέτοιο είναι απαραίτητο για να επιστρέψεις σε ό,τι έχει απομείνει στο περιβάλλον όπου το πρόσωπο εκείνο δεν υπάρχει πια, και να δημιουργήσεις καινούργιες σχέσεις ώστε να μπορέσεις να προσαρμοστείς ξανά στη φυσιολογική ζωή.

Η δραστηριότητα αυτή απαιτεί πολλή φυσική και συναισθηματική ενέργεια. Έτσι, βλέπουμε πολλές φορές άτομα που βρίσκονται σε αυτή τη διαδικασία να αισθάνονται πραγματικά εξουθενωμένα. Η φοβερή κούραση δεν είναι μεταμφίεση της κατάθλιψης, αλλά, πολλές φορές, αποτέλεσμα των μεταβατικών διεργασιών του φυσιολογικού πένθους.

Η συνέπεια της αντιμετώπισης του πόνου

Χρειάζεται δουλειά για να μπορέσεις να αφήσεις πίσω αυτό

που δεν έχεις πια. Να αποδεσμευτείς και να αρχίσεις να σκέφτεσαι αυτό που ακολουθεί. Πρόκειται, κατά τη γνώμη μου, για τη χειρότερη πρόκληση με την οποία βρίσκεσαι αντιμέτωπος όταν είσαι ένας υγιής ενήλικος. Να ξέρεις ότι μπορείς πραγματικά να αντιμετωπίσεις την απώλεια οποιουδήποτε πράγματος.

Αυτό είναι το κουράγιο, η δύναμη της ωριμότητας: να έχεις την πεποίθηση ότι μπορείς να αντιμετωπίσεις ό,τι και να σου συμβεί, ακόμη και την ιδέα ότι κάποια στιγμή κι εσύ ο ίδιος δεν θα υπάρχεις.

Ίσως έτσι, μέσω της συνειδητοποίησης πως όλοι μου οι δεσμοί είναι προσωρινοί, μπορέσω να δεχτώ και ορισμένα άλλα πράγματα που είναι από τα δυσκολότερα να δεχτεί κανείς: Ότι δεν είμαι αιώνιος, ότι είναι ορισμένος ο χρόνος για το πέρασμά μου από αυτόν τον κόσμο, από τον τόπο αυτό, το συγκεκριμένο διάστημα.

Λένε πως ήταν κάποιος μια φορά που πήγε να επισκεφθεί έναν διάσημο ραβίνο, να τον συμβουλευθεί για κάποιο θρησκευτικό ζήτημα.

Μπαίνει στο σπίτι του ραβίνου και το βλέπει τελείως άδειο. Υπήρχαν μόνο δύο σκαμνάκια, ένα στρώμα ριγμένο στο πάτωμα κι ένα απλό τραπεζάκι.

Ο επισκέπτης αφού πήρε τις απαντήσεις που ήθελε στο ζήτημα που τον απασχολούσε, ρωτάει τον ραβίνο:

«Με συγχωρείτε, ραβίνε... Πού είναι τα έπιπλά σας;»

Ο ραβίνος του λέει:

«Τα δικά σου πού είναι;»

Ο επισκέπτης του απαντάει:

«Μα εγώ δεν είμαι από δω, είμαι περαστικός από αυτήν την πόλη.»

«Κι εγώ περαστικός είμαι...» του λέει ο ραβίνος.

Φαίνεται ότι ζούμε σ' έναν κόσμο όπου αγοράζουμε, αποκτούμε ένα σωρό πράγματα και μένουμε δεμένοι σ' αυτά. Ζούμε σ' έναν κόσμο όπου, από τις αρχές του προηγούμενου αιώνα, η βιομηχανική κοινωνία μάς υποσχόταν κάτι που στην πραγματικότητα δεν θα μπορούσε ποτέ να πραγματοποιήσει — αλλά αυτό δεν μας το είπε κανείς. Μας υποσχέθηκε ότι αν μπορέσουμε να αγοράσουμε όλα όσα θέλουμε, τότε θα είμαστε καλά, δεν θα υποφέρουμε, και τα λοιπά... και τα λοιπά... Μας ξεγέλασαν! Μας είπαν ψέματα! Καταλαβαίνεις; Ψέματα! Η ιστορία έδειξε ότι όλα ήταν ένα ψέμα!

4

Τι ειναι το πενθος

...Και είπε ο Μικρός Πρίγκιπας:
Ωραία... Αυτό είναι όλο.
Ταλαντεύτηκε ακόμα λίγο. Μετά σηκώθηκε
και έκανε ένα βήμα...
Δεν φώναξε. Έπεσε απαλά,
όπως πέφτει ένα δέντρο στην άμμο.
Ούτε που ακούστηκε.
Και τώρα, σίγουρα, πάνε κιόλας έξι χρόνια...
Παρηγοριέμαι λίγο γιατί ξέρω ότι στην πραγματικότητα
γύρισε στον πλανήτη του,
αλλά το ξημέρωμα δεν βρήκα το κορμί του.
Από τότε, τις νύχτες, κάθομαι κι ακούω τ' αστέρια...
σαν ν' ακούω χιλιάδες, εκατομμύρια κουδουνάκια...

ΑΝΤΟΥΑΝ ΝΤΕ ΣΑΙΝΤ ΕΞΥΠΕΡΥ
Ο Μικρός Πρίγκιπας

Με όσα έχουμε πει ως τώρα, και, αφήνοντας έξω από τις περιγραφές και τους ορισμούς μας το λεγόμενο «παθολογικό πένθος», είμαστε σε θέση να ορίσουμε την έννοια του πένθους με το οποίο πάμε μπροστά.

**Το πένθος είναι η επώδυνη,
φυσιολογική διαδικασία της επεξεργασίας
μιας απώλειας, που αποσκοπεί
στην προσαρμογή και την εναρμόνιση
της εσωτερικής με την εξωτερική μας κατάσταση
απέναντι σε μια νέα πραγματικότητα.**

Επεξεργάζομαι το πένθος, επομένως, σημαίνει πως έρχομαι σε επαφή με το κενό που άφησε η απώλεια εκείνου που δεν υπάρχει πια, αξιολογώ τη σημασία του και ξεπερνώ τον πόνο και την απογοήτευση που συνεπάγεται η απουσία του.

Τυπικά, μπορούμε να πούμε ότι το πένθος ολοκληρώνεται όταν μπορούμε να θυμόμαστε αυτόν που χάσαμε, και να νιώθουμε ελάχιστο ή και καθόλου πόνο. Όταν έχουμε μάθει να ζούμε χωρίς αυτόν, χωρίς αυτήν, χωρίς αυτό που δεν υπάρχει πια. Όταν έχουμε πάψει πια να ζούμε στο παρελθόν, και μπορούμε να επενδύσουμε ξανά όλη μας την ενέργεια στην παρούσα ζωή και στους ζωντανούς που υπάρχουν γύρω μας.

Ιδού *κάποια* από τα σωματικά αισθήματα που νιώθουν όσοι βρίσκονται σε κατάσταση πένθους. Είναι το λεγόμενο πένθος του σώματος.

Αϋπνία
Ταχυπαλμία
Δύσπνοια
Πόνος στον αυχένα

Ρίγη
Κόμπος στο στομάχι
Πονοκέφαλος
Οξύς πόνος στο στήθος
Απώλεια της όρεξης για φαγητό
Ναυτία
Κόπωση
Αίσθηση έλλειψης αέρα
Αδυναμία
Θολή όραση
Πόνος στην πλάτη
Υπερευαισθησία στο θόρυβο
Δυσκολία στην κατάποση
Εξάψεις

Δεν είναι ν' απορεί κανείς που ένας άνθρωπος με πολλά ή όλα αυτά τα συμπτώματα αισθάνεται ότι τρελαίνεται. Ένα συναίσθημα που μοιράζεται με όσους βρίσκονται κοντά του όταν, ξαφνικά και χωρίς καμία εξωτερική πρόκληση, αρχίζει να κλαίει απαρηγόρητος... Όταν αναστενάζει με το βλέμμα χαμένο... και φωνάζει το αγαπημένο πρόσωπο που δεν υπάρχει πια... Όταν θέλει να είναι μόνος του και συγχρόνως παραπονιέται για τη μοναξιά του... Όταν περνάει νύχτες που δεν κλείνει μάτι, και άλλες που το πρωί δεν μπορεί να ξυπνήσει... Όταν είναι απρόσεκτος και αφηρημένος, κι όλο μιλάει για τους εφιάλτες του... Όταν αδιαφορεί για τη σεξουαλικότητά του και σχεδόν για οτιδήποτε άλλο, αλλά πότε πότε, χωρίς καμία δέσμευση, κάνει και τούτο, κι εκείνο, και το άλλο...

Συμβουλές για να διαβείτε τον δρόμο των δακρύων (και να επιβιώσετε)

Ο πόνος ο κρυφός, σαν τον κλειστό φούρνο,
καίει την καρδιά μέχρι να γίνει στάχτη.

ΟΥΛΙΑΜ ΣΑΙΞΠΗΡ

Οι δύο δεκάλογοι

Τα δέκα ΝΑΙ

1. Άδεια

Δώσε στον εαυτό σου την άδεια να αισθάνεται άσχημα, να έχει ανάγκη από βοήθεια, να είναι ευάλωτος...

Ίσως θεωρείς ότι είναι καλύτερο να μην αισθάνεσαι τον πόνο και να τον αποφεύγεις απασχολώντας το μυαλό σου με άλλα πράγματα. Οπωσδήποτε, όμως, με τον καιρό, το πιθανότερο είναι ότι ο πόνος θα ανέβει στην επιφάνεια. Επομένως, τώρα είναι καλύτερα. Δέξου ότι ίσως δεν μπορείς για ένα διάστημα να ενδιαφερθείς για τη δουλειά σου ή για ό,τι συμβαίνει στους φίλους σου, και άρχισε να βιώνεις το πένθος με όλες του τις συνέπειες. Η ζωή σου θα είναι αλλιώτικη όσο πορεύεσαι σ' αυτόν τον δρόμο. Είναι πολύ πιθανό ότι θα πρέπει ν' αλλάξεις προσωρινά ορισμένες συνήθειες... σίγουρα νιώθεις ένα κενό...

Δώσε την άδεια στον εαυτό σου να νιώσει ολόκληρο τον πόνο, γιατί η άδεια αυτή είναι το πρώτο βήμα αυτού του δρόμου, και κανένας δρόμος δεν τελειώνει αν δεν αρχίσεις να τον περπατάς.

2. Εμπιστοσύνη

Να έχεις εμπιστοσύνη στις δυνάμεις σου και θα πας μπροστά. Θυμήσου πώς έλυσες παλιότερα δύσκολα προβλήματα που αντιμετώπισες στη ζωή σου.

Αν θέλεις να γιατρέψεις την πληγή σου, αν δεν θέλεις να κουβαλάς το νεκρό φορτίο εκείνου που χάθηκε, δεν αρκεί να περιμένεις να περάσουν όλα αυτά, ή να συνεχίζεις να ζεις σαν να μην έγινε τίποτα. Θα χρειαστεί να κάνεις μερικά δύσκολα βήματα για να συνέλθεις. Δεν υπάρχει τρόπος να συντομεύσεις την απόσταση στο δρόμο των δακρύων.

Θα ζήσεις σκληρές στιγμές και πολύ έντονα, δυσάρεστα συναισθήματα, τη στιγμή ακριβώς που είσαι τόσο ευάλωτος. Επομένως, μην έχεις υπερβολικές απαιτήσεις από τον εαυτό σου. Να ακολουθείς τον δικό σου ρυθμό θεραπείας, και, πίστεψέ με, είσαι σε θέση να αντιμετωπίσεις αυτό που ακολουθεί. Γιατί, αφού βρίσκεσαι στον δρόμο των δακρύων, τα χειρότερα έχουν ήδη περάσει.

Αυτό που έχει σημασία πάνω απ' όλα, είναι να πιστεύεις στον εαυτό σου, και σου εγγυώμαι ότι δεν θα απογοητευτείς. Η θετική σκέψη ήταν πάντοτε ο προσωπικός μου οδηγός — πόσο μάλλον τώρα, μπροστά στην πρόκληση του πένθους.

3. Καινούργια μάτια. Καινούργιες πόρτες

Είμαστε μερικές φορές τόσο τυφλωμένοι από τον θυμό, τον

πόνο ή την κακοκεφιά μας, που δεν βλέπουμε τις «καινούργιες πόρτες» που ανοίγονται μπροστά μας.

Όλοι έχουμε ακούσει τη φράση: «όταν κλείνει μια πόρτα, ανοίγει μια άλλη». Τη θεωρώ αληθινή. Συμβαίνει, όμως, καμιά φορά να μην έχουμε διάθεση να γυρίσουμε το χερούλι αυτής της πόρτας.

Είναι εύκολο να σκεφτεί κανείς: «Τι καλό μπορεί να προκύψει από την απώλεια αυτή;» Βέβαια, κάθε μέρα ακούμε ιστορίες όπου κάποιοι ξεπέρασαν προβλήματα σωματικά, ψυχικά ή συναισθηματικά και πέτυχαν, πέρα από κάθε πιθανότητα, απροσδόκητους στόχους. Διάβασε για κάποιους «γιατρούς που κάνουν θαύματα» και θα πάρεις μια ιδέα για τι πράγμα μιλάω. Διάβασε για τη ζωή της Έλεν Κέλερ[1] και δεν θα έχεις πια την παραμικρή αμφιβολία.

4. Αποδοχή

Ακόμη κι αν είναι το δυσκολότερο πράγμα που έχεις κάνει στη ζωή σου, πρέπει τώρα να δεχτείς αυτή τη σκληρή πραγματικότητα. Βρίσκεσαι στον δρόμο των δακρύων και δεν υπάρχει επιστροφή. Ο δρόμος αυτός πάει μόνο μπροστά. Όσο δημιουργείς σε ένα μικρό κομμάτι του μυαλού σου τη φαντασίωση ότι ο άλλος θα γυρίσει, ότι τα πράγματα θα ξαναγίνουν όπως ήταν, ότι θα ξαναγυρίσει αυτός που πέθανε... δεν πρόκειται ποτέ να φτάσεις στο τέρμα του δρόμου. Ο θάνατος έρχεται πάντα πολύ αργά ή πολύ νωρίς, και είναι πάντα άσχημη η στιγμή που κάποιος πεθαίνει.

1. Έλεν Κέλερ, (1880-1968). Αμερικανίδα συγγραφέας, τυφλή και κωφάλαλη. Χάρη στην Ανν Σάλλιβαν, έμαθε να μιλάει και να διαβάζει Αγγλικά, Γαλλικά, Γερμανικά, Ελληνικά και Λατινικά. (Σ.τ.Μ.)

Αν μιλάς για μια δική σου απώλεια, περιγράφεις τις συνθήκες του θανάτου, επισκέπτεσαι το κοιμητήριο ή τον τόπο όπου είναι φυλαγμένα τα λείψανα... κι όλα αυτά μπορούν να σε βοηθήσουν να δεχτείς την πραγματικότητα. Πράγματι, αν υπάρχει μια έστω και πολύ μικρή πιθανότητα να μην είναι η απώλεια οριστική, θα έχεις να διαλέξεις ανάμεσα στο να συνεχίσεις να ελπίζεις και να μην πάρεις τον δρόμο των δακρύων, ή να πάρεις την απόφαση πως ώς εδώ ήταν, έστω κι αν τα γεγονότα αφήνουν μιαν αμυδρή ελπίδα. Οπωσδήποτε, δεν θα σου κάνει κακό να έχεις διανύσει αυτόν τον δρόμο αν ξαναεμφανιστεί το πρόσωπο που πίστευες πως χάθηκε. Αντίθετα, μπορεί να σου κάνει πολύ μεγαλύτερο κακό το να συνεχίσεις να περιμένεις κάτι που δεν πρόκειται να γίνει ποτέ. Είναι αλήθεια. Όλοι ξέρουμε πόσο πιο δύσκολο είναι να δεχτούμε την απώλεια ενός προσφιλούς προσώπου αν δεν δούμε το σώμα του νεκρό.

Είναι μεγάλος πειρασμός να βρεις καταφύγιο στην ιδέα ότι ο άλλος, από τον ουρανό, σε βλέπει και σε νοιάζεται. Δεν υπάρχει τίποτα κακό στη θρησκευτική πίστη που έχει ο καθένας. Αντιθέτως, η πίστη είναι θαυμάσιος σύμμαχος. Πρόσεξε, όμως, μην τη χρησιμοποιήσεις για να ελαχιστοποιήσεις τον πόνο από την απουσία του αγαπημένου προσώπου. Πρόσεξε μη φτάσεις στο σημείο να σκεφτείς ότι, μ' αυτόν τον τρόπο, δεν είναι ανάγκη να περάσεις το πένθος.

5. Επαφή με τη ζωή

Φτάνει κάποτε μια στιγμή που ξέρεις ότι πρέπει να αφήσεις πίσω το παρελθόν. Η ζωή σε περιμένει γεμάτη καινούργιες προοπτικές.

Δεν είναι κακό να θέλεις να διασκεδάσεις, να θέλεις

να χαρείς, να δημιουργήσεις καινούργιες σχέσεις... Στην περίπτωση της απώλειας συντρόφου, δεν υπάρχει λόγος να ντρέπεται κανείς αν νιώθει ξανά ερωτική επιθυμία. Στην πραγματικότητα, μια καρδιά πληγωμένη θεραπεύεται όταν την ανοίγουμε στους άλλους. Το πένθος σημαίνει ότι το παίρνω απόφαση πως ο νεκρός είναι εκεί έξω, αλλά η ζωή συνεχίζεται.

Μια νεαρή έφηβη γράφει στη μητέρα της μετά τον θάνατο του πατέρα της: «*Καταλαβαίνω ότι και οι φίλοι μου χρειάζονται την αγάπη μου, όπως κι εγώ τη δική τους. Κι αυτό δεν σημαίνει ότι δεν θυμάμαι ή δεν εξακολουθώ να αγαπάω τον μπαμπά*».

6. Ευγνωμοσύνη

Είναι απαραίτητο να εκτιμάμε ό,τι καλό εξακολουθεί να υπάρχει στη ζωή μας μέσα σ' αυτήν τη φοβερή κατάσταση και να αισθανόμαστε ευγνωμοσύνη για την παρουσία του. Πάνω από όλα, κάποιες σχέσεις που μένουν σταθερές (συγγενείς, φίλοι, ο/η σύντροφος, ο πνευματικός, ο θεραπευτής), που αποδέχονται και αντέχουν τη σύγχυση, τον πόνο, τις αμφιβολίες μας, και σίγουρα, τις στιγμές μας τις πιο σκοτεινές. Θα ήταν όλα πολύ πιο δύσκολα χωρίς αυτούς. Ο καθένας αισθάνεται ευγνώμων για κάτι διαφορετικό που του προσφέρει ο άλλος: ασφάλεια, στήριξη, τη συντροφιά του, ακόμη και τη σιωπηλή παρουσία του.

7. Τα τρία Α: Πολλή ανάπαυση, λίγη απόλαυση, και μια δόση αναψυχής

Δώσε την άδεια στον εαυτό σου να περνάς καλά, να γελάς με τους φίλους σου, να κάνεις αστεία. Είναι δικαίωμά σου και, επιπλέον, θα σε βοηθήσει πολύ να έχεις κάποιες στιγμές αβίαστης απόλαυσης. Να θυμάσαι ότι ακόμη και το προσφιλές σου πρόσωπο που χάθηκε, θα ήθελε το καλύτερο για σένα. Οι κακές στιγμές έρχονται από μόνες τους, για τις καλές στιγμές, όμως, θα χρειαστεί να πάρεις πρωτοβουλία. Αρχίζουμε να βεβαιωνόμαστε ότι υπάρχει ζωή μετά την απώλεια. Πρόσεξε τα σημάδια, τις ενδείξεις και τις ευκαιρίες που παρουσιάζονται γύρω σου. Μην τις αξιοποιήσεις αν δεν έχεις διάθεση, αλλά μη σταματήσεις να τις αναζητάς.

8. Μαθητεία

Πενθώ σημαίνει —εκτός των άλλων— ότι μαθαίνω να ζω χωρίς κάτι, χωρίς κάποιον... μαθαίνω να ζω αλλιώς.

Μαθαίνεις να παίρνεις καινούργιες αποφάσεις για σένα τον ίδιο, μαθαίνεις να κάνεις τις δουλειές που πρώτα έκανε ο άλλος, μαθαίνεις καινούργιους τρόπους να σχετίζεσαι με συγγενείς και φίλους, μαθαίνεις να ζεις με κάτι λιγότερο. Καμιά φορά η περίοδος αυτή της μαθητείας δεν έχει ανθρώπους γύρω μας. Πενθώ, σημαίνει μαθαίνω να ζω χωρίς αυτό που έχω χάσει. Η εμπειρία είναι συχνά πολύ σκληρός δάσκαλος. Άρχισε «νέα» ζωή· όχι την ίδια «εκ νέου».

9. Ορισμοί

Το νόημα του ρήματος «πεθαίνω» είναι τόσο θεωρητικό, ώστε, βιωματικά, μπορεί να σημαίνει διαφορετικά πράγματα για τον καθένα. Αυτό που έχει σημασία δεν είναι να συμφωνήσουμε σε μία θέση αναφορικά με τον θάνατο, αλλά να δεχτούμε ότι είναι από τα πράγματα που ο καθένας μας πρέπει να έχει μέσα του σαφώς καθορισμένα. Υπάρχουν ένα σωρό πράγματα για τα οποία μπορεί να μην έχουμε καταλήξει σε κάτι συγκεκριμένο. Είναι, όμως, και τέσσερα-πέντε τα οποία είναι απαραίτητο να έχουμε «τακτοποιήσει»· να βρίσκονται μέσα μας ξεκάθαρα:

η σεξουαλική μας ταυτότητα,
η φιλοσοφική μας άποψη,
η σχέση μας με τους γονείς,
το «σχέδιο ζωής» μας, και
η θέση μας απέναντι στον θάνατο.

Τι γίνεται μετά τον θάνατο; Πώς να ξέρουμε, αφού κανένας που έμαθε δεν μας το είπε;

Όποια κι αν είναι η θέση σας, μπορώ να σας διαβεβαιώσω ότι μετά τον θάνατο θα συμβεί αυτό που πιστεύετε ότι θα συμβεί. Κατά βάθος δεν έχει σημασία.

Αν πιστεύετε ότι πρόκειται να μετενσαρκωθείτε... πάει καλά. Αν πιστεύετε ότι θα πάτε στον παράδεισο ή στην κόλαση... πάει καλά. Αν πιστεύετε ότι δεν υπάρχει τίποτα μετά τον θάνατο... πάει καλά. Ό,τι κι αν είναι αυτό που πιστεύετε... πάει καλά. Πρέπει, όμως, να έχετε μία συγκεκριμένη θέση.

Ρώτησαν κάποτε τον Γούντι Άλεν αν πιστεύει ότι υπάρχει ζωή μετά τον θάνατο. Κι εκείνος απάντησε: «Δεν ξέρω, γιατί αυτό που με απασχολεί είναι να μάθω πώς μπορώ να ζήσω λιγάκι, <u>πριν</u> πεθάνω».

10. Μοιράζομαι ό,τι έχω μάθει

Αφού έχεις διανύσει ένα μέρος του δρόμου, μίλα στους άλλους για την εμπειρία σου. Μάθε τους να μην ελαχιστοποιούν την απώλεια, ούτε να υποτιμούν τον δρόμο. Πες στους άλλους τι σου έμαθε αυτή η εμπειρία. Αυτή είναι η καλύτερη βοήθεια που μπορείς να τους προσφέρεις για τη θεραπεία τους. Τους κάνεις πιο εύκολο τον δρόμο που έχουν να διανύσουν και —ακόμα κι αν σου φαίνεται απίστευτο— έτσι διευκολύνεις και τη δική σου πορεία.

Τα δέκα ΟΧΙ

1. Κρύβομαι

Μην κλείνεις ποτέ την καρδιά σου στον πόνο. Να επιτρέπεις στον εαυτό σου να βιώνει και να εκφράζει τα συναισθήματα που αναδύονται. Μην τα συγκρατείς.

Μην παριστάνεις τον δυνατό, μην τα κρατάς όλα μέσα σου. Με τον καιρό, ο πόνος θα λιγοστεύει. Αν υπάρχει κάτι που λειτουργεί πάντα και συντομεύει τον δρόμο που έχεις να διανύσεις, είναι ακριβώς αυτό: να βρεις τον τρόπο να επιτρέψεις στον εαυτό σου να νιώθει και να δείχνει τον πόνο, τη θλίψη, τον θυμό και τον φόβο γι' αυτόν που χάθηκε. Να περπατάς τον δρόμο βήμα βήμα, αυτό είναι απαραίτητη προϋπόθεση για να κλείσουν και να γιατρευτούν οι πληγές. Και μην ξεχνάς: ο δρόμος αυτός λέγεται *ο δρόμος των δακρύων*. Δώσε λοιπόν στον εαυτό σου την άδεια να κλάψει. Το έχεις αυτό το δικαίωμα, να κλαις όποτε το έχεις ανάγκη. Πιθανότατα, αυτό που σου συνέβη ήταν χτύπημα σκληρό, η ζωή σε αιφνιδίασε και κανείς δεν μπόρεσε να καταλάβει... Έφυγε το πρόσωπο που αγαπούσες και σε άφησε μόνο. Τίποτα πιο λογικό από το να ξαναβρείς την παλιά μας ικανότητα να κλαίμε όταν είμαστε λυπημένοι, να βογκάμε όταν πονάμε, να μουσκεύουμε το μαξιλάρι όταν η θλίψη μας ξεχειλίζει. Μην κρύβεις τον πόνο σου. Μπορείς να μοιραστείς αυτό που σου συμβαίνει με την οικογένειά σου, με τους στενούς σου φίλους... Το κλάμα είναι χαρακτηριστικό αποκλειστικά του ανθρώπου, όπως και το γέλιο. Το κλάμα λειτουργεί σαν βαλβίδα και απελευθερώνει τη φοβερή εσωτερική ένταση που προκαλεί η απώλεια. Κλαίμε μόνοι, αν αυτή είναι η επιλογή μας, ή με τους συνοδοιπόρους μας, και μοιραζόμαστε τον πόνο τους που είναι ίδιος με τον δικό μας. Όταν μοιραζόμαστε τα βάσανα, μοιράζεται και το βάρος τους. Όταν πονάει η ψυχή σου, δεν υπάρχει καλύτερη τακτική από το κλάμα.

Μην προσπαθείς να το αποφύγεις από φόβο μήπως κουράσεις ή μήπως ενοχλήσεις τους γύρω σου. Να ψάχνεις ανθρώπους με τους οποίους μπορείς να είσαι ο εαυτός σου και να εκφράζεις αυτό που αισθάνεσαι, όπως το αισθάνεσαι. Δεν υπάρχει τίποτα χειρότερο από το να διακόπτεις το συναίσθημά σου με τη βλακώδη αντίληψη ότι πρέπει να φανείς δυνατός και να προστατεύσεις έτσι και τους γύρω σου.

2. Αμέλεια

Πολλοί από αυτούς που βρίσκονται στον δρόμο των δακρύων, είναι τόσο απασχολημένοι με τις διεργασίες που γίνονται μέσα τους, έχουν τόσο πολύ στραμμένη την προσοχή τους στο οδυνηρό τους συναίσθημα, που δεν δίνουν καμία σημασία στο ίδιο τους το σώμα. Αφού περάσουν οι πρώτες μέρες, θα είναι φρόνιμο και ωφέλιμο να επιβάλεις στον εαυτό σου για μερικές εβδομάδες ένα συγκεκριμένο ωράριο... Τι ώρα θα σηκώνεσαι το πρωί, τι ώρα θα τρως τα διάφορα γεύματα της ημέρας, τι ώρα θα ξαπλώνεις το βράδυ... και να φροντίσεις να το τηρείς αυτό το ωράριο. Να τρέφεσαι καλά και να μην κάνεις κατάχρηση τσιγάρων, αλκοόλ και φαρμάκων. Και αν πράγματι χρειαστεί να πάρεις κάποιο φάρμακο για να σε βοηθήσει σ' αυτές τις δύσκολες στιγμές, αυτό θα το κρίνει πάντοτε ο γιατρός, και ποτέ οι συγγενείς, οι φίλοι ή οι γείτονες, ακόμη κι αν έχουν καλή πρόθεση οι συμβουλές τους. Οπωσδήποτε, καλό είναι να μην γυρίζεις από γιατρό σε γιατρό «ψάχνοντας» τον ειδικό που θα δεχτεί να σου δώσει ψυχοφάρμακα «για να μην αισθάνεσαι». Γιατί, όχι μόνο δεν θα σε βοηθήσουν τέτοια φάρμακα, αλλά μπορεί και να συντελέσουν να γίνει το πένθος χρόνιο.

3. Μη βιάζεσαι

Χρειάζεσαι χρόνο για να διαβείς τον δρόμο, και λένε πως ο χρόνος όλα τα γιατρεύει.

Πρόσεξε, όμως, γιατί δεν φτάνει μόνο ο χρόνος.

Αυτό που μπορεί πραγματικά να βοηθήσει, είναι τι κάνει ο καθένας με τον χρόνο.

Μην περιμένεις να γίνουν θαύματα, και να είσαι προετοιμασμένος για τις υποτροπές. Ένα απροσδόκητο γεγονός, μια επίσκεψη, μια επέτειος, τα Χριστούγεννα... σε γυρίζουν πάλι στην αρχή, στην κατάσταση απ' όπου ξεκίνησες. Δεν πρέπει, όμως, να γίνεται έτσι.

Όπως δεν γίνεται να κλάψεις σήμερα γι' αυτό που θα γίνει αύριο, έτσι δεν πρέπει να συνεχίσεις να κλαις γι' αυτό που έγινε χτες. Το κλάμα σου σήμερα, είναι για το σήμερα. Για το αύριο, θα είναι το κλάμα σου αύριο.

Χρησιμοποιείς τη σημερινή μέρα για **να αποδεχτείς** ότι βρίσκεσαι σε πένθος, και να παραδεχτείς ότι αυτός που χάθηκε, πέθανε και δεν πρόκειται να είναι ποτέ ξανά κοντά σου;

Χρησιμοποιείς το σήμερα για να βιώσεις έντονα τα συναισθήματά σου και **να εκφράσεις τον πόνο** που συνεπάγεται η απώλεια;

Χρησιμοποιείς την ημέρα αυτή για **να μάθεις να ζεις** χωρίς το αγαπημένο σου πρόσωπο;

Χρησιμοποιείς τη σημερινή μέρα για **να στρέψεις ξανά την προσοχή και το ενδιαφέρον σου σ' εσένα τον ίδιο**;

Ζήσε μόνο μία μέρα κάθε μέρα. Το σήμερα.

4. Ξεχνώ την πίστη

Ορισμένα πράγματα, απλώς δεν γίνεται να τα καταφέρει κανείς μόνος του. Όση βοήθεια κι αν έχεις, ίσως δεν σου προσφέρει αυτό που πραγματικά χρειάζεσαι για ν' αντέξεις αυτό που συνέβη.

Πολλοί άνθρωποι πιστεύουν ότι αν φέρουν τα προβλήματα αυτά στον Θεό, θα ανακουφιστούν και θα ξαλαφρώσουν απ' όλα αυτά που τους βαραίνουν την καρδιά.

Από την πρώτη στιγμή, όταν ο Θεός είναι ο κύριος αποδέκτης της οργής σου, είναι ωφέλιμο να επιστρέψεις στην εκκλησία και να συζητήσεις με τον ιερέα, ή τον πνευματικό σου.

Είναι η στιγμή που θα μάθουμε να μη ζητάμε να έχουν τα πράγματα την κατάληξη που θα θέλαμε, αλλά να ζητάμε από τον Θεό να μας βοηθήσει να αποδεχτούμε τις αλλαγές, και να δούμε ποιες επιλογές έχουμε.

5. Απαιτήσεις από τον εαυτό μου

Μη φέρεσαι άσχημα στον εαυτό σου. Ακόμη κι αν τα συναισθήματα που βιώνεις είναι πολύ έντονα και πολύ δυσάρεστα (και σίγουρα είναι), σημασία έχει να μην ξεχνάς ότι είναι πάντα περαστικά... Από τις δυσκολότερες συνήθως στιγμές του πένθους είναι όταν κάνεις την εμφάνισή σου μερικούς μήνες μετά την απώλεια, κι όλοι γύρω σου αρχίζουν να σου λένε ότι θα έπρεπε να έχεις ήδη ξαναβρεί τον εαυτό σου, να έχεις συνέλθει. Εσύ, να έχεις υπομονή. Να μη βιάζεσαι. Να σέβεσαι τον δικό σου τρόπο, τον χώρο και τον χρόνο. Βασανίζεσαι, ίσως, γιατί νομίζεις ότι θα έπρεπε ήδη να αισθάνεσαι καλύτερα. Ο χρόνος είναι δικός σου. Να θυμάσαι πως ο χειρότερος εχθρός για το πένθος είναι να μην αγαπάς τον εαυτό σου.

6. Ο φόβος μήπως τρελαθώ

Όλοι μπορεί να βιώσουμε έντονα συναισθήματα ως απάντηση στην κατάσταση του πένθους, χωρίς αυτό να μας κάνει να χάσουμε τη διανοητική μας ισορροπία. Η θλίψη, ο θυμός, η ενοχή, η σύγχυση, η απελπισία, μέχρι και η φαντασίωση ότι πεθαίνουμε, αποτελούν συνηθισμένες αντιδράσεις, κοινές στους περισσότερους ανθρώπους μετά από μια σημαντική απώλεια, ή τον θάνατο ενός αγαπημένου προσώπου.

Χρειάζεται να νιώσεις τον πόνο και όλα τα συναισθήματα που τον συνοδεύουν: θλίψη, θυμό, φόβο, ενοχή... Κάποιοι θα σου πουν: «Πρέπει να φανείς δυνατός». Μην τους δώσεις σημασία. Δεν είναι ανάγκη να φανείς τίποτα, μη σταματήσεις να είσαι όπως αισθάνεσαι. Δεν χρειάζεται να δίνεις εξηγήσεις, ούτε να ζητάς την άδεια. Ούτε και να αισθάνεσαι ότι είναι λάθος σου αν κάποιες στιγμές δεν είσαι τελείως καλά.

Η ψυχή σου σακατεύτηκε, έμεινε ανάπηρη, και σήμερα υποφέρει από το χτύπημα· πονάει γι' αυτό που της λείπει.

7. Χάνω την υπομονή μου

Παρ' όλα τα προηγούμενα, πρέπει να σου πω να μην έχεις απαιτήσεις από τους άλλους.

Αγνόησε τις προσπάθειες κάποιων να σου πουν πώς πρέπει να αισθάνεσαι και για πόσον καιρό. Δεν μπορούν όλοι να καταλάβουν τι περνάς. Με γλυκό τρόπο, θα δοκιμάσουν να σε κάνουν να ξεχάσεις τον πόνο σου... Το κάνουν με τις καλύτερες προθέσεις, για να μη σε βλέπουν λυπημένο. Έχε υπομονή, αλλά μην προσπαθήσεις να τους ευχαριστήσεις. Καλύτερα κράτησέ τους μακριά με ευγενικό τρόπο και ψάξε εκείνους που σου επιτρέπουν να «είσαι χάλια», που μπορείς να τους ανοίγεις την καρδιά σου χωρίς να φοβάσαι όταν νιώθεις έτσι. Οπωσδήποτε, θα ήταν ίσως καλύτερο για ένα διάστημα να δίνεις περισσότερη προσοχή στις προθέσεις εκείνων που σε περιβάλλουν, παρά σε αυτά που σου λένε. Καμιά φορά, αυτοί που νόμιζες ότι θα ήταν οι καλύτεροι συνοδοιπόροι σ' αυτήν τη πορεία, δεν μπορούν να μοιραστούν τη στιγμή, να συμμεριστούν τον πόνο σου. Δεν αντέχουν τον ξένο πόνο, με αποτέλεσμα να διακόπτουν τις διεργασίες και να καθυστερούν την πορεία σου προς το τέρμα του δρόμου. Και πάλι, όμως, μη θυμώνεις μαζί τους γι' αυτό.

8. Αυτάρκεια

Μη σταματάς να ζητάς βοήθεια. Μη διακόψεις την επαφή σου με τους άλλους, έστω κι αν εκείνοι δεν βρίσκονται σήμερα στον ίδιο δρόμο. Έχεις ανάγκη την παρουσία τους, τη στήριξη, την έννοια, την φροντίδα τους. Δώσε την ευκαιρία στους φίλους και τα άλλα προσφιλή σου πρόσωπα να είναι δίπλα σου. Όλοι αυτοί που σ' αγαπάνε θέλουν να σε βοηθήσουν, έστω κι αν δεν ξέρουν τι να κάνουν. Ορισμένοι φοβούνται μήπως γίνουν ενοχλητικοί. Άλλοι νομίζουν ότι θα σε στεναχωρήσουν αν σου θυμίζουν την απώλεια. Αυτό που χρειάζεσαι είναι να σε ακούσουν, όχι να σου πουν τη γνώμη τους για το τι θα έπρεπε να κάνεις, να αισθάνεσαι ή να αποφασίσεις. Μην κάθεσαι να περιμένεις τη βοήθειά τους, και ακόμα λιγότερο, μην περιμένεις να μαντέψουν ότι τους χρειάζεσαι. Ζήτα αυτό που έχεις ανάγκη. Δεν είναι πιο σοφός ή πιο προχωρημένος αυτός που δεν χρειάζεται βοήθεια, αλλά εκείνος που ξέρει καλά πότε τη χρειάζεται κι έχει το θάρρος να τη ζητήσει.

9. Μην παίρνεις σημαντικές αποφάσεις

Αποφάσεις όπως το να πουλήσεις το σπίτι, να φύγεις από τη δουλειά, να αλλάξεις τόπο διαμονής, σου φαίνονται πολύ ελκυστικές στα πρώτα στάδια της διαδρομής. Ηρέμησε. Αυτές είναι αποφάσεις που υπερβαίνουν τα όρια και πρέπει να τις παίρνουμε σε στιγμές υπέρτατης πνευματικής διαύγειας, και όχι ενώ μας θολώνει το μυαλό η αναπόφευκτη σύγχυση. Συνήθως τίποτα δεν χάνεται, γι' αυτό και είναι προτιμότερο να αφήνεις τέτοιου είδους αποφάσεις για λίγο αργότερα.

Με την ίδια συλλογιστική —κυρίως τον πρώτο καιρό

αμέσως μετά την απώλεια—, δεν ενδείκνυται να ξεκινάει κανείς μια καινούργια ερωτική σχέση, να αποφασίζει μια εγκυμοσύνη ή να επισπεύδει έναν γάμο. Μπορεί να το μετανιώσει μετά. Υπάρχουν ορισμένες επιτακτικές ανάγκες που δεν γίνεται να καθυστερήσουν. Είναι προς το συμφέρον μας, όμως, να σεβόμαστε τον κανόνα που λέει: «μην περνάς τη γέφυρα, πριν φτάσεις ώς εκεί».

10. Η λήθη

Μην προσπαθείς να ξεχάσεις αυτό που έγινε. Αντίθετα, να το θυμάσαι. Χωρίς να φτάνεις σε αρρωστημένο σημείο, αλλά και χωρίς διάθεση να το αποφύγεις.

Η διαδικασία του πένθους σού επιτρέπει να τοποθετήσεις το αγαπημένο σου πρόσωπο στη θέση που του αξίζει ανάμεσα στους θησαυρούς της καρδιάς σου.

Είναι δύναμη να το σκέφτεσαι και να μη νιώθεις πια τον πόνο να σε μαστιγώνει.

Να το θυμάσαι με τρυφερότητα και να αισθάνεσαι ότι ο χρόνος που περάσατε μαζί ήταν ένα υπέροχο δώρο.

Και αυτό ισχύει για όλες τις απώλειες. Με την επεξεργασία, ό,τι έζησες μέχρι τώρα με εκείνον που δεν είναι πια εδώ, αποκτάει νόημα.

Καταλαβαίνεις με την καρδιά σου πως η αγάπη δεν τελειώνει με τον θάνατο.

Είναι βέβαιο ότι δεν θα ξαναγίνεις ποτέ όπως ήσουν πριν από μια πολύ σημαντική απώλεια... γιατί η απώλεια σε αλλάζει αναπόδραστα. Μπορείς, όμως, να επιλέξεις αν αυτή η αλλαγή θα είναι προς το καλύτερο.

Θα ήθελα να τελειώσω το κεφάλαιο αυτό με μια ιστορία...

Ένας ψαράς κατεβαίνει κάθε νύχτα στην παραλία για να ρίξει τα δίχτυα του. Ξέρει πως όταν βγαίνει ο ήλιος έρχονται τα ψάρια στην παραλία για να φάνε αχιβάδες, γι' αυτό πάντα ρίχνει τα δίχτυα του πριν ξημερώσει.

Έχει ένα καλυβάκι στην παραλία και κατεβαίνει μες τη νύχτα με τα δίχτυα στον ώμο.

Με τα πόδια γυμνά και τα δίχτυα μισοαπλωμένα, μπαίνει στη θάλασσα.

Αυτή τη νύχτα, για την οποία μας μιλάει η ιστορία, όπως πάει να μπει στο νερό, αισθάνεται το πόδι του να χτυπάει πάνω σε κάτι πολύ σκληρό στον πάτο της θάλασσας.

Το πασπατεύει και βλέπει πως είναι πράγματι κάτι σκληρό, σαν πέτρες, τυλιγμένες σε μια σακούλα.

Εκνευρίζεται και μουρμουρίζει: «Ποιος ηλίθιος πετάει τέτοια πράγματα στην παραλία...» Και αμέσως διορθώνει: «Στη δική μου παραλία».

«Κι εγώ, έτσι απρόσεκτος που είμαι, κάθε φορά που θα μπαίνω στο νερό, θα σκοντάφτω πάνω στις πέτρες...» Αφήνει λοιπόν κάτω τα δίχτυα, σκύβει, πιάνει τη σακούλα και τη βγάζει από το νερό. Την αφήνει στο ακροθαλάσσι, και ξαναμπαίνει με τα δίχτυα στο νερό.

Είναι θεοσκότεινα... Ίσως γι' αυτό, όπως βγαίνει από τη θάλασσα, πάλι σκοντάφτει πάνω στη σακούλα που είναι τώρα έξω, στην παραλία.

Ο ψαράς σκέφτεται: «Δεν είμαι στα καλά μου».

Βγάζει λοιπόν το σουγιά του, ανοίγει τη σακούλα και ψαχουλεύει. Έχει κάμποσες πέτρες, μεγάλες σαν πορτοκάλια, βαριές και στρογγυλεμένες.

Ο ψαράς ξανά σκέφτεται «μα ποιος να είναι αυτός ο ηλίθιος που τυλίγει πέτρες και τις πετάει στο νερό...»

Ενστικτωδώς, παίρνει μία, τη ζυγίζει στο χέρι του και την πετάει με δύναμη στη θάλασσα.

Μόλις λίγα δευτερόλεπτα μετά ακούει τον θόρυβο της πέτρας που βουλιάζει στα βαθιά. Πλουπ!

Βάζει το χέρι του στη σακούλα, παίρνει άλλη μια πέτρα και την πετάει στο νερό. Ακούει ξανά το πλουπ!

Αυτή την πετάει από την άλλη μεριά, πλαφ! Μετά, αρχίζει να τις εκσφενδονίζει δύο δύο και ακούει πλουπ-πλουπ! Ύστερα προσπαθεί να τις ρίξει πιο μακριά, και με γυρισμένη την πλάτη, και με όλη του τη δύναμη, πλουπ-πλαφ!...

Διασκεδάζει... ακούει τους διαφορετικούς ήχους, πετάει πέτρες, υπολογίζει το χρόνο που κάνουν να πέσουν στο νερό, και δοκιμάζει... πότε με δύο, πότε με μία, και με κλειστά μάτια τώρα, και με τρεις μαζί... και συνεχίζει να πετάει τις πέτρες στη θάλασσα.

Μέχρι που αρχίζει να βγαίνει ο ήλιος.

Ο ψαράς ψαχουλεύει και βρίσκει μονάχα μία πέτρα μέσα στη σακούλα.

Ετοιμάζεται λοιπόν να την πετάξει πιο μακριά από τις άλλες, γιατί είναι η τελευταία κι έχει ήδη βγει ο ήλιος.

Και όπως τεντώνει το χέρι του προς τα πίσω για να την πετάξει με όλη του τη δύναμη, αρχίζει να φωτίζει ο ήλιος και βλέπει στην πέτρα μια χρυσαφένια μεταλλική λάμψη που του τραβάει την προσοχή.

Ο ψαράς συγκρατεί την παρόρμηση να πετάξει την πέτρα και την κοιτάζει προσεκτικά. Η πέτρα αντανακλά τον ήλιο μέσα από τη βρομιά που την καλύπτει. Την τρίβει ο ψαράς λες κι είναι μήλο πάνω στα ρούχα του, και η πέτρα αρχίζει να λάμπει ακόμη πιο πολύ. Έκπληκτος, τη χτυπάει ελαφρά και αντιλαμβάνεται ότι είναι από μέταλλο. Αρχίζει τότε να την τρίβει και να την καθαρίζει με άμμο και με το πουκάμισό του, και συνειδητοποιεί πως η πέτρα είναι από καθαρό χρυσάφι. Μια πέτρα από ατόφιο χρυσάφι σε μέγεθος πορτοκαλιού! Η χαρά του σβήνει, όμως, μόλις σκέφτεται ότι η πέτρα αυτή εί-

ναι σίγουρα ίδια με όλες τις άλλες που πέταξε στη θάλασσα.

Και σκέφτεται: «Τι χαζός που ήμουνα!»

Είχε στα χέρια του μια σακούλα γεμάτη πέτρες από χρυσό και τις πετούσε στη θάλασσα γιατί του άρεσε να ακούει τον ηλίθιο θόρυβο που έκαναν όταν έπεφταν στο νερό... Αρχίζει τότε να οδύρεται, να κλαίει και να θρηνεί... να λυπάται για τις χαμένες πέτρες... Και να σκέφτεται πως είναι άτυχος, ένας δυστυχισμένος άνθρωπος... είναι τρελός, είναι ηλίθιος...

Μετά σκέφτεται... Αν έμπαινε στη θάλασσα, αν κατάφερνε να βρει μια στολή δύτη και βούταγε στα βαθιά, αν ήταν μέρα, αν είχε τον εξοπλισμό που έχουν οι δύτες για να ψάξει... Κι όλο κλαίει γοερά και οδύρεται...

Ο ήλιος έχει πια ανατείλει.

Και ξαφνικά συνειδητοποιεί πως έχει ακόμη την πέτρα... συνειδητοποιεί πως ο ήλιος θα μπορούσε να είχε αργήσει ένα δευτερόλεπτο ακόμη, ή εκείνος θα μπορούσε να είχε ρίξει την πέτρα πιο γρήγορα, και τότε δεν θα είχε μάθει ποτέ για τον θησαυρό που έχει τώρα στα χέρια του.

Αντιλαμβάνεται τελικά ότι κατέχει έναν θησαυρό, κι ότι ο θησαυρός αυτός είναι από μόνος του μια τεράστια περιουσία για έναν φτωχό ψαρά όπως εκείνος.

Αντιλαμβάνεται πόσο τυχερός είναι που μπορεί να κρατήσει τον θησαυρό που έχει ακόμη στα χέρια του.

Μακάρι να μπορούσαμε να είμαστε πάντοτε τόσο σοφοί ώστε να μην κλαίμε για τις πέτρες, τις ευκαιρίες, που απροετοίμαστοι ίσως τις πετάξαμε, τις χαραμίσαμε, τα πράγματα εκείνα που έφερε η θάλασσα και τα πήρε μετά... Μακάρι να είμαστε έτοιμοι να δούμε τη λάμψη στις πέτρες που έχουμε στα χέρια μας, και να μπορούμε να τις χαιρόμαστε για την υπόλοιπη ζωή μας.

5

ΣΤΑΔΙΑ ΤΟΥ ΔΡΟΜΟΥ

ΦΑΝΤΑΣΤΕΙΤΕ ΟΤΙ ΚΑΠΟΙΟΣ τραυματίζεται. Ένας υγιής νέος, ας πούμε, ενώ παίζει ξυπόλυτος ποδόσφαιρο με τους φίλους του στο γήπεδο. Του δίνουν μια πάσα, και καθώς τρέχει να βάλει γκολ, πατάει κάτι αιχμηρό, μια πέτρα ή ένα σπασμένο γυαλί, και τραυματίζεται. Ο νέος συνεχίζει να τρέχει, και παρόλο τον πόνο που αισθάνεται όπως στερεώνει το πόδι του για να σουτάρει, χτυπάει την μπάλα με όλη του τη δύναμη, νικάει τον τερματοφύλακα και κερδίζουν τον αγώνα. Όλοι πανηγυρίζουν ενώ αυτός κάθεται στο χορτάρι, κοιτάζει το πόδι του και αντιλαμβάνεται ότι τρέχει αίμα. Βλέπει ότι έχει ένα μικρό κόψιμο στο πέλμα του, κοντά στη φτέρνα.

Ποια θα ήταν η φυσιολογική, η υγιής εξέλιξη γι' αυτήν την πληγή;

Από ποιες φάσεις θα περάσει αυτός ο τραυματισμός;

Όπως είπαμε, πολλές φορές στην αρχή φαίνεται να είναι ένα ατύχημα χωρίς ιδιαίτερη σημασία, και όλα συνεχίζουν σαν να μην έγινε τίποτε. Ο νεαρός συνεχίζει να τρέχει με την μπάλα, η γυναίκα συνεχίζει να κόβει το ψωμί με το κοφτερό μαχαίρι, και ο μαραγκός δεν παίρνει είδηση ότι τραυματίστηκε μέχρι να δει μια σταγόνα αίμα πάνω στο ξύλο που δουλεύει. Πολλές φορές, σε ένα τέτοιο επεισόδιο, δεν υπάρχει καν αίμα. Τα σώμα κάνει μια αγγειοσυστολή, μικραίνει τη διάμετρο των αιμοφόρων αγγείων, αναστέλλει τα νευρικά ερεθίσματα, και ξεκινάει μια περίοδος αδράνειας, ένας αμυντικός μηχανισμός φυγής, όσο μεγάλο κι αν είναι το τραύμα. Αμέσως μετά, κάνει την εμφάνισή του ο πόνος, οξύς και σύντομος, καμιά φορά υπερβολικός, κι αυτή είναι η πρώτη συγκεκριμένη αντίδραση του σώματος που μας ειδοποιεί ότι πραγματικά κάτι έγινε.

Μετά βλέπουμε το αίμα που τρέχει από την πληγή, ανάλογα με τη βλάβη των ιστών.

Η πληγή συνεχίζει να βγάζει αίμα, μέχρι να σταματήσει το ίδιο το σώμα την αιμορραγία. Δημιουργείται στην πληγή μια κρούστα από ινική πρωτεΐνη, σφαιρίνη και αιμοπετάλια. Η κρούστα αυτή (θρόμβος) χρησιμεύει, μεταξύ άλλων, για να μη συνεχίζει το τραύμα να αιμορραγεί (αιμόσταση).

Όταν δημιουργηθεί και ο θρόμβος, αρχίζει η μεγαλύτερη φάση της διαδικασίας. Η κρούστα αυτή υποχωρεί, στεγνώνει, συρρικνώνεται, σκληραίνει και μπαίνει προς τα μέσα. Ο θρόμβος μετατρέπεται σε έναν συνδετικό ιστό που εκλαϊκευτικά τον λέμε «κάκαδο».

Αφού περάσει ένα διάστημα, οι καινούργιοι ιστοί (ινοβλάστες) που αναδημιουργούνται από μέσα προς την επιφάνεια (ινοπλασία), σπρώχνουν το «κάκαδο» προς τα έξω μέχρι να αποκοπεί και να πέσει.

Το τραύμα τώρα, κατά κάποιον τρόπο, δεν πονάει πια, ούτε ματώνει· έχει επουλωθεί. Αφήνει, όμως, ένα σημάδι όλη αυτή η διαδικασία: μια ουλή.

Στάδια επούλωσης ενός φυσιολογικού τραύματος

I. Αγγειοσυστολή

II. Οξύς πόνος
III. Αιμορραγία
IV. Θρόμβος
V. Συρρίκνωση
VI. Ιστολογική αναδημιουργία (ινοπλασία)
VII. Ουλή

Αυτή είναι λίγο-πολύ η φυσιολογική διαδικασία εξέλιξης ενός τραύματος από κόψιμο. Εάν κάτι από όλα αυτά δεν συμβεί, σημαίνει ότι κάτι δεν λειτουργεί καλά. Εννοώ ότι, αν μια μικρή ή μεγάλη πληγή από κόψιμο δεν βγάλει αίμα, κάτι δεν πάει καλά. Θα μπορούσε κανείς να σκεφτεί «ωραία, τυχερός είμαι, δεν έχασα αίμα». Αυτό, όμως, δεν είναι τύχη· ο άνθρωπος έχει υποστεί τραυματικό σοκ και κινδυνεύει να πεθάνει.

Ασφαλώς, όσο μεγαλύτερο το τραύμα, τόσο μεγαλύτερη, πιο κουραστική και πιο επικίνδυνη είναι κάθε φάση. Έτσι γίνεται πάντα. Όσο μεγαλύτερη η πληγή, τόσο περισσότερο αργεί η επούλωση, και τόσο μεγαλύτερος ο κίνδυνος επιπλοκής σε κάποια φάση της διαδικασίας. Αν μείνουμε στάσιμοι σε οποιαδήποτε από τις φάσεις αυτές, θα έχουμε σίγουρα πρόβλημα.

Οπωσδήποτε, όλα αυτά δεν τα αναφέρω για να εξηγήσω πώς εξελίσσεται ένα τραύμα από κόψιμο. Ο λόγος είναι ότι πριν από λίγο καιρό, με έκπληξη συνειδητοποίησα την απίστευτη αντιστοιχία που υπάρχει ανάμεσα στις φάσεις επούλωσης ενός σωματικού τραύματος, που ο καθένας θα έχει διαπιστώσει από την πείρα του με ελαφρά τραύματα, και την προφανώς πολύπλοκη κατάσταση της επεξεργασίας του πένθους.

Το πένθος είναι, όπως είπαμε, η φυσιολογική αντίδραση σε

ένα ερέθισμα, σε ένα τραύμα που ονομάζουμε απώλεια. Γιατί τραύμα είναι ο θάνατος ενός αγαπημένου προσώπου. Τραύμα είναι να αφήνεις το πατρικό σου σπίτι. Τραύμα είναι να πηγαίνεις να ζήσεις σε άλλη χώρα. Τραύμα είναι η διάλυση του γάμου σου. Κάθε απώλεια λειτουργεί, πράγματι, σαν διακοπή στη συνέχεια της καθημερινότητας, όπως ένα κόψιμο αποτελεί διακοπή στη συνέχεια του δέρματος.

Είδαμε πώς επουλώνεται ένα τραύμα. Θα προσπαθήσουμε τώρα μαζί να δούμε τι ακριβώς γίνεται στην επεξεργασία του πένθους. Η συνοχή της ανθρώπινης υπόστασης θα μας επιτρέψει να δούμε ότι τα βήματα που ακολουθεί η επούλωση ψυχικών τραυμάτων είναι βασικά τα ίδια. Δεν έχουν το ίδιο όνομα, θα δούμε, όμως, με λίγη τύχη, ότι καταλήγουν να είναι ισοδύναμα. Θα πάρουμε ως παράδειγμα απώλειας την κατάσταση που δημιουργείται με τον θάνατο ενός αγαπημένου προσώπου.

Τη στιγμή που μαθαίνουμε τον θάνατο κάποιου πολύ αγαπημένου προσώπου, το πρώτο που συμβαίνει είναι ότι αμέσως λέμε: «Δεν είναι δυνατόν».

Άρνηση και αμφισβήτηση

Σκεφτόμαστε ότι πρέπει να έχει γίνει κάποιο λάθος, δεν μπορεί να είναι αλήθεια. Λέμε μέσα μας όχι, δεν είναι δυνατόν, είναι πάρα πολύ νωρίς, δεν μπορώ ούτε να το φανταστώ, ήταν πραγματικά τόσο καλά...

Αυτή η πρώτη φάση λέγεται «φάση της δυσπιστίας».

Ακόμη κι αν πρόκειται για έναν θάνατο που είχες ακούσει ότι πρόκειται να συμβεί, έρχεται οπωσδήποτε η στιγμή που η είδηση σου προκαλεί σοκ. Είναι η στιγμή που μένεις εμβρόντητος, δεν υπάρχει ούτε καν πόνος... Η έκπληξη και το χτύπημα σε φέρνουν σε μια κατάσταση σύγχυσης, όπου δεν καταλαβαίνεις τι σου λένε.

Και βέβαια, όσο πιο αιφνίδιος, όσο πιο απροσδόκητος ο θάνατος, τόσο μεγαλύτερη έκπληξη προκαλεί το γεγονός, τόσο σοβαρότερη είναι η σύγχυση, τόσο σημαντικότερος ο χρόνος της δυσπιστίας και τόσο μεγαλύτερη η διάρκεια της φάσης αυτής.

Όλο αυτό έχει ένα νόημα. Το ίδιο που έχει στη σωματική πληγή η κατάσταση της αδράνειας — να «εξοικονομήσει», δηλαδή, την αντίδραση της επούλωσης. Εάν το συμβάν δεν έχει μεγάλη σημασία, αν είναι κάτι που θα περάσει γρήγορα, το σώμα αμύνεται. Και η ψυχή αμύνεται. Μέχρι να εκτιμήσει μήπως πρόκειται για λάθος, μήπως δεν άκουσε καλά... αμύνεται αμφισβητώντας την πραγματικότητα, και οδηγείται στη σύγχυση για να μας επιτρέψει να κρατήσουμε απόσταση από την κατάσταση αυτή.

Είδαμε νωρίτερα ότι υπάρχει ένας κύκλος εμπειρίας, από την απόσυρση ώς την επαφή. Δεν γίνεται να περάσει κανείς κατευθείαν από την αντίληψη στη δράση, από την αντίληψη στην επαφή. Θα πρέπει να γίνουν κάποιες διεργασίες, να μεσολαβήσει ένα διάστημα. Ο απαιτούμενος χρόνος εξασφαλίζεται όταν ο άνθρωπος αναγκάζεται, με το μικρό αυτό «πάγωμα» του σοκ, να μην αντιδράσει.

Κατά κανόνα, λοιπόν, υπάρχει για τον άνθρωπο μια στιγμή απόλυτης παράλυσης μέσα στο συναίσθημά του, στην αντίληψη, στο βίωμά του. Μετά ακολουθεί μια στιγμή άρνησης, δυσπιστίας, ένα διάστημα αδράνειας μέσα στην παράλυση. Έχει την επιθυμία να φύγει τρέχοντας για έναν τόπο όπου δεν συμβαίνει αυτό που τώρα ζει... Έχει τη φαντασίωση ότι θα ξυπνήσει και όλα αυτά δεν θα είναι παρά ένα κακό όνειρο.

Η φάση αυτή μπορεί να διαρκέσει μια στιγμή, μερικά λεπτά, μερικές ώρες ή μερικές μέρες, όπως συμβαίνει στο φυσιολογικό πένθος, ή μπορεί να γίνει άρνηση άγρια και σκληρή. Στα παιδιά, η άρνηση λειτουργεί με απόλυτη ακρίβεια. Ενώ η οικογένειά του και ο υπόλοιπος κόσμος εξελίσσονται, το παιδί κάνει σαν να μην έγινε τίποτα. Έχει καθηλωθεί στην κατάσταση αυτή. Στην πραγματικότητα, αρνείται όλα όσα συνέβησαν γιατί δεν ξέρει πώς να τα εντάξει στη ζωή του. Συμβαίνει καμιά φορά, την ώρα της κηδείας, παιδιά 10, 12, 15 χρόνων ή και μεγαλύτερα, ενώ ο κόσμος νομίζει ότι πρέπει να έχουν πλήρη συνείδηση του τι συμβαίνει, αυτά να κάνουν σαν να μην έγινε τίποτα. Και απορεί κανείς:

«Μα δεν τον αγαπούσε τον παππού, τη μαμά, τον αδελφό του;»

Και η οικογένεια απαντά:

«Τον αγαπούσε πάρα πολύ. Μένουμε όλοι κατάπληκτοι με τη συμπεριφορά του.»

Βρίσκονται στη φάση της δυσπιστίας. Καμιά φορά είναι σε κατάσταση παθολογικής άρνησης, ενώ πολύ συχνά η συμπεριφορά αυτή είναι φυσιολογική αντίδραση άμυνας απέναντι στο φοβερό γεγονός, μια προσπάθεια να μη συνειδητοποιήσουν απόλυτα την κατάσταση για να ΜΗΝ τρελαθούν.

Είπα πριν, σε κατάσταση «άρνησης» για διδακτικούς λόγους, αν και στην πραγματικότητα, το σημαντικό τη στιγμή αυτή δεν είναι η άρνηση, αλλά η κατάσταση σύγχυσης. Το εν λόγω άτομο δεν καταλαβαίνει τίποτε, δεν γνωρίζει τίποτε απ' όσα έγιναν και, παρόλο που καμιά φορά μοιάζει να έχει επαφή, δεν έχει γίνει ακριβής καταγραφή των όσων συμβαίνουν στη μνήμη του.

Όταν καταφέρουμε να ξεπεράσουμε τη φάση αυτή της δυσπιστίας, δεν υπάρχει άλλη λύση παρά να έρθουμε σε επαφή με τον οξύ πόνο της επίγνωσης. Ο πόνος για τον θάνατο ενός αγαπημένου προσώπου στη φάση αυτή, ισοδυναμεί με χτύπημα κεραυνού. Μετά από όλες αυτές τις προσπάθειες να αγνοήσουμε τα γεγονότα, ξαφνικά εισβάλλει μέσα μας η συνειδητοποίηση ότι ο άλλος πέθανε. Τότε η κατάσταση μας ξεπερνάει, μας τυλίγει. Και ξαφνικά, το τόσο μεγάλο συναισθηματικό χτύπημα εκδηλώνεται με μιαν απότομη και βίαιη έκρηξη.

Η επώδυνη αυτή έκρηξη αποτελεί τη δεύτερη φάση του φυσιολογικού πένθους και λέγεται «φάση της παλινδρόμησης».

Γιατί λέμε «της παλινδρόμησης»;

Γιατί, αυτό που συμβαίνει στην πράξη, είναι ότι κλαίει κανείς σαν μικρό παιδί, χτυπιέται και φωνάζει σπαρακτικά. Εκδηλώσεις καθόλου σύμμετρες με την ηλικία μας, απολύτως δυσανάλογες. Φερόμαστε σαν να είμαστε τεσσάρων ή πέντε χρόνων. Δεν υπάρχουν συγκεκριμένες λέξεις, δεν λέμε κάτι που να έχει νόημα, απλώς βρισκόμαστε σε μια διαρκή κατάσταση συναισθηματικής έκρηξης. Θα ήταν μάταιο να προσπαθήσει κανείς να μιλήσει μαζί μας λογικά μια τέτοια στιγμή. Θα ήταν σαν να προσπαθεί να εξηγήσει σε ένα παιδάκι τεσσάρων χρόνων γιατί το αυτοκίνητο έκανε λιώμα το βατραχάκι του.

Σ' αυτή τη φάση, ο άνθρωπος που πενθεί δεν υπάρχει καμία πιθανότητα να ακούσει κανέναν. Στην αρχή γιατί βρίσκεται σε κατάσταση σοκ από την είδηση, αρνείται το γεγονός, αποφεύγει την πραγματικότητα, βρίσκεται σε σύγχυση. Και μετά, γιατί τον πλημμυρίζουν τα συναισθήματά του, είναι τελείως απορροφημένος σε θέματα δικά του πολύ πρωτόγονα, χωρίς καμία δυνατότητα επικοινωνίας, βυθισμένος ολοκληρωτικά στον πόνο.

Όπως ακριβώς συνέβη με το σωματικό τραύμα, που στην αρχή δεν του έδωσα σημασία και εντελώς ξαφνικά με ειδοποίησε ο πόνος. Και μόλις κατάλαβα από πού προερχόταν ο πόνος, άρχισε η αιμορραγία.

Έτσι, όταν τα συναισθήματα με πλημμυρίζουν, ξεχύνονται προς τα έξω και αρχίζω να αιμορραγώ.

Όμως, το αίμα που βγαίνει δεν είναι της θλίψης. Η πρώτη αιμορραγία, η τρίτη φάση, που αρχίζει μόλις αποκτήσω συνείδηση του τι έγινε, λέγεται: «φάση της οργής».

Αφού έκλαψα, φώναξα, σύρθηκα στο πάτωμα, έκανα ό,τι πιο παράλογο με συνέδεε με τον αφάνταστο πόνο, αφού επιχείρησα να αρνηθώ ό,τι έγινε... τώρα, αναπόδραστα, αργά ή γρήγορα, για πολύ ή για λίγο, έρχεται η ώρα της οργής.

Η οργή είναι άγρια, πολύ άγρια, βίαιη. Άλλοτε εκδηλώνεται ορμητικά και άλλοτε ύπουλα, πάντοτε, όμως, υπάρχει μια στιγμή που οργιζόμαστε.

Με ποιον; Εξαρτάται.

Μερικές φορές οργιζόμαστε με εκείνους που θεωρούμε υπεύθυνους για τον θάνατο: τους γιατρούς που δεν τον έσωσαν, τον τύπο που οδηγούσε το φορτηγό με το οποίο συγκρούστηκε, τον πιλότο του αεροπλάνου που έπεσε, την αεροπορική εταιρία, τον μεσίτη που του πούλησε το διαμέρισμα που κάηκε, τη μηχανή του αυτοκινήτου που χάλασε, το ασανσέρ που έπεσε, κ.λπ. Γινόμαστε έξω φρενών με όλους, γιατί σκεφτόμαστε ότι δεν μπορεί, κάποιος θα είναι υπεύθυνος για όλα αυτά.

Ή τα βάζουμε με τον Θεό. Αν δεν βρίσκουμε κάποιον άλλο, ή ακόμη κι αν τον βρήκαμε, πάλι οργιζόμαστε με τον Θεό.

Μπορεί να τα βάλουμε με τη ζωή, κυριολεκτικά με τη ζωή, την τύχη, τη μοίρα. Και τότε αρχίζουμε να βρίζουμε και να βλαστημάμε τη ζωή που μας πήρε τον αγαπημένο μας.

Το σίγουρο είναι ότι πότε με τον Θεό, πότε με τη ζωή, μ' εμάς τους ίδιους, με τον άλλον, τον παραπέρα, με κάποιον τέλος πάντων, πάντοτε έρχεται μια στιγμή που θυμώνουμε πολύ. Σήμερα με τον έναν, αύριο με τον άλλον.

Ή, μάλλον, όχι. Αντί να τα βάζουμε με όλους αυτούς, —ή εκτός από αυτούς—, τα βάζουμε και μ' εκείνον που πέθανε. Είμαστε έξαλλοι γιατί μας παράτησε, γιατί έφυγε, γιατί δεν υπάρχει πια, γιατί μας άφησε ακριβώς αυτή τη στιγμή... Γιατί πέθανε την πιο ακατάλληλη στιγμή· δεν είχαμε προετοιμαστεί γι' αυτό... Γιατί δεν θέλαμε να πεθάνει, και μας πονάει, μας ενοχλεί... Γιατί μας πληγώνει, μας μπερδεύει... Γιατί μας εκνευρίζει, γιατί δεν μας υπολόγισε, γιατί... γιατί... Γιατί, πάνω απ' όλα, μας άφησε μόνους, μας στέρησε την παρουσία του.

Καμιά φορά, αν τύχει και πεθάνει η μαμά, οργίζεται το παιδί με τον μπαμπά του που ζει. Οργίζεται με τον μεγάλο αδελφό του πατέρα του, γιατί εκείνος ζει ενώ ο πατέρας του πέθανε.

Το θέμα είναι πως, είτε με την όλη κατάσταση, είτε με τον Θεό, με τη θρησκεία, με τον γείτονα, ή και με κάποιον που δεν είχε καμία απολύτως σχέση, εγώ οργίζομαι.

Οργίζομαι γιατί κάνω σκέψεις που, σε γενικές γραμμές, δεν μπορούν να είναι λογικές.

Οργίζομαι με οποιονδήποτε μπορεί να ευθύνεται γι' αυτήν την αίσθηση εγκατάλειψης που νιώθω.

Δεν έχει καμιά σημασία αν είναι λογικό ή όχι. Γεγονός είναι πως εγώ οργίζομαι.

Αλλά γιατί οργίζομαι;

Η αλήθεια είναι ότι ξέρω πως κανένας απ' όλους αυτούς δεν είναι ένοχος για όσα του προσάπτω. Αυτό που συμβαίνει, είναι ότι η οργή έχει μια συγκεκριμένη λειτουργία, όπως ακριβώς η αιμορραγία.

Η οργή είναι εκεί για να πετύχει κάποια πράγματα, όπως η αιμορραγία για να δώσει τη δυνατότητα να πραγματοποιηθεί η διεργασία που ακολουθεί.

Η οργή μάς συνδέει με την πραγματικότητα, μας επαναφέρει στο παρόν από την καταστροφική κατάσταση της παλινδρόμησης και μας προετοιμάζει γι' αυτό που ακολουθεί. Η λειτουργία της οργής είναι να τελειώσει με τα ξεσπάσματα και την έλλειψη ελέγχου της παλινδρόμησης, αλλά και να μας προστατεύσει, για λίγο ακόμη, από τον πόνο της θλίψης που μας περιμένει.

Έγραψα κάποτε μια ιστοριούλα βασισμένη σε κάποια ιστορία που άκουσα στην Ισπανία. Πολλά χρόνια μετά, έμαθα ότι η ιστορία εκείνη είχε εμπνεύσει και τον Χαλίλ Γκιμπράν.

Η ιστορία μου λέγεται «Η θλίψη και η οργή», και έχει συμπεριληφθεί σε κάποιο από τα βιβλία μου.

Για όσους δεν την ξέρουν, εν συντομία λέει τα εξής:

Σε μια λίμνη μαγική πήγαν κάποτε για μπάνιο παρέα, η θλίψη και η οργή.

Φτάνουν στην άκρη της λίμνης, βγάζουν τα ρούχα τους, και μπαίνουν στο νερό γυμνές να κολυμπήσουν.

Η οργή, βιαστική όπως πάντα, και ανήσυχη χωρίς να ξέρει γιατί, βρέχεται και βγαίνει αμέσως από το νερό. Και όπως είναι σχεδόν τυφλή, βάζει τα πρώτα ρούχα που πιάνουν τα χέρια της, που δεν είναι όμως τα δικά της, αλλά της θλίψης. Ντυμένη θλίψη, η οργή φεύγει σαν να μην έγινε τίποτε. Η θλίψη, ήρεμη και γαλήνια, με την ησυχία της, σαν να μην υπάρχει καμιά βιασύνη —γιατί εκείνη όντως δεν βιάζεται ποτέ—, μένει πολλή ώρα στο νερό και κολυμπάει με απαλές κινήσεις. Όταν τελειώνει το μπάνιο της, αφού βαρέθηκε μάλλον το νερό, βγαίνει και δεν βλέπει πουθενά τα ρούχα της. Αν υπάρχει ένα πράγμα που δεν αρέσει καθόλου στη θλίψη, αυτό είναι να τη βλέπουν γυμνή, έτσι λοιπόν, για να μη μένει γυμνή, εκτεθειμένη, βάζει τα μόνα ρούχα που υπάρχουν εκεί, τα ρούχα της οργής. Και ντυμένη οργή, συνεχίζει το δρόμο της. Λένε ότι καμιά φορά, άμα βλέπεις τον άλλο να είναι έξαλλος, απότομος, σκληρός και τυφλωμένος από τον θυμό του, σου φαίνεται οργισμένος. Αν, κοιτάξεις, όμως, με προσοχή, βλέπεις πως όλο αυτό είναι μεταμφίεση, και κάτω από τη θηριώδη οργή κρύβεται στην πραγματικότητα η θλίψη.

Η οργή αυτή που εμφανίζεται εδώ, στην τρίτη φάση, είναι η οργή που κρύβει τη θλίψη που έρχεται. Η θλίψη δεν πρόκειται να εμφανιστεί ακόμη, γιατί το σώμα ετοιμάζεται να την αντέξει. Προς το παρόν, η οργή είναι που κυριαρχεί και, αν όλα πάνε καλά, θα περάσει. Είδαμε, όμως, ότι για να σταματήσει το αίμα θα πρέπει να κλείσουμε την πληγή με κάτι. Γιατί αν εξακολουθήσει να αιμορραγεί, ο ασθενής θα πεθάνει. Αν ο ασθενής συνεχίσει να είναι σε έξαλλη κατάσταση, θα πεθάνει εξουθενωμένος· η οργή θα τον συντρίψει.

Κάτι πρέπει να σταματήσει αυτό το αίμα, κάτι πρέπει να λειτουργήσει όπως ο θρόμβος. Το παράγωγο που δημιουργείται από την ίδια ουσία όπως και η οργή, αυτό που την αναπληρώνει και την συγκρατεί, λέγεται «ενοχή».

Στη φυσιολογική διαδικασία της επεξεργασίας του πένθους, εμφανίζεται η ενοχή. Στη φάση αυτή, δηλαδή, αρχίζουμε να νιώθουμε ένοχοι. Έχουμε ενοχές που θυμώσαμε μαζί του (αυτός πέθανε, κι εμείς από πάνω τον βρίζαμε). Ενοχές που τα βάλαμε με τους άλλους. Αισθανόμαστε ενοχές απέναντι στον Θεό. Έχουμε ενοχές που δεν μπορέσαμε να τον σώσουμε από τον θάνατο. Και αρχίζουμε να λέμε στον εαυτό μας ένα σωρό βλακείες:

... γιατί να του πω να πάει να αγοράσει...
... αν δεν του είχα δανείσει το αυτοκίνητο...
... αν δεν του είχα πληρώσει τα εισιτήρια να πάει στην Ευρώπη...
... έπρεπε να τον είχα στείλει στον γιατρό...
... αν τον είχα πιέσει λίγο παραπάνω, θα είχε γλιτώσει...
... αν ήμουν εγώ εκεί, δεν θα είχε πεθάνει...
... μπορεί να με φώναζε κι εγώ δεν ήμουν εκεί...

Για ποιο λόγο το κάνουμε αυτό;

Γιατί ξέρουμε τι έρχεται, και προσπαθούμε να υπερασπιστούμε τον εαυτό μας. Εμφανίζονται αυτές οι φαντασιώσεις παντοδυναμίας, μήπως και μας σώσουν από την αίσθηση αδυναμίας που ακολουθεί.

Όταν κατηγορώ τον εαυτό μου, κατά κάποιον τρόπο ανακοινώνω δημόσια ότι αυτό, εγώ θα μπορούσα να το έχω εμποδίσει. Παρεμπιπτόντως, κατηγορούμε επίσης τον εαυτό μας για όλα αυτά που δεν μπορέσαμε να κάνουμε:

που δεν σου είπαμε ποτέ αυτό που έπρεπε να μάθεις,
που δεν σου είπαμε όσο ζούσες αυτό που θέλαμε να σου πούμε,
που δεν σου δώσαμε αυτό που θα μπορούσαμε να σου είχαμε δώσει,
που δεν ήμαστε εκεί την ώρα που έπρεπε,
που δεν σε ευχαριστήσαμε όσο θα μπορούσαμε να σε έχουμε ευχαριστήσει,
που δεν σε φροντίσαμε αρκετά,

που δεν ξέραμε να κάνουμε όλα εκείνα που εσύ με τόση επιμονή ζητούσες.

Και δεν μπορώ να σου θυμώσω που δεν μου έδωσες τον χρόνο για να τα κάνω όλα αυτά, γιατί πέρασε πια η οργή. Τώρα μαζεύομαι για να φύγω από τον θυμό και να φορτωθώ για λίγο την ενοχή.

Και η ενοχή, όμως, είναι δικαιολογία. Ένας μηχανισμός είναι κι αυτή.

Η ενοχή αποτελεί, όπως έχω πει πολλές φορές, μιαν αυτόματη εκδοχή της μνησικακίας, είναι αντανάκλαση του θυμού. Γι' αυτό λέω ότι δημιουργείται από την ίδια ύλη με την οργή, όπως ο θρόμβος σχηματίζεται από την ίδια ύλη με το αίμα. Η ενοχή δεν έχει μεγάλη διάρκεια, γιατί είναι πλασματική. Αν παραμείνει μέσα μας, μας καθηλώνει στο ψεύτικο εκείνο μέρος του πένθους, το παντοδύναμο και απαιτητικό.

Αν, όμως, δεν κάνουμε κάτι που θα μας σταματήσει, θα εμφανιστεί φυσιολογικά η συστολή του θρόμβου, όπως έγινε και με το σωματικό τραύμα. Θα στραφώ προς τα μέσα, θα «στεγνώσω» ψυχικά. Κι έτσι φτάνω σε μια φάση, την πέμπτη, τη χειρότερη απ' όλες, τη «φάση της συντριβής», της καταρράκωσης, της ψυχικής εξουθένωσης.

Η φάση της συντριβής είναι η φάση της πραγματικής θλίψης.

Αυτή είναι η φάση που φοβόμουνα. Τόσο, που ένα μεγάλο μέρος όσων προηγήθηκαν, έγιναν για να μη συμβεί αυτό ακριβώς, για να καθυστερήσω, να μη φτάσω εδώ.

Εδώ βρίσκεται η αδυναμία, η συνειδητοποίηση ότι δεν μπορούμε να κάνουμε τίποτε απολύτως, ο άλλος είναι αμετάκλητα νεκρός κι αυτό είναι μη αναστρέψιμο.

Ό,τι και να σκέφτομαι, ό,τι και να πιστεύω —πιστεύω ή δεν πιστεύω στην άλλη ζωή, στη ζωή μετά τον θάνατο, στην αιώνια ζωή, πιστεύω ή δεν πιστεύω πως από κάπου με βλέπει και κάποτε θα ξανασυναντηθούμε, ας πιστεύω ό,τι θέλω—, το βέβαιο είναι ότι δεν υπάρχει τίποτε στον κόσμο που μπορώ να κάνω. Κι αυτό με φέρνει σε επαφή με την αδυναμία.

Και σαν να μην έφτανε αυτό, εδώ βρίσκεται επίσης το άλλο φάντασμα που φοβόμουνα: η μοναξιά. Η μοναξιά χωρίς τον άλλον, στους χώρους που έμειναν τώρα κενοί χωρίς εκείνον.

Κι εγώ σε επαφή με τα δικά μου εσωτερικά κενά.

Σε επαφή με τη συγκεκριμένη αίσθηση ότι έχασα κάτι οριστικά.

Δεν υπάρχουν πολλά πράγματα στον κόσμο που να είναι οριστικά και αμετάκλητα, εκτός από τον θάνατο.

Τώρα, τα καταλαβαίνω όλα αυτά.

Αφού έκανα τόσον δρόμο, τώρα αποσύρομαι, πάω προς τα μέσα. Τώρα συνειδητοποιώ αυτή την αίσθηση, την αίσθηση της παντοτινής του απουσίας.

Συνειδητοποιούμε ότι τα πράγματα δεν θα ξαναγίνουν ποτέ όπως ήταν και δεν ξέρουμε με σιγουριά, δεν μπορούμε να προβλέψουμε, πώς ακριβώς θα είναι.

Έχω πλήρη συνείδηση... έχω την αίσθηση της ερήμωσης... σαν μια πόλη ρημαγμένη... σαν να γκρεμίστηκε κάτι μέσα μου... σαν να ήμουν εγώ η βομβαρδισμένη πόλη. (Θυμάμαι τις εικόνες της Βαρσοβίας μετά την καταστροφή από τους ναζί. Δεν είχε απομείνει τίποτε όρθιο· ήταν όλο χαλάσματα.) Έτσι νιώθω κι εγώ... Σαν να είναι μέσα μου μόνο συντρίμμια.

Είναι η πιο σκληρή στιγμή αυτού του δρόμου. Προς τιμήν αυτής της φάσης λέγεται *ο δρόμος των δακρύων*. Είναι η φάση της θλίψης που πονάει και το κορμί, η φάση που δεν έχεις δύναμη και ενέργεια, η φάση της πιο επώδυνης και καταστροφικής θλίψης.

Δεν είναι κατάθλιψη, κι ας της μοιάζει. Σίγουρα της μοιάζει.

Σε τι; Στην απραξία. Η κατάθλιψη εμφανίζεται όταν ακριβώς δηλώνω ανίκανος να μετατρέψω το συναίσθημά μου σε πράξη. Μερικές φορές, οι καταθλιπτικοί δεν είναι θλιμμένοι. Είναι μελαγχολικοί, αλλά δεν είναι θλιμμένοι. Ετούτοι εδώ, όμως, είναι θλιμμένοι. Δεν ξέρω αν είναι καταθλιπτικοί —μπορεί ναι, μπορεί και όχι—, σίγουρα όμως είναι απελπισμένοι... Είναι πραγματικά συντετριμμένοι.

Δεν είναι, όμως, η απελπισία που μας δημιουργεί ανησυχία. Αν συναντήσουμε αυτούς τους ανθρώπους και τους κοιτάξουμε στα μάτια, θα καταλάβουμε ότι κάτι έπαθαν, κάτι έχει πεθάνει μέσα τους. Και είναι στ' αλήθεια λυπηρό να είσαι δίπλα σε κάποιον που βρίσκεται σ' αυτήν την κατάσταση. Είναι λυπηρό, γιατί τον καταλαβαίνουμε, τον νιώθουμε. Τον «συμπονούμε» γι' αυτό που του συνέβη, δηλαδή «υποφέρουμε μαζί του». Είναι λογικό να νιώθουν μέσα τους αυτό το κενό, γιατί στην πραγματικότητα πέθανε ένα κομματάκι της ψυχής τους που, κατά κάποιον τρόπο, το πήρε ο νεκρός μαζί του.

Οι απόπειρες να βγούμε από την απελπιστική αυτή κατάσταση είναι άπειρες. Χωρίς αναγκαστικά να σημαίνει ότι τρελαινόμαστε με το τίποτα, έχουμε πάντως στη φάση αυτή κάποιες περίεργες αισθήσεις και παράξενες ιδέες:

μας ξυπνάει μες στη νύχτα η φωνή του που μας καλεί,

ακούμε την πόρτα και μας φαίνεται πως μπαίνει στο σπίτι,

νομίζουμε ότι αυτός που είδαμε στο μετρό ήταν εκείνος που δεν υπάρχει πια,

ακούμε στην κουζίνα το θόρυβο που έκανε όταν έφτιαχνε τις αγαπημένες του τηγανίτες,

ακούγεται από τον δρόμο ανεξήγητα η μουσική που άκουγε πάντα,

ενισχύει την περίεργη εντύπωση το πορτοφόλι του, που δεν ξέρω πώς βρέθηκε εδώ.

Παρόλο που ξέρουμε ότι δεν είναι σίγουρο, έχουμε όμως την εντύπωση ότι πραγματικά εκείνος βρίσκεται ανάμεσά μας. Εντύπωση που φέρνει επικερδείς συμφωνίες στους πνευματιστές και όλους εκείνους που εκμεταλλεύονται τέτοιες στιγμές, ξέροντας ότι όποιος βρίσκεται σε πένθος, είναι γενικά ευάλωτος.

Στην πραγματικότητα πρόκειται για ψευδαισθήσεις, που όσο κι αν είναι φυσιολογικές, δεν παύουν να μας κάνουν να αμφιβάλλουμε για την ψυχική μας υγεία.

Για παράδειγμα, δεν έχω καμιά αμφιβολία σχετικά με τις μυρωδιές κάθε ανθρώπου, κάθε σπιτιού και κάθε τόπου. Θυμάμαι τη μυρωδιά του σπιτιού της γιαγιάς μου, τη μυρωδιά ως εντύπωση συνδεδεμένη με την ανάμνηση. Όλα αυτά μου φαίνονται πραγματικά. Αν πάω στο σπίτι που ήταν κάποτε της γιαγιάς μου και αναγνωρίσω τη μυρωδιά, δεν υπάρχει κανένα μυστήριο. Είναι η μυρωδιά του μέρους που συνδέω με τη γιαγιά μου. Αν τώρα πάω σ' ένα μέρος όπου ξέρω ότι δεν πήγε ποτέ η γιαγιά μου και μυρίζω τη μυρωδιά της, θα πρέπει να είναι γιατί υπάρχει μια μυρωδιά που μου θυμίζει τη γιαγιά μου. Αν, όμως, η ερμηνεία που δίνω είναι ότι η μυρωδιά αυτή ΥΠΑΡΧΕΙ γιατί η γιαγιά μου πράγματι βρισκόταν ή βρίσκεται εδώ, η συναισθηματική μου κατάσταση μού παίζει πιθανότατα κάποιο άσχημο παιχνίδι. Γιατί η ψευδαίσθηση δεν είναι παραίσθηση. Από κλινική άποψη, αυτό που συμβαίνει είναι ότι ξέρω πως αυτό που αντιλαμβάνομαι δεν υπάρχει, όμως το αντιλαμβάνομαι. Το άτομο έχει αυτή την περίεργη αίσθηση, αλλά ξέρει επίσης ότι το μυαλό του του στήνει τέτοιες παγίδες. Για το άτομο που του συμβαίνει κάτι τέτοιο, είναι μια πολύ έντονη εμπειρία, και δεν είναι λίγοι αυτοί που τρομάζουν με τέτοια επεισόδια.

Όσο πορεύονται στον δρόμο των δακρύων, κάποια άτομα έχουν τόσο μεγάλη επιθυμία να βρίσκεται στ' αλήθεια ο άλλος κάπου εκεί κοντά, ώστε νομίζουν ότι τον αντιλαμβάνονται με τις αισθήσεις. Γυρίζουν μέσα στο σπίτι, ψάχνουν και ξαναψάχνουν να βρουν κάπου παραπεταμένο το γράμμα που πρέπει να άφησε πριν πεθάνει. Το μήνυμα που μου άφησε, την εξήγηση του ανεξήγητου που είναι για μένα η απουσία του.

Η επιθυμία και η ανάγκη τους είναι τόσο σφοδρή, που θα μπορούσαν μερικές φορές να πέσουν στην παγίδα να πιστέψουν οτιδήποτε. Όπως πιστεύουν όσους τους λένε ότι έχουν τον τρόπο να τους φέρουν σε επαφή με το άτομο που πέθανε.

Αυτή είναι μια στιγμή θλίψης, οραμάτων, ψευδαισθήσεων, φόβων και αβεβαιότητας. Ένα διάστημα που είμαστε πολύ εκτεθειμένοι στην παραπλάνηση και στην εξαπάτηση, κάτι που, δυστυχώς, συμβαίνει πάρα πολλές φορές.

Το κακό με τη φάση αυτή της συντριβής, είναι το πόσο

απελπιστικά επώδυνη είναι, και πόσο δύσκολο είναι να τη διαχειριστούμε. Το καλό είναι ότι θα περάσει, και στο διάστημα αυτό, οργανώνεται το είναι μας για την τελική διεργασία της επούλωσης, που αποτελεί και το τελικό νόημα του δρόμου.

Πώς θα μπορέσω να προετοιμαστώ για να συνεχίσω τη ζωή μου χωρίς το αγαπημένο μου πρόσωπο αν δεν απομονωθώ για να ζήσω αυτές τις εσωτερικές διεργασίες... Πώς θα μπορέσω να ανασυγκροτηθώ αν δεν αποσυρθώ για λίγο από την καθημερινότητα;

Αυτό κάνουν για μένα η θλίψη και ο πόνος. Με απομακρύνουν για να μπορέσω να κλάψω αυτά που πρέπει να κλάψω και για να με προφυλάξουν από πρόσθετα ερεθίσματα, ώσπου να είμαι έτοιμος να τα δεχτώ. Με φέρνουν σε επαφή με τον εσωτερικό εαυτό μου, για να μπορέσω να ξαναβγώ και να διανύσω τα δύο τελευταία κομμάτια του δρόμου των δακρύων: τη δημιουργικότητα και την αποδοχή.

Μπορούμε τώρα να υποστηρίξουμε πληρέστερα την αντιστοιχία:

Τραύμα		**Πένθος**
• Αγγειοσυστολή	➪	**Δυσπιστία**
• Οξύς πόνος	➪	**Παλινδρόμηση**
• Αιμορραγία	➪	**Οργή**
• Θρόμβος	➪	**Ενοχή**
• Συστολή του θρόμβου	➪	**Συντριβή**
• Ιστολογική αναδημιουργία	➪	**Ταύτιση και δημιουργικότητα**
• Ουλή	➪	**Αποδοχή**

Στο τέλος αυτής της φάσης της συντριβής αρχίζει κανείς να νιώθει την ανάγκη να δώσει. Πολλές φορές, να προσφέρει σ' εκείνον που έφυγε. Από ψυχοδυναμική σκοπιά, έχει ίσως να κάνει με την έξοδο από το μισητό δόκανο της αδυναμίας που τελειώνει πάντοτε με θυμό. Βγαίνω από το μέρος αυτό όπου αισθάνομαι ότι δεν μπορώ να κάνω τίποτε απολύτως. Είναι ανεξήγητη η αίσθηση αυτή που λέω, σίγουρα όμως έχει να κάνει με τους ζωτικούς δεσμούς που έχω με τον κόσμο εκείνου που αγαπάω. Είναι η αρχή της εξόδου.

Απέχει πολύ από το να είναι η έξοδος, είναι όμως η αρχή της εξόδου — μια απόπειρα να πάρω απόφαση στο μυαλό μου, αυτό που στην πράξη δεν μπορώ να αποφασίσω. Η αρχή της εξόδου λέγεται «ταύτιση» και με φέρνει πιο κοντά στην έναρξη της φάσης της δημιουργικότητας.

Από τη συντριβή και μετά, αρχίζει η διαδικασία της ταύτισης με ορισμένες πλευρές εκείνου που πέθανε. Μερικές φορές φθάνει κανείς ώς την εξιδανίκευση κάποιων χαρακτηριστικών του, για να μπορέσει να τα οικειοποιηθεί. Όταν η διαδικασία εξελίσσεται μέσα σε φυσιολογικά πλαίσια, αποτελεί μια επανεκτίμηση λίγο υπερβολική των πραγματικών αρετών του θανόντα, και αφήνει χώρο για μια δίκαιη, μεταγενέστερη κριτική.

Ας υποθέσουμε ότι μιλάω για ένα παιδί που πέθανε και λέω: *«Ήταν τόσο έξυπνο, το πιο έξυπνο στην τάξη, ήταν καταπληκτικό, ήταν προορισμένο για μεγάλα πράγματα»*. Αν συνεχίσω να λέω ότι ήταν η προσωποποίηση του τέλειου, ότι δεν γεννήθηκε ποτέ εξυπνότερο παιδί, ότι ήταν υπερβολικά καλό γι' αυτόν τον κόσμο, γι' αυτό το πήρε ο Θεός κοντά του, χάθηκα. Πήρα λάθος δρόμο, και η επανεκτίμηση έγινε εξιδανίκευση. Δεν βλέπω πια τα πράγματα όπως είναι. Δεν υπάρχει τίποτε χειρότερο από το να συγχέω την εκτίμηση με την εξιδανίκευση. Το πρώτο, μου επιτρέπει να επεξεργαστώ τον πόνο· το δεύτερο είναι, δυστυχώς, ένας τρόπος για να μη βγω ποτέ απ' αυτόν.

Πόνεσα και έκλαψα για την απουσία της. Και μετά, κάποια στιγμή συνειδητοποιώ ότι μ' ευχαριστεί να ακούω μουσική, ενώ πρώτα δεν άκουγα μουσική ποτέ... Αρχίζει να μου αρέσει να μαγειρεύω, όπως άρεσε και σ' εκείνη όταν μαγείρευα καμιά φορά στη ζωή μου. Αρχίζω να απολαμβάνω τις βόλτες στον καθαρό αέρα, που δεν τις κατάλαβα ποτέ. Δοκιμάζω τα σπιτικά γλυκά που άφησε και που τόσο πολύ της άρεσαν, και καταλήγω να λέω: *«Τους καημένους τους γέρους... μια ζωή τους κορόιδευα που νιώθουν τόση νοσταλγία για τα παλιά, και τώρα κάνω κι εγώ τα ίδια»*.

Αυτό είναι το κόστος της αθεράπευτης ταύτισης με το πρόσωπο που δεν υπάρχει πια. Η ταύτιση αρχίζει όταν συνειδητοποιώ σε πόσα πράγματα μοιάζαμε, και τελειώνει όταν, χωρίς καλά καλά να το καταλάβω, αρχίζω να κάνω πράγματα που δεν έκανα ποτέ, σαν να θέλω να σταματήσω να του μοιάζω.

Η διαδικασία της ταύτισης, γέφυρα με αυτό που ακολουθεί

Γιατί γέφυρα;

Γιατί σημαίνει ότι αρχίζω να βγαίνω.

Μα γιατί;

Γιατί χωρίς ταύτιση δεν μπορεί να υπάρξει δημιουργικότητα.

Τι σημαίνει δημιουργικότητα;

Σημαίνει ότι αρχίζω να κάνω πράγματα που τα αφιερώνω στο άτομο αυτό, ή τουλάχιστον έχω επίγνωση ότι μου τα ενέπνευσε η σχέση που είχαμε.

Στη φάση αυτή, θα ζωντανέψω με τη συναισθηματική αλχημεία.

Θα μάθω να μετατρέπω την ενέργεια που δέσμευε ο πόνος σε δημιουργική δράση.

Αυτή είναι η αρχή του καινούργιου: η αναδημιουργία της ζωτικής ενέργειας. Αυτό είναι η αρχή: να καταφέρω να ανοίξω δρόμο σε κάτι που, κατά κάποιον τρόπο, θα αποβεί χρήσιμο για τη ζωή τη δική μου ή των άλλων.

Εμπνευσμένες από την ιδιότυπη δομή των ομάδων αυτοβοήθειας (που εξαπλώθηκαν σ' όλον τον κόσμο μετά την επιτυχημένη εμπειρία των Ανώνυμων Αλκοολικών), έχουν δημιουργηθεί αναρίθμητες ομάδες αυτοδιαχείρισης, ομάδες ατόμων που μοιράζονται αυτό που τους συνέβη. Υπάρχουν ομάδες γονέων που έχασαν το παιδί τους, ομάδες ορφανών παιδιών, ομάδες συγγενών θυμάτων κάποιου δυστυχήματος, ομάδες ατόμων που πάσχουν από την ίδια ασθένεια μ' εμένα.

«Ομάδες εργασίας» που ασχολούνται με την προσφορά βοήθειας σ' εκείνους που περνάνε ένα κομμάτι του δρόμου που πέρασα κι εγώ. Υλοποιούν αυτό που αποκαλώ «δημιουργικό πένθος», και προσφέρουν έργο στηρίζοντας εκείνους που τώρα βρίσκονται σε μια δύσκολη στιγμή.

Αυτή είναι η δημιουργική φάση. Η φάση της μετατροπής του πένθους, που ήταν μόνο οδύνη και απομόνωση, σε μια ιστορία που δίνει πρόσθετο νόημα στη ζωή σου.

Αν μπορεί κανείς να το κάνει αυτό, τότε θα φτάσει στην «αποδοχή».

Η τελευταία φάση του δρόμου των δακρύων

Η αποδοχή είναι, τελικά, το ισοδύναμο της επούλωσης.

Τι σημαίνει εδώ «αποδέχομαι»;

Είχαμε, ίσως, ήδη παραιτηθεί από πριν. Είχαμε καταλάβει ότι δεν μπορούσαμε να κάνουμε τίποτα για ν' αλλάξουμε ό,τι έγινε...

Τότε, λοιπόν... τι άλλο μένει ν' αποδεχθούμε;

Η αποδοχή σε μια διεργασία πένθους, σημαίνει δύο πράγματα.

Το πρώτο είναι ο «διαχωρισμός». Δεν είναι ωραία λέξη, αλλά δεν υπάρχει άλλη. Να διαχωρίσω τον εαυτό μου από το άτομο που πέθανε, να το αποχωριστώ, να διαφοροποιηθώ, να δεχτώ χωρίς να αφήνω κανένα περιθώριο ότι το άτομο *εκείνο* πέθανε, ενώ *εγώ* όχι. Που σημαίνει ότι ο νεκρός δεν είμαι εγώ. Που σημαίνει ότι η ζωή τελείωσε για εκείνον ή εκείνη, αλλά όχι για μένα. Που σημαίνει ότι επανατοποθετούμαι ως προς τη ζωή που ακολουθεί. Το δεύτερο νόημα της αποδοχής είναι η «εσωτερίκευση».

Θυμηθείτε: περάσαμε από την ταύτιση (εκείνος ήταν όπως εγώ) και τον διαχωρισμό (αλλά δεν ήταν εγώ). Και ασφαλώς, εγώ δεν θα ήμουν αυτός που είμαι, αν δεν είχα γνωρίσει αυτόν τον άνθρωπο. Κάτι από κείνον έμεινε μέσα μου. Αυτό είναι η εσωτερίκευση. Συνειδητοποιώ αυτά που μου άφησε ο άλλος και ξέρω καλά ότι γι' αυτό είναι ολοζώντανα μέσα μου όσα έμαθα, ανακάλυψα και έζησα.

Ο Λακάν, ένας καταπληκτικός άνθρωπος με τον οποίον εκ πρώτης όψεως συμφωνώ σε πολύ λίγα πράγματα, αλλά κατά βάθος σε πάρα πολλά, έχει πει κάτι καταπληκτικό σε σχέση με το πένθος:

Κλαίει κανείς για κείνους χάρη στους οποίους είναι αυτός που είναι.

Κι εμένα μου φαίνεται απίστευτα σοφή αυτή η σκέψη, αυτή η ιδέα.

Μου φαίνεται πως ό,τι έγινα κι ό,τι είμαι (το ξέρω καλά, αλλά δεν θα άλλαζε τίποτα κι αν δεν το ήξερα), το οφείλω σ' αυτόν τον άνθρωπο. Όλα τα πλάσματα που αγαπώ στον κόσμο, έχουν σχέση μ' αυτό που είμαι εγώ σήμερα.

Και θέλω εδώ να διευκρινίσω ότι, παρόλο που ακολουθούμε τη γραμμή του πένθους για τον θάνατο ενός αγαπημένου προσώπου, αυτό δεν συμβαίνει μόνο με τον θάνατο. Κάθε φορά που κλαίω για μιαν απώλεια, ακόμη και στην περίπτωση του διαζυγίου (ή, κυρίως στην περίπτωση του διαζυγίου), κλαίω γιατί έχασα τον άνθρωπο που, είτε μου άρεσε είτε όχι, υπήρξε καθοριστικός για να είμαι εγώ σήμερα αυτός που είμαι.

Λέγαμε στην αρχή αυτού του βιβλίου ότι δεν έχει σημασία ο χρόνος που περάσατε μαζί, δεν έχει σημασία αν σου πήραν ή όχι αυτό για το οποίο κλαις, αν το άφησες για κάτι καλύτερο ή το εγκατέλειψες έτσι, χωρίς λόγο... Όλα αυτά δεν έχουν σημασία. Ο πόνος της απώλειας οφείλεται στο αντίο που λες σ' εκείνον τον άνθρωπο, το πράγμα, την κατάσταση ή τη σχέση που σε έκανε —κατά κάποιον τρόπο—, να είσαι αυτός που είσαι.

Και εδώ τελειώνει ο δρόμος.

Γιατί; Γιατί όταν συνειδητοποιήσω ότι όσα μου έδωσε αυτός ο άνθρωπος δεν τα πήρε μαζί του, ότι μπορώ να κρατήσω μέσα μου όλα εκείνα που μου άφησε, καταλαβαίνω ότι αυτός είναι ένας τρόπος για να τον έχω μαζί μου.

Ο διαχωρισμός και η εσωτερίκευση θα μου επιτρέψουν να δεχτώ ότι μπορώ να συνεχίσω τη ζωή μου, παρόλο που κι εδώ, όπως σε όλα τα σωματικά τραύματα, θα μείνει μια ουλή.

Για πάντα;

Για πάντα.

Δεν το ξεπερνάει λοιπόν αυτό κανείς;

Το ξεπερνάει, αλλά δεν το ξεχνάει.

Οι ουλές, αν έχει πάει καλά η διεργασία, δεν πονάνε πια, και με τον καιρό προσομοιάζουν στο υπόλοιπο δέρμα. Σχεδόν δεν διακρίνονται, είναι όμως εκεί.

Όταν μιλάω γι' αυτό, χτυπάω το αριστερό μου πόδι και λέω:

Να, εδώ, αυτή είναι η ουλή από την πληγή που έγινε τότε που τραυματίστηκα... όταν ήμουν δέκα χρόνων.

Αν με πονάει;

Όχι, ούτε και όταν τη χτυπάω, έτσι.

Δεν πονάει.

Αν κοιτάξω, όμως, από κοντά... η ουλή υπάρχει.

ΦΑΣΕΙΣ ΤΟΥ ΦΥΣΙΟΛΟΓΙΚΟΥ ΠΕΝΘΟΥΣ	
Ι. Δυσπιστία	Παράλυση Άρνηση Σύγχυση

II. Παλινδρόμηση	Έκρηξη κλάματος Λύσσα Απελπισία
III. Οργή	Για τον υπεύθυνο του θανάτου Για τον θανόντα που μ' εγκατέλειψε
IV. Ενοχή	Που δεν μπόρεσα να τον σώσω Γι' αυτά που δεν έκανα
V. Συντριβή	Αδυναμία Ανησυχία Ψευδαισθήσεις Εξιδανίκευση Αίσθηση εξουθένωσης
VI. Δημιουργικότητα	Πράξη αφιερωμένη Πράξη εμπνευσμένη Ταύτιση
VII. Αποδοχή	Διαχωρισμός Εσωτερίκευση

Έμαθα την ύπαρξη της Μαξίν Κουμίν[1] από το βιβλίο τής Τζούντιθ Βιόρστ.

Δεν θα μπορούσε να τελειώσει αλλιώς το κεφάλαιο αυτό

1. Αμερικανίδα ποιήτρια και συγγραφέας, εβραϊκής καταγωγής. (Σ.τ.Μ.)

παρά με την ταπεινή εκ μέρους μου απόδοση του ποιήματός της με τον τίτλο: «Ο άνθρωπος των πολλών γραμμάτων», που έγραψε όταν πέθανε ο αδελφός της μετά από μακριά και επώδυνη νευρολογική ασθένεια.

Ο ΑΝΘΡΩΠΟΣ ΤΩΝ ΠΟΛΛΩΝ ΓΡΑΜΜΑΤΩΝ

Όταν μάθαμε τα ονόματα της αρρώστιας σου,
είπαμε ψέματα σαν τα μέλη κάποιου συμβουλίου.
Και ορκιστήκαμε όλοι να φυλάξουμε τα χαρτιά μας
έως την τελευταία πράξη υπό τις προσταγές σου.

Στην αρχή ήταν σχεδόν εύκολο,
η αρρώστια σε ανάγκασε να παραιτηθείς
από το αριστερό σου χέρι,
αλλά μεγάλωσε το δεξί και ήταν πιο καλά εκπαιδευμένο,
σαν ταχυδακτυλουργός απαιτητικού βασιλιά,
και όταν το δεξί σου πόδι αναίσθητο σε πρόδωσε,
σε βοήθησε το μπαστούνι ορειβασίας
που είχε ο μπαμπάς για να πηγαίνει
την Κυριακή στη λειτουργία.

Βέβαια, το πεδίο της μάχης μίκραινε από μήνα σε μήνα.
Όταν δεν μπορούσες πια να καταπιείς το κρέας
βράζαμε και αλέθαμε το φαγητό σου
και λυγίζαμε το καλαμάκι για να πιεις τη σοκολάτα.
Κι όταν αργότερα...
σταμάτησες να μιλάς,
μπορούσες ακόμη να γράφεις ερωτήσεις και απαντήσεις
στη μαγική πλάκα που κρατήσαμε
από τότε που ήμαστε παιδιά.
Σήκωνες, απλώς, την πλάκα

και ξανάρχιζες.

Τρεις μήνες πριν από το θάνατό σου, τι τύχη!,
πηγαίναμε βόλτες και γυρίζαμε
στους δρόμους του αγαπημένου μας χωριού,
για να ανακαλύψουμε την άνοιξη
ακολουθώντας τα ανθισμένα χνάρια της.
Κι εσύ, αδελφέ μου, έγραφες τα ονόματα
και του παραμικρού λουλουδιού που αγνοούσα εγώ.
Βροχή της σπηλιάς,
Σπιρούνι του λευκόκρινου.
Κι έγραφες ακόμη, στην πλάκα,
πασχαλιά,
μανόλια,
πικροδάφνη,
γαρύφαλλο.

Αχ! Άνθρωπε των πολλών γραμμάτων.
Αχ! Αδελφέ μου αγαπημένε.
Αχ! Φάντασμά μου έξυπνο της βοτανικής.

Θα ήθελα να μην προφέρω,
ποτέ ξανά,
εκείνα τα παράξενα ονόματα των φυτών.

Θα ήθελα να τις φυλάξω αυτές τις λέξεις.
Να τις κρύψω... σαν να ήταν μαγικά.
Να τις κρατήσω για να σε καλώ...
κάθε φορά που μου λείπεις.

6

Μετα το τερμα του δρομου

Τη χειρότερη στιγμή της ζωής μου, όταν η οδύνη
είχε γίνει ανυπόφορη κι όλα έμοιαζαν
να έχουν χάσει το νόημά τους,
ένα χέρι απλωμένο μου έδωσε τη δύναμη να παλέψω
για να βγω από το πηγάδι. Ήταν το χέρι
που είχα πιο πολύ ανάγκη, της γυναίκας μου
που πέθανε πριν ένα χρόνο, και μου έλεγε απλά
στα όνειρά μου... Δεν μπορώ να σε βλέπω έτσι...

ΠΑΤΡΙΚ ΤΖΕΝΝΙΝΓΚΣ

ΘΕΩΡΟΥΜΕ ΟΤΙ ΚΑΠΟΙΟΣ έχει επεξεργαστεί το πένθος του, όταν είναι σε θέση να σκέφτεται αυτόν που πέθανε χωρίς τον έντονο πόνο που ένιωθε πριν. Όταν είναι σε θέση να επενδύσει ξανά συναισθηματικά στη ζωή και στους ζωντανούς. Όταν μπορεί να προσαρμοστεί σε καινούργιες καταστάσεις. Όταν, έστω και για μια στιγμή, αισθάνεται ηρεμία, ευγνωμοσύνη και γαλήνη.

Όμως, ακόμα κι αυτή τη στιγμή, κάτι μένει για το πένθος.

Κάτι «μετά την επούλωση».

Ο χρόνος μετά.

Έχω διανύσει όλον τον δρόμο των δακρύων. Βήμα βήμα, από τη μιαν άκρη στην άλλη. Γιατί μένει ακόμη κάτι;

Επειδή, όποιος επεξεργάζεται το πένθος, δεν ξεχνάει την απώλεια μόλις τελειώσει αυτή η διαδικασία.

Όταν έρχονται τα γενέθλια του αγαπημένου μας που πέθανε, η επέτειος γάμου, τα γενέθλια του εγγονού ή τα Χριστούγεννα... κάθε τέτοια στιγμή ξαναζεί κανείς την ιστορία. Η ουλή κοκκινίζει κάπως και ξαναπονάει λιγάκι.

Πρόκειται, όπως λένε τα βιβλία, για τις «Αντιδράσεις επετείου» που εγώ προτιμώ να ονομάζω: «Η ανάμνηση της ουλής», γιατί όλα αυτά συμβαίνουν σαν να μην είμαι εγώ που θυμάμαι, αλλά ο ξαφνικός πόνος γι' αυτόν που μου θυμίζει το παρελθόν. Όσο κι αν είναι σίγουρο ότι χρόνο με το χρόνο οι ουλές μιλάνε με όλο και πιο αδύναμη φωνή, καμιά φορά περνάει καιρός μέχρι να πάψουν να μας θυμίζουν αυτόν που χάσαμε. Και σίγουρα υπάρχουν ουλές με γερό μνημονικό — κι αυτές πονάνε για πάντα.

Η περίοδος του πένθους

Πόσο διαρκεί το φυσιολογικό πένθος;

Υπάρχει φυσιολογική περίοδος πένθους;

Τα βιβλία λένε ναι, οι ασθενείς λένε όχι.

Κι εγώ έχω μάθει να πιστεύω τους ασθενείς.

Η αλήθεια είναι πως αν υπάρχει αυτή η περίοδος, ποικίλει τόσο πολύ και εξαρτάται από τόσους παράγοντες, ώστε είναι αδύνατον να προβλεφθεί. Ο καθένας έχει τους δικούς του ρυθμούς.

Οπωσδήποτε, όμως, πιστεύω ότι υπάρχει μια ελάχιστη περίοδος.

Μου είναι δύσκολο να το σκεφτώ, και θα έλεγα ψέματα αν υποστήριζα ότι μπορεί να τελειώσει η επεξεργασία του πένθους για ένα αγαπημένο πρόσωπο σε λιγότερο από ένα χρόνο.

Γιατί βάζω το όριο του χρόνου από μόνος μου;

Επειδή, μέσα σε ένα χρόνο, πολλά πράγματα θα συμβούν για «πρώτη φορά». Και κάθε πρώτη φορά είναι οδυνηρή. Γιατί είναι η πρώτη φορά χωρίς αυτόν ή αυτήν.

Ο πρώτος χρόνος είναι συνήθως, όσο κι αν μας πονάει, ένας οδυνηρός κατάλογος από στιγμές κατά τις οποίες πρωτοεμφανίζεται ένα καινούργιο πένθος.

Κάθε μια από αυτές τις στιγμές λειτουργεί σαν ένα μικρό τούνελ του χρόνου... μέσα απ' το οποίο επιστρέφει κανείς στο βίωμα του παρελθόντος. Κι αυτό θα συμβεί πολλές φορές. Παρόλο που, ευτυχώς, κάθε φορά ξέρεις όλο και περισσότερα, έχεις μάθει καλύτερα τον δρόμο της επιστροφής. Τα δεύτερα Χριστούγεννα είναι σχεδόν πάντοτε λιγότερο οδυνηρά από τα πρώτα.

Η φυσιολογική περίοδος ανταποκρίνεται, ίσως, σ' αυτό που έλεγαν οι γιαγιάδες μας:

Ένας μήνας ολοκληρωτικό πένθος,
Έξι μήνες πένθος βαρύ,
Ένας χρόνος μέτριο πένθος,
Είκοσι τέσσερις μήνες κρατάνε οι περιορισμοί.

Οι χρονικές αυτές περίοδοι μοιάζουν αρκετά με τις ψυχολογικές περιόδους τις οποίες αναφέρουν όσοι πέρασαν τον δρόμο των δακρύων για την απώλεια ενός ιδιαίτερα αγαπημένου προσώπου.

Ο πρώτος μήνας είναι τρομερός, οι πρώτοι έξι μήνες είναι πολύ δύσκολοι, ο πρώτος χρόνος είναι αρκετά προβληματικός, κι από κει κι έπειτα ο χρόνος αρχίζει να γίνεται πιο ομαλός. Δεν πρέπει να ξεχνάμε ότι αν έζησε κανείς όλη του σχεδόν τη ζωή ξέροντας ότι υπάρχει ο άλλος, το πένθος για την απουσία του σημαίνει ότι τώρα ξεκινάει μια καινούργια ιστορία.

Σχετικά με αυτά που λέγαμε πριν (για το σύνδρομο «της πρώτης φοράς»), θα είχα να προσθέσω ότι το πένθος για τον θάνατο ενός προσφιλούς προσώπου δεν θα μπορούσε να διαρκέσει ποτέ λιγότερο από έναν χρόνο κι ούτε πολύ περισσότερο από δυόμισι χρόνια, εκτός αν το διακόψει κάτι.

Ακόμη, νομίζω ότι αν συνεχίζει κανείς μετά τον πρώτο χρόνο να είναι καθηλωμένος στο σημείο της πρώτης μέρας, θα πρέπει να ζητήσει βοήθεια. Μερικές φορές είναι απαραίτητο να έχω κάποιον δίπλα μου όσο κρατάει αυτή η διαδικασία, έστω και μόνο για να μου δείχνει προς τα πού δεν είναι η έξοδος του λαβυρίνθου.

Τα ζευγάρια δεν δουλεύουν με επιστημονικά δεδομένα, ούτε λειτουργούν υπό θεραπευτική επιτήρηση. Δεν έχουν επαγγελματικούς σκοπούς, συνεργάζονται, όμως, ξεκινώντας μαζί από το θαυμαστό σημείο της ιστορίας του ζεν:

Ο Τσενγκ-χου έχει χαθεί μέσα σ' έναν λαβύρινθο. Από το κεντρικό σημείο, ξεκινούν πενήντα διαφορετικοί δρόμοι. Ήδη του πήρε μια εβδομάδα να εξερευνήσει τους εννέα.

«Αν δεν με βοηθήσει η τύχη» μονολογεί, « θα πεθάνω και δεν θα έχω βρει τον σωστό δρόμο.»

Με τη σκέψη αυτή διαρκώς στο μυαλό του, συναντάει τον Σιν-τζου. Δεν γνωρίζονται, αλλά ο Τσενγκ πιστεύει πως ο Σιν είναι η λύση στο πρόβλημά του.

«Τι τύχη να σε συναντήσω!» λέει ο Τσενγκ. «Χάθηκα μέσα σε τόσους δρόμους. Εσύ θα ξέρεις να μου πεις ποιος δρόμος θα με βγάλει στην έξοδο.»

«Κι εγώ έχω χαθεί» απαντάει ο Σιν.

«Τι ατυχία» μουρμουρίζει ο Τσενγκ, «να βρω κάποιον κι αυτός να είναι τελείως άχρηστος...»

«Γιατί λες πως είμαι άχρηστος;» τον ρωτάει ο Σιν.

«Μα, είπες ότι κι εσύ έχεις χαθεί...» του απαντάει ο Τσενγκ, σαν να ήταν ολοφάνερα σωστός ο συλλογισμός του.

«Φαντάζομαι ότι έχεις ήδη δοκιμάσει κάποιους δρόμους και δεν κατάφερες να βρεις την έξοδο. Δοκίμασα κι εγώ άλλους δώδεκα που δεν οδηγούσαν πουθενά. Οι δυο μας μαζί ξέρουμε πολύ περισσότερα για τον λαβύρινθο απ' ό,τι πριν συναντηθούμε, κι αυτό είναι χωρίς αμφιβολία καλύτερο από το τίποτα.»

Είναι δύσκολο να προβλέψει κανείς πόσο χρόνο θα του πάρει η διαδικασία της επανάκτησης της ψυχικής του ισορροπίας. Κάποιοι μπορεί να το καταφέρουν σε λίγους μήνες, άλλοι θα χρειαστούν χρόνια. Το χρονικό διάστημα που θα απαιτηθεί, εξαρτάται από πολλές παραμέτρους. Η επέμβασή τους δημιουργεί και διαφορετικούς τρόπους μέτρησης. Ο βαθμός προσκόλλησης στον θανόντα (το είδος της σχέσης), η ένταση του αρχικού σοκ, η παρουσία ή η απουσία προηγούμενης θλίψης (αν το άτομο ήταν θλιμμένο πριν από τον θάνατο του προσφιλούς προσώπου, αν υπέφερε από κάποια χρόνια ασθένεια ή μόνο λόγω του αναμενόμενου θανάτου). Τα χαρακτηριστικά του επιζώντα (προσωπικότητα επιρρεπής στη θλίψη, ανασφαλής, αγχώδης, με χαμηλή αυτοεκτίμηση, υπερβολικές αυτοκατηγορίες, προηγούμενη ψυχική ασθένεια ή σωματική ανεπάρκεια, προηγούμενο πένθος που δεν έληξε, ανικανότητα έκφρασης συναισθημάτων), παράλληλες κρίσεις (σοβαρά προβλήματα που παρουσιάζονται το ίδιο διάστημα), πολλαπλές υποχρεώσεις (ανατροφή των παιδιών, οικονομικές δυσκολίες, κ.λπ.), διαθέσιμη κοινωνική υποστήριξη, τα χαρακτηριστικά του θανάτου (θάνατος αιφνίδιος ή αναμενόμενος), η κοινωνικοοικονομική κατάσταση και η θρησκευτικότητα, είναι μερικοί από τους παράγοντες που επηρεάζουν την διάρκεια του πένθους. Έτσι, είναι πιθανό ότι ο καθένας θα χρειαστεί διαφορετικό χρόνο για να συνέλθει και να επανακτήσει την ψυχική του ισορροπία.

Οι θεραπευτές που ασκούν συστημική θεραπεία υποστηρίζουν ότι η ζωή μας λειτουργεί σαν ένα σύστημα, όπου κάθε γρανάζι έχει άμεση σχέση με τα υπόλοιπα. Αν αφαιρέσουμε ένα γρανάζι, όσο μικρό κι αν είναι, θα αλλάξει ολόκληρο το σύστημα.

Όσοι ασθενείς βρίσκονται σε πένθος λένε: «Τίποτε δεν είναι το ίδιο όπως πρώτα». Κι έχουν δίκιο.

Επανατοποθετούμαι, σημαίνει ότι ξέρω τι πρόκειται να κάνω με την καινούργια κατάσταση, τόσο από μια σκοπιά ανώτερη πνευματικά και συναισθηματικά, όσο και από μια σκοπιά κοινότοπη, ταπεινή και υλιστική.

Σημαίνει, υποθέτω, ότι θα πρέπει να ασχοληθώ και με τη διαχείριση των χρημάτων που διαχειριζόταν εκείνος όλη του τη ζωή. Σημαίνει, ακόμη, ότι θα πρέπει να ασχοληθώ με το σπίτι, την οικογένεια, τα κληρονομικά και το καινούργιο μου σχέδιο ζωής.

Σημαίνει ότι ασχολούμαι με πράγματα κουραστικά, που δεν μου αρέσουν, τη στιγμή που δεν έχω την παραμικρή διάθεση για κάτι τέτοιο. Είναι ένα φοβερό καθήκον, αλλά πρέπει να το κάνω ενώ ασχολούμαι όπως μπορώ με τη θέση που πρόκειται να δώσω στην εσωτερικευμένη εικόνα εκείνου που χάθηκε.

Ιδού, λοιπόν, οι στόχοι του πένθους:

Επεξεργάζομαι

Επανατοποθετούμαι

Ξαναβρίσκω τον εαυτό μου

Τρία εμπόδια που έχουμε να υπερνικήσουμε. Αν δεν εκπληρώσουμε κάποιο από αυτά τα καθήκοντα, θα καταλήξουμε να ανηφορίζουμε αγκομαχώντας μ' ένα πτώμα στην πλάτη.

Αναμφισβήτητα, υπάρχουν πράγματα που βοηθάνε στην πορεία και άλλα που τη δυσκολεύουν. Ανάμεσα στα πράγματα που την κάνουν ευκολότερη, είναι οι ιεροτελεστίες.

Ήμουν πάντα αντίθετος στις ιεροτελεστίες. Μου φαίνονταν πάντοτε παράλογες, ιδίως εκείνες που είχαν σχέση με τον θάνατο.

Η αλήθεια είναι ότι η ανθρωπότητα συνεχώς απομακρύνεται από τις ιεροτελεστίες και γίνεται όλο και πιο φοβισμένη σε σχέση με το γεγονός αυτό. Ο θάνατος είναι στις συναναστροφές μας μια έννοια ταμπού· απαγορευμένη. Είναι από τα πράγματα που απαγορεύεται να κατονομάζει κανείς, ή να τα αγγίζει, γιατί είναι ιερά.

Τουλάχιστον μία φορά την εβδομάδα, ή κάθε δεκαπέντε μέρες, χτυπάει το τηλέφωνο στο ιατρείο...

Κάποιος με ρωτάει:

«Πέθανε... (ο θείος, η πεθερά μου, ο πρώην σύζυγός μου). Πρέπει να πάει ο μικρός στην κηδεία ή όχι;» «Πέθανε η γιαγιά.

Επιτρέπεται να παρευρίσκονται τα παιδιά στην αγρυπνία για τη νεκρή;» «Πέθανε η νύφη μου, η μαμά των ανιψιών μου. Τι πρέπει να πω στα παιδιά;»

Σαν να αμφιβάλλει κανείς αν είναι σωστό να ξέρουν τα παιδιά ότι ο θάνατος είναι μια αλήθεια, μια πραγματικότητα.

Σαν να είναι καλύτερο να τους πούμε ψέματα, να τα αφήσουμε να πιστεύουν σε μια ψεύτικη αιωνιότητα, και να μη μάθουν, γιατί είναι μικρά και θα πονέσουν.

Δεν έχει όνομα αυτό που κάνουμε στα παιδιά μας όταν τους κρύβουμε τον θάνατο. Δεν υπάρχει τρόπος για να εκτιμήσουμε τις συνέπειες από την ιδέα που τους υποβάλλουμε, ότι μπορεί και να υπάρχει αθανασία.

Αυτό έχει οπωσδήποτε σχέση με την απομάκρυνσή μας από τις ιεροτελεστίες. Οι ιεροτελεστίες έχουν σχεδιαστεί για να μαθαίνει ο άνθρωπος, να εξοικειώνεται και να μπορεί να προσαρμόζεται σε διάφορα πράγματα. Ένα από αυτά, είναι να μπορέσει να αποδεχτεί το γεγονός του θανάτου και να δεχτεί την επεξεργασία του πένθους.

Οι ιεροτελεστίες έχουν να κάνουν με τη λειτουργία της αποδοχής ότι ο νεκρός είναι νεκρός. Επίσης, δηλώνουν ότι δικαιούσαι να εκφράζεις δημόσια τον πόνο σου, πράγμα που, όπως είδαμε, έχει μεγάλη σημασία για τη διαδικασία.

Από τους ασθενείς μου έμαθα κι εγώ πως οι ιεροτελεστίες είναι σημαντικές. Αυτό ειδικά, το έμαθα από κάποιαν ασθενή που μου είπε μια μέρα ότι πήγαινε στο νεκροταφείο κάθε Κυριακή. Επισκεπτόταν τον τάφο του πεθαμένου συζύγου της. Θυμάμαι που τη ρώτησα — καθόλου αθώα: «Κυρία Ρακέλ, είναι ανάγκη να πηγαίνετε κάθε Κυριακή;

Δεν μπορείτε να μην πάτε μια βδομάδα;» Κι εκείνη μου απάντησε: «*Δεν θέλω να σας φέρω αντίρρηση, γιατρέ, ξέρω ότι θέλετε να με βοηθήσετε. Όμως, δεν γίνεται. Το δοκίμασα πριν έρθω σ' εσάς, προσπάθησα να σταματήσω να πηγαίνω... Αν δεν πάω, όμως, στο νεκροταφείο την Κυριακή, αισθάνομαι άσχημα μετά όλη την εβδομάδα*». Τότε σοβάρεψα και της είπα τη γνώμη μου: «Αισθάνεστε άσχημα αν δεν πάτε, γιατί έχετε ενοχές». Η Ρακέλ μού είπε με συμπάθεια: «*Όχι, γιατρέ. Γιατί να έχω ενοχές... Πάνε τώρα δύο χρόνια που πέθανε ο άντρας μου. Δεν αισθάνομαι ενοχές. Ξέρω τι γίνεται... Πάω εκεί, λυπάμαι για λίγο, κλαίω, του μιλάω λίγα λεπτά, και μετά φεύγω. Εκτός από την Κυριακή, τις άλλες μέρες δεν κλαίω. Αν δεν πάω, όμως, κλαίω συνέχεια όλη τη βδομάδα. Το νεκροταφείο μού προσφέρει τον χώρο και τον χρόνο για να κλάψω.*»

Εντυπωσιάστηκα και κατάλαβα πόσο λάθος είχα. Βοηθάει πραγματικά να επιλέγεις έναν συγκεκριμένο χώρο, μια στιγμή κι ένα μέρος όπου θα έρχεσαι σε επαφή με τον πόνο. Είναι μια ιεροτελεστία που βάζει σε τάξη κάποια πράγματα και σε προστατεύει από άλλα. Μια ιεροτελεστία που σου προσφέρει έναν χώρο σοβαρό και μια ώρα ειλικρινή όπου μπορείς να εκφράσεις αυτό που αισθάνεσαι, για να μην το εκφράζεις σε οποιοδήποτε μέρος, οποιαδήποτε στιγμή.

Αυτή είναι η ιστορία. Η ιστορία του: «αφήνω να φύγει».
Όσο τον έχω μαζί μου, τον έχω.
Όταν δεν τον έχω, δεν τον έχω πια.

Θέλεις να φύγεις;... Αποφάσισες να φύγεις;... Εντάξει.
Θέλεις να μείνεις;... Αποφάσισες να μείνεις;... Εντάξει.
Αλλά όσο είσαι μαζί μου, θέλω να είσαι μαζί μου. Έτσι. Συμμετέχοντας ενεργά και με ένταση.

Βιώνω τη σχέση με τους φίλους μου όσο γίνεται πιο έντονα. Έρχεται μια μέρα ένας φίλος και μου λέει: «Φεύγω». Σίγουρα θα του πω: «Δεν θέλω να φύγεις». Εκείνος, ασφαλώς, θα μου απαντήσει «εγώ πάντως θα φύγω...» κι εγώ θα τον αφήσω να φύγει.

Ένας από τους καλύτερους φίλους που έχω στον κόσμο μένει τώρα στη Νέα Υόρκη. Η αλήθεια είναι ότι η αναχώρησή του μου προκάλεσε πολύ πόνο. Έχουν περάσει είκοσι χρόνια, βλεπόμαστε ελάχιστα, μιλάμε πότε πότε στο τηλέφωνο, εξακολουθώ να τον αγαπάω, ίσως μάλιστα περισσότερο από πριν. Τώρα, όμως, τον αφήνω να φύγει... και, με έναν περίεργο τρόπο, ξέρω πως είναι μαζί μου.

Μακάρι να το βλέπαμε αυτό, να βλέπαμε τη συνέχεια μέσα μας. Αν μπορούσαμε να αντιληφθούμε πόσο παροδικοί είμαστε, θα βιώναμε τις απώλειες με άλλη νοοτροπία, από άλλη σκοπιά, με άλλη συμπεριφορά. Με την περιέργεια και τη συγκίνηση που νιώθει μπροστά στο καινούργιο εκείνος που δεν το φοβάται.

Αν δεν ολοκληρωθεί η πορεία, αν ο οδοιπόρος δεν φτάσει στο τέλος του δρόμου γιατί αποφάσισε να παραμείνει σε κάποιο σημείο της διαδρομής, αν καθυστερεί να φτάσει στον προορισμό του περισσότερο από ό,τι είναι λογικό, ή χαθεί σε κάποια στροφή του δρόμου, τότε μιλάμε για παθολογικό πένθος.

Παθολογικό πένθος

Όπως μαντεύετε από το όνομά του, έτσι λέμε το πένθος που απέχει από την υγιή επεξεργασία της απώλειας. Θα μπορούσαμε να το ορίσουμε ως διακοπή (εκούσια ή ακούσια), της διεργασίας του φυσιολογικού πένθους. Αν το αντιπαραβάλουμε με τη μεταφορά μας, είναι μια διαδικασία επούλωσης όπου το τραύμα δεν επουλώνεται ποτέ.

Το παθολογικό πένθος είναι, τις περισσότερες φορές, επακόλουθο μιας από τις εξής τέσσερις παρεκκλίσεις:

Το πένθος δεν άρχισε ποτέ,

σταμάτησε σε κάποια φάση,

προχώρησε μέχρις ενός σημείου και επέστρεψε σε μια προηγούμενη φάση,

ή κόλλησε σε ένα σημείο στην προσπάθειά του να αποφύγει την επόμενη φάση.

Παρόλο που, καμιά φορά, ένα πένθος με πολλές ψυχικές συγκρούσεις είναι αποτέλεσμα παθολογικού συνδυασμού ή εναλλαγής αυτών των μηχανισμών.

Είναι σημαντικό να διευκρινίσουμε ότι το παθολογικό σύμπτωμα δεν εμφανίζεται **λόγω** του πένθους, αλλά **με αφορμή** το πένθος. Η διάκριση αυτή είναι κάτι πολύ περισσότερο από μια απλή λεπτομέρεια. Επισημαίνει ότι το παθολογικό πένθος αποτελεί **πάντοτε** έκφραση προηγούμενης παθολογίας. Με άλλα λόγια, υπάρχει κάτι περίπλοκο από παλιά, κι έρχεται στο φως με τη διεργασία του πένθους.

Οι ειδικοί περιγράφουν διάφορα είδη παθολογικού πένθους:

Το απόν πένθος: Όταν το άτομο που θα έπρεπε να βιώνει τη διαδικασία του πένθους αμύνεται σε τέτοιον βαθμό ή έχει υποστεί τόσο μεγάλο σοκ, που δεν μπορεί να βγει από την πρώτη φάση. Αρνείται την απώλεια, η οποία εξυψώνεται ή κρύβεται σε μια κατάσταση σύγχυσης μπροστά στον κόσμο, και με την πάροδο του χρόνου παρατείνεται.

Το «συγκρουσιακό» πένθος: Συμβαίνει στις περιπτώσεις εκείνες όπου το άτομο ασυνείδητα χρησιμοποιεί την κατάσταση του πένθους ως δικαιολογία ή επιχείρημα για να δικαιολογήσει άλλες ενδοψυχικές συγκρούσεις. Παραδείγματος χάριν, για να μην αναλάβει την ευθύνη της υπόλοιπης ζωής του.

Το καθυστερημένο πένθος: Το πένθος που εκκρεμεί μέχρι να αποσαφηνιστεί η εσωτερική σύγκρουση που αναβιώνει με την απώλεια. Είναι η τυπική περίπτωση του ατόμου που, μπροστά στην απώλεια ενός προσώπου από το οικογενειακό περιβάλλον, ανακαλύπτει συναισθήματα τόσο αμφιθυμικά (αγάπη/μίσος, ή λύπη/ανακούφιση), ώστε δεν ξέρει αν πρέπει να χαρεί ή να στενοχωρηθεί.

Το υπέρμετρο πένθος: Αυτό συμβαίνει όταν η συναισθηματική έκφραση ξεχειλίζει, καμιά φορά βάζοντας σε κίνδυνο τη σωματική ακεραιότητα του ίδιου του ατόμου ή τρίτων. Είναι η περίπτωση της απόπειρας αυτοκτονίας εκείνου που έχει υποστεί μιαν απώλεια, ο οποίος στην πραγματικότητα προσπαθεί να πετύχει μια μεγαλοπρεπή απόδραση, γιατί πιστεύει ότι δεν θα μπορέσει να αντέξει τόσον πόνο.

Το χρόνιο πένθος: Είναι το πένθος στο οποίο η διαδικασία ανακυκλώνεται ασταμάτητα, χωρίς να καταλήγει πουθενά. Το άτομο που βιώνει την απώλεια καταλήγει να εκδηλώνει επανειλημμένα τη διαδικασία του πένθους θέτοντάς την στην υπηρεσία κάποιου νευρωσικού συμπτώματος. Πολλοί ασθενείς που υποφέρουν από χρόνιο πένθος θεωρούν ότι αν σταματήσουν να επεξεργάζονται το πένθος, θα απομακρυνθούν από την τρυφερή ανάμνηση εκείνου που δεν υπάρχει πια.

Όλες αυτές οι αντιδράσεις κακής προσαρμογής στο πένθος είναι δείγματα παθολογίας, και σχεδόν πάντοτε απαιτούν ειδική θεραπευτική προσέγγιση. Αυτό ισχύει προπάντων όταν συνυπάρχουν —όπως συνήθως συμβαίνει—, με ορισμένες σημαντικές ψυχικές διαταραχές, όπως οι διαταραχές κοινωνικής ένταξης (επιθετικότητα, απομόνωση, εξάρτηση), οι καταχρήσεις (ναρκωτικών και αλκοόλ), τα συμπτώματα βαριάς κατάθλιψης, οι ανώμαλες συμπεριφορές όσον αφορά μέρη και αντικείμενα που έχουν να κάνουν με τον νεκρό, οι έμμονες ιδέες με τον θάνατο του ίδιου του ατόμου, και η επιδεικτική απουσία λύπης.

Με δεδομένο ότι, τις περισσότερες φορές, αυτός που βρίσκεται σε μια τέτοια κατάσταση δεν μπορεί να διαγνώσει ο ίδιος πόσο αποκλίνει από το φυσιολογικό, η σημαντικότερη βοήθεια από το περιβάλλον του θα ήταν να τον οδηγήσει με ήπιο και τρυφερό τρόπο στη συνειδητοποίηση αυτού που συμβαίνει και να τον συνοδεύσει έως εκεί όπου θα του παρασχεθεί επαγγελματική βοήθεια. Αυτό είναι διπλά σημαντικό, διότι η παραμονή για πολύ καιρό σε αυτήν την κατάσταση, για όσους υποφέρουν από παθολογικό πένθος, χειροτερεύει την πρόγνωση και δυσκολεύει τη θεραπεία τους. Το παρατεταμένο πένθος απαιτεί καμιά φορά περίπλοκους χειρισμούς, που μπορούν να φτάσουν μέχρι και τη φαρμακευτική αγωγή.

Ένα σημείο με ιδιαίτερη σημασία είναι η διάγνωση παθολογίας (ή μη) στην απουσία έντονου πόνου μπροστά στον θάνατο, τον χωρισμό, ή σε μιαν απώλεια οποιουδήποτε είδους. Η απουσία έκδηλου και έντονου πένθους δεν είναι πάντοτε παθολογική.

Μου έλεγε η Σεσίλια:

«Όταν χώρισα, ήμουν τόσο ευχαριστημένη που είχα επιτέλους καταφέρει να χωρίσω, που δεν θυμάμαι καθόλου να αισθάνθηκα ότι πενθώ. Οι φίλοι μου μου λένε ότι αρνούμαι το πένθος, κι αυτό με ανησυχεί...»

Ο Χουάν Κάρλος μου είπε:

«Αφού έμεινε ο παππούς μου στη μονάδα εντατικής θεραπείας περίπου ένα χρόνο, ο θάνατός του ήταν μάλλον ευλογία παρά ατυχία. Είναι φορές που αισθάνομαι πως είμαι ένα τέρας χωρίς αισθήματα...»

Αυτά και άλλα παρόμοια λόγια είναι αρκετά συνηθισμένα στο ιατρείο ενός ψυχοθεραπευτή.

Είναι, όπως τον αποκαλώ εγώ, ο θρήνος εκείνων που

«ΑΙΣΘΑΝΟΝΤΑΙ ΑΣΧΗΜΑ ΠΟΥ
ΔΕΝ ΑΙΣΘΑΝΟΝΤΑΙ ΑΣΧΗΜΑ».

Πολλές φορές, σ' έναν χωρισμό δεν υπάρχει έκδηλο πένθος, όχι λόγω παθολογίας, αλλά γιατί το πραγματικό πένθος υπήρχε αρκετό καιρό πριν από την τελική απόφαση.

Μερικές φορές συμβαίνει, όταν έρχεται ο θάνατος μετά από παρατεταμένη αγωνία, να αισθάνεται κανείς ως επί το πλείστον ανακούφιση, αφού βίωνε τη διαδικασία του πένθους όσον καιρό έβλεπε τον ασθενή να πεθαίνει.

Άλλες φορές ο ασθενής υποφέρει πάρα πολύ και τότε — χωρίς αυτό να σημαίνει απόκλιση από το φυσιολογικό για το περιβάλλον του—, ο θάνατος συνδυάζει τον πόνο της απώλειας μ' ένα μέρος διπλής, αναπόφευκτης ανακούφισης. Ανακούφισης που έπαψε να βασανίζεται ο ασθενής, και μαζί ανακούφισης από τον πόνο να τον βλέπεις να βασανίζεται.

Σε αυτές τις περιπτώσεις δεν πρόκειται για απουσία πένθους, αλλά για πένθος αναμενόμενο.

Όπως βλέπουμε, ο δρόμος του πένθους μοιάζει να έχει πολλές σημασίες και πολλές ιδιαιτερότητες, όμως, σε τελική ανάλυση είναι πάντοτε ο ίδιος. Αλλάζουν οι καιροί, αλλάζει η ένταση, αλλάζει η όψη, αλλά πάντοτε υπάρχει μια διαδικασία του πένθους, και πάντοτε υπάρχει πένθος μπροστά σε μιαν απώλεια. Αν δεν υπάρχει, και δεν υπήρχε ούτε προκαταβολικά, θα πρέπει να υποθέσουμε ότι κάποιος μηχανισμός παρεμποδίζει την επαφή με τον πόνο.

Είναι αρκετά συνηθισμένο να έρχεται στο ιατρείο μια μητέρα και να παραπονιέται ότι ο σύζυγός της δεν τη συντροφεύει στον πόνο για τον θάνατο του γιου τους. Η αλήθεια είναι, βέβαια, πως ο άντρας φαίνεται ότι προσπαθεί, όπως μπορεί, να προστατευθεί από τον πόνο. Καθώς η κοινωνία τού αναγνωρίζει τον ρόλο του ακούραστου κουβαλητή, συνήθως δραπετεύει βρίσκοντας καταφύγιο στη δουλειά.

Για ένα διάστημα, η άμυνα μπορεί να είναι αποδεκτή. Εάν, βέβαια, με τον καιρό διατηρείται το πένθος καταπιεσμένο, στο τέλος θα εκφρασθεί με άλλους τρόπους: κακή διάθεση, βίαιες αντιδράσεις, σωματοποίηση, εξαρτήσεις, κ.λπ., κ.λπ.

Στο άλλο άκρο από εκείνους που αρνούνται να μπουν στην κατάσταση του πένθους, βρίσκονται όσοι δεν αποφασίζουν να βγουν από την κατάσταση αυτή.

Αυτοί οι θλιμμένοι οδοιπόροι των δακρύων, δεν είναι διατεθειμένοι να εγκαταλείψουν την απούσα παρουσία εκείνου που δεν υπάρχει πια. Όπως στην περίπτωση της

Κωνστάνσα στο *Βασιλιά Ιωάννη*, δεν επιτρέπουν στον εαυτό τους να αφήσει πίσω το παρελθόν και να αποδεχθεί την αίσθηση της μοναξιάς που συνεπάγεται η απώλεια.

Φάσεις του χρόνιου πένθους

Σε όποιο σημείο και αν διακοπεί το πένθος, δεν επουλώνεται το τραύμα και το πένθος δεν γιατρεύεται. Ολόκληρη η διαδικασία της μετέπειτα ανάπλασης του σημείου του τραύματος, έγκειται στο γεγονός ότι το σώμα καταφέρνει να φτάσει στη συστολή του θρόμβου — θυμάσαι; Ο λόγος είναι, ότι εδώ ακριβώς αρχίζουν οι διεργασίες της αναδημιουργίας των ιστών (της ινοπλασίας). Όταν συρρικνωθεί ο θρόμβος και πλησιάσουν τα χείλη του τραύματος, αρχίζει να εμφανίζεται από κάτω ο νέος ιστός και το τραύμα οδεύει προς τη θεραπεία.

Κάτι που δεν είπαμε, αλλά σίγουρα το ξέρεις, είναι ότι τη στιγμή αυτή, και στο ελαφρύτερο τραύμα, η πληγή προκαλεί κνησμό. Σταμάτησε να πονάει, αλλά όταν ο θρόμβος αρχίζει να τραβιέται προς τα μέσα, προκαλεί φαγούρα. Ο κνησμός είναι από τη σκοπιά της φυσιολογίας ένας μικρός πόνος, πολύ μικρός, ασήμαντος, αλλά παρόλα αυτά, πόνος. Δεν νιώθουμε την ανάγκη να πάρουμε αναλγητικό, αισθανόμαστε όμως ακατανίκητη την παρόρμηση να ξύσουμε την πληγή.

Προσοχή όμως... γιατί αν τραβήξει κανείς το κάκαδο που έχει δημιουργηθεί, το τραύμα αρχίζει να αιμορραγεί ξανά, και βρισκόμαστε πάλι πίσω.

Αυτό είναι το παθολογικό πένθος, το πένθος για τα τραύματα που δεν επουλώνονται, για τις πληγές που δεν κλείνουν.

Εμείς οι γιατροί βλέπουμε στο νοσοκομείο άντρες και γυναίκες που έρχονται με τραύματα δύο και τριών χρόνων, και δεν καταλαβαίνει κανείς πώς γίνεται αυτό. Ρωτάμε, λοιπόν, και ανακαλύπτουμε τι συμβαίνει: κάθε φορά πάνε σπίτι και τραβάνε το κάκαδο, γιατί τους ενοχλεί, γιατί τους «τρώει», γιατί φαίνεται άσχημο. Κι έτσι ξαναγυρίζουν στην αρχή, και δεν αφήνουν το τραύμα να επουλωθεί.

Προσέξτε την επόμενη φορά που θα δραπετεύσετε από τον πόνο και την απελπισία. Προσέξτε όταν λέτε «δεν θέλω να το ζήσω αυτό» γιατί εάν, για να αποφύγετε αυτή τη φάση, τραβάτε το κάκαδο, ξαναγυρίζετε πίσω, και το πένθος μπορεί να γίνει χρόνιο.

Περνάνε δεκαπέντε, είκοσι χρόνια, και κάθε φορά που φτάνει κανείς εκεί, επειδή φοβάται τόσο πολύ τη συντριβή, καταφεύγει στην οργή, διαφεύγει στην άρνηση, ξαναγίνεται παιδί, παραμένει στην ενοχή, τρέχει προς τα πίσω απ' όποιον δρόμο μπορεί — αρκεί μόνο να μην περάσει από αυτήν την απέραντη θλίψη· αρκεί να μην βρεθεί με την ψυχή του συντρίμμια. Αν δεν κάνουμε κάτι για να τελειώσει αυτός ο φαύλος κύκλος, θα γυρίζουμε διαρκώς πίσω, και στο τέλος θα αντικαταστήσουμε τον πόνο με το διαρκές βάσανο και θα μείνουμε εκεί.

Και τι να κάνουμε; Καλύτερα να πούμε τι δεν πρέπει να κάνουμε. Δεν πρέπει να ξύνουμε την πληγή. Πρέπει να το πάρουμε απόφαση να ζήσουμε τον πόνο (τη φαγούρα) σε αυτήν τη φάση της συντριπτικής θλίψης, και να αφήσουμε το ποτάμι να κυλήσει με την πεποίθηση ότι είμαστε αρκετά δυνατοί για να αντέξουμε τον πόνο και τη λύπη.

Μιλάω για τον διαρκή αγώνα να φτάσει κανείς στο τέλος του δρόμου και θυμάμαι μια ιστορία που με κάνει πάντα να γελάω. Επιτρέψτε μου να σας την πω, έστω και για να χαλαρώσουμε λίγο την ψυχή μας από ένα θέμα τόσο επώδυνο.

Ήταν μια φορά ένας ζητιάνος που βρέθηκε τυχαία στην πόρτα ενός πανδοχείου. Απ' έξω κρεμόταν μια τεράστια πινακίδα με το όνομα του πανδοχείου. Το έλεγαν: «Πανδοχείο Ο Άγιος Γεώργιος και Ο Δράκος».

Φανταστείτε την κατάσταση: Χιονίζει. Ο ζητιάνος πεινάει και κρυώνει, αλλά δεν έχει λεφτά. Χτυπάει την πόρτα του πανδοχείου. Ανοίγει η πόρτα, βγαίνει μια γυναίκα με ύφος βλοσυρό και του λέει:

«Τι θέλεις;»

Ο ζητιάνος απαντάει:

«Ξέρετε, να... εγώ... πεινάω, και κρυώνω... »

«Λεφτά έχεις;» φωνάζει η γυναίκα.

«Όχι, δεν έχω λεφτά» λέει αυτός, και μπαμ! του κλείνει εκείνη την πόρτα κατάμουτρα.

Ο τύπος κάθεται εκεί απελπισμένος.

Κάνει να φύγει, αλλά αποφασίζει να δοκιμάσει άλλη μια φορά.

Χτυπάει λοιπόν ξανά την πόρτα.

«Τι θέλεις πάλι;»του λέει η γυναίκα.

«Να, ήρθα να σας παρακαλέσω, κάντε μου αυτή τη χάρη, δώστε μου...»

«Δεν είμαστε εδώ για να κάνουμε χάρες, εδώ βρισκόμαστε για δουλειά. Αυτό εδώ είναι πανδοχείο, δουλειά. Δεν ξέρεις τι είναι το πανδοχείο; Εδώ αν δεν έχει κανείς λεφτά, δεν μπαίνει!! Και αν δεν έχει να φάει, να πάει να πνιγεί!!»

Μπαμ!! Του ξανακλείνει κατάμουτρα την πόρτα.

Ο τύπος κάνει πάλι να φύγει, αλλά αποφασίζει να επιμείνει.

Χτυπάει άλλη μια φορά και λέει:

«Κοιτάξτε, κυρία, συγχωρήστε με...»

«Δεν έχω τίποτε να σου συγχωρήσω, τίποτε! Κοίταξέ με καλά! Αν δεν φύγεις, θα σου πετάξω ένα κουβά παγωμένο νερό, να σε κάνω μούσκεμα! Έξω, είπα!

Και μπαμ! Δίνει μια στην πόρτα και την κλείνει με δύναμη.

Ο τύπος βάζει το κεφάλι κάτω και συνεχίζει τον δρόμο του.

Προχωράει σιγά σιγά, φτάνει στη γωνία και γυρνάει το κεφάλι... Σηκώνει το βλέμμα και ξαναβλέπει την επιγραφή που λέει: «Πανδοχείο Ο Άγιος Γεώργιος και Ο Δράκος».

Αποφασίζει λοιπόν να γυρίσει πίσω. Για τελευταία φορά χτυπάει την πόρτα.

Η γυναίκα βάζει τις φωνές από μέσα:

«Πάλι τα ίδια; Τι θέλεις επιτέλους;»

Τότε, της απαντάει ο ζητιάνος:

«Να, λέω, αντί να μιλάω μαζί σας, μήπως μπορώ να μιλήσω με τον Άγιο Γεώργιο;»

Νομίζω ότι πρέπει να μας απασχολήσει να καταλάβουμε, να αναζητήσουμε τον τρόπο, να βρούμε το πού, να ανακαλύψουμε το πώς, να βρούμε τα πρόσωπα, να ψάξουμε τους δρόμους που θα μας φέρουν σε επαφή με ό,τι καλύτερο έχουμε.

Και ό,τι καλύτερο έχουμε είναι ο αγώνας, η επιθυμία να προχωρήσουμε, η διάθεση να ζήσουμε αυτή τη ζωή που, παρ' όλους τους πόνους και τους φόβους που ίσως αντιμετωπίσουμε κάποια στιγμή, αξίζει τον κόπο να τη ζήσουμε.

Η τρίτη διαφυγή

Είδαμε πώς το απόν πένθος και το δίχως τέλος βάσανο, μπορούν εξίσου καλά να κρύβουν την απόφαση κάποιου να μη βιώσει το πένθος. Η διαφυγή στην άρνηση και η αντικατάσταση του πόνου με το βάσανο, αποτελούν τις δύο από τις τρεις παρεκκλίσεις μέσα στις οποίες μπορεί να χαθείς, αντί να συνεχίσεις τον δρόμο των δακρύων.

Η τρίτη «προσπάθεια-παιχνίδι», για να χρησιμοποιήσω τον όρο του Μπερν,[1] με την οποία το άτομο επιχειρεί να κρατήσει εκείνον που δεν υπάρχει πια, να μην τον αφήσει να φύγει, είναι η **εξιδανίκευση.**

Η παρέκκλιση αυτή έρχεται λίγο μετά το πέρασμα μέσα από τη συντριβή, και μπορεί να την μπερδέψει κανείς με το σωστό μονοπάτι, που είναι η ταύτιση.

Στην ψυχοθεραπεία, αυτός που εξιδανικεύει τον νεκρό, υποστηρίζει συνεχώς ότι δεν υπήρχε άλλος άνθρωπος που να έκανε την τάδε δουλειά όπως εκείνος, ή δεν θα μπορέσει ποτέ κανείς να κάνει το δείνα καλύτερα, ότι σ' αυτό εκείνος και μόνο ήταν μοναδικός, και στο άλλο καταπληκτικός... κι αν υπήρχε κάτι που δεν έκανε καλά, θα ήταν τόσο μικρό και ασήμαντο που δεν το θυμάται, γιατί ήταν πραγματικά ανάξιο λόγου.

Ό,τι έκανε καλά εκείνος που χάθηκε, το έκανε τέλεια, κι αν κάποια στιγμή δεν έκανε κάτι σωστά, ήταν γιατί στην πραγματικότητα δεν του έδινα σημασία.

Ο Γαρδέλ, που κάθε μέρα μου φαίνεται ότι τραγουδούσε όλο και καλύτερα. Ο Ροδρίγο, που έγινε άγιος. Ο Φαβαλόρο, που έγινε μάρτυρας, και η Χίλντα, που μας βλέπει από τον ουρανό και μας φυλάει όλους.

---

1. Έρικ Μπερν, (1910-1970). Καναδός ψυχίατρος που αναλύει, ανάμεσα στα πολλά «Παιχνίδια που Παίζουν οι Άνθρωποι», και το «Πώς θα βγω απ' αυτήν την κατάσταση». (Σ.τ.Μ.)

Τόσο μεγάλη είναι η ανάγκη μας να τους κάνουμε αθάνατους για να μη μας εγκαταλείψουν, για να μη «διαχωριστεί» ο ένας από τον άλλο, για να μην τους αφήσουμε να φύγουν...

Αυτή είναι μια επικίνδυνη έξοδος, μια πραγματική διαφυγή προς τα εμπρός. Έτσι δημιουργείται η πιθανότητα να μείνουμε καθηλωμένοι, με την ιδέα ότι δεν είναι ανάγκη να λήξει το πένθος, αφού εξιδανικεύοντας την ανάμνησή του μπορώ να τον κρατήσω ζωντανό.

Ο κακόηχος τεχνικός όρος γι' αυτή τη διαδικασία είναι: **μομιοποίηση εκείνου που χάθηκε.** Όπως στις ταινίες τρόμου, που βαλσαμώνουν το πτώμα, το βάζουν στο τραπέζι και του σερβίρουν κάθε μέρα φαγητό για να λένε ότι είναι εκεί. Αυτή είναι η θέση του μπαμπά, της γιαγιάς, ή του θείου Γιάννη, και στη θέση αυτή δεν ξανακάθεται ποτέ κανείς.

Υγιής έξοδος είναι να αποδεχτείς ότι αυτός που πέθανε ήταν ίσως σε πολλά καταπληκτικός, σε μερικά άλλα όχι και τόσο, και σε κάποια λίγα άχρηστος — όπως όλοι μας.

Η υγιής έξοδος, επομένως, έχει να κάνει με την αποδοχή ότι ο καθένας από μας (και αυτός που δεν υπάρχει πια ήταν όσο ζούσε ένας από μας) έχει κάποιες πλευρές φανταστικές, και άλλες φοβερά άσχημες. Ο καθένας μας έχει μια πλευρά καλή και μια πλευρά απαίσια.

Συνειδητοποιώ ότι κάθε άνθρωπος, κάθε πράγμα, κάθε κατάσταση, κάθε μέρος έχει κάποια πράγματα που μου αρέσουν και κάποια άλλα που δεν μου αρέσουν.

Πώς γίνεται και από τη στιγμή που ο άλλος δεν υπάρχει πια, δεν έχει τίποτε άλλο παρά μόνο αυτά που μου άρεσαν;

Ξαφνικά, όλα του τα ελαττώματα, όλα τα φοβερά πράγματα που σιχαινόμουν γίνονται ελάχιστα, όλα εκείνα που με έκαναν έξω φρενών και που γι' αυτά τον έβριζα, μοιάζουν ασήμαντα, κι όλα τα καλά είναι μοναδικά, καταπληκτικά και ανεπανάληπτα.

Αυτό είναι, λοιπόν, η εξιδανίκευση. Να αρνείσαι όλα τα κακά που είχε αυτός που χάθηκε και να υπερεκτιμάς τα καλά. Ειδικά για το άτομο που έχει πεθάνει, κατά κάποιον τρόπο αυτό σημαίνει ότι αρνούμαι πως είχε ο,τιδήποτε ανθρώπινο. Θεοποιώ, δηλαδή, αυτόν που έφυγε.

Στα χρόνια της καριέρας μου, έχω δει ορισμένα πράγματα όσον αφορά στην εξιδανίκευση, που είναι όντως φοβερά. Έχω δει μπροστά στα μάτια μου να αρνείται κάποιος με όλη του τη δύναμη τις ολέθριες πλευρές εκείνου που πέθανε, για τις οποίες τον θεωρούσε ανυπόφορο και αξιοθρήνητο, ενώ ακριβώς γι' αυτά τα ίδια πράγματα, λίγους μήνες πριν, αυτό το ίδιο άτομο παρακαλούσε να τον πατήσει αυτοκίνητο για να γλιτώσει απ' αυτόν.

Η εξιδανίκευση λειτουργεί από πολλές πλευρές σαν να κάνει κανείς μάγια, αφού εμφανίζονται στον άλλο ιδιότητες που δεν είχε στην πραγματικότητα, και εξαφανίζονται τα ελαττώματά του. *Εξιδανικεύω* σημαίνει αφαιρώ από τον άλλον οτιδήποτε ανθρώπινο. Όπως και με τους ζωντανούς, αυτός είναι ένας τρόπος για να μη σε αποδέχομαι. Γιατί αν σε αποδεχόμουν, θα έπρεπε να σε αποχαιρετίσω, θα έπρεπε να παραδεχτώ ότι ήσουν αυτός που ήσουν και τώρα πια δεν υπάρχεις. Αντίθετα, αν σε εξιδανικεύσω, δεν χρειάζεται να το κάνω αυτό. Σε βάζω σ' ένα ανώτερο επίπεδο για να μπορέσω να σου αφαιρέσω το γήινο, κι έτσι να αποποιηθώ τον αποχωρισμό. Σε μομιοποιώ, σε αγιοποιώ, κάνω την ανάμνησή σου θρησκευτική λατρεία. Και αυτό που συμβαίνει σε πολλές περιπτώσεις είναι ότι ολόκληρη η οικογένεια εξιδανικεύει. Και... αμπρακατάμπρα... τώρα όλα φαίνεται να πηγαίνουν καλά, γιατί επιτέλους κάπου συμφωνούμε...

Η αλήθεια, όμως, είναι ότι δεν εξυπηρετεί σε τίποτα όλο αυτό. Αργά ή γρήγορα, το ψέμα του «τέλειου όντος» αποκαλύπτεται και το χτύπημα τότε είναι πιο βαρύ κι απ' το θάνατο.

Ή ακόμη χειρότερα. Το ψέμα γίνεται «οικογενειακό μυστικό», και αυτόν που έφυγε δεν τον αγγίζει κανείς. Διατηρείται η τέλεια εικόνα για να «μικραίνει» όσους μένουν και να υποτιμά όσους έρχονται. Κανείς ποτέ δεν θα μπορέσει να γίνει αποδεκτός μέσα στην οικογένεια χωρίς να τον συγκρίνουν με την ανέγγιχτη εικόνα εκείνου που πέθανε. Έτσι, ο γιος βρίσκει, για παράδειγμα, τον καινούργιο σύντροφο της μαμάς του ανυπόφορο, απαράδεκτο, πολύ «λίγο» σε σύγκριση με τον πατέρα του.

Δυστυχώς, ο θάνατος δεν κάνει τίποτα για να βελτιώσει αυτό που ήταν εκείνος που πέθανε, και αυτό είναι πολύ ισχυρότερο από οποιεσδήποτε πεποιθήσεις ανύψωσης του πνεύματος και εξαγνισμού των ψυχών. Μου φαίνεται εξαιρετικά σημαντικό το να μπορέσω να συγχωρήσω αυτόν που πέθανε, χωρίς, όμως, να ξεχάσω ποιος ήταν όσο ζούσε. *Συγχωρώ* σημαίνει διαγράφω τα χρέη του, δεν σημαίνει, όμως, ότι ξεχνάω πως δεν τα πλήρωσε.

Αυτό που πρέπει να κάνει κανείς, είναι να συνεχίσει να παλεύει και να αγωνίζεται για να φτάσει στο σημείο της γνήσιας επαφής με την πραγματική εικόνα. Στο σημείο της αποδοχής.

Ήταν μια φορά ένα νησί όπου κατοικούσαν όλα τα συναισθήματα και όλες οι ανθρώπινες ιδιότητες που υπάρχουν. Εκεί ζούσαν μαζί ο Φόβος, το Μίσος, η Σοφία, η Αγάπη και η Αγωνία. Όλοι ήταν εκεί.

Μια μέρα, καλεί η Γνώση τους κατοίκους του νησιού και τους λέει:

«Έχω να σας ανακοινώσω μια άσχημη είδηση. Το νησί βυθίζεται.»

Τα συναισθήματα που κατοικούν στο νησί δεν μπορούν να πιστέψουν στ' αφτιά τους:

«Όχι, δεν γίνεται! Εμείς εδώ ζούμε όλη μας τη ζωή!»

Η Γνώση επαναλαμβάνει:

«Το νησί βυθίζεται.»

«Μα δεν είναι δυνατόν! Μπορεί να κάνεις λάθος!»

«Εγώ δεν κάνω ποτέ λάθος» τους ξεκαθαρίζει η Γνώση. «Αν σας λέω ότι βυθίζεται, είναι γιατί πράγματι βυθίζεται.»

«Και τώρα, τι θα κάνουμε;» ρωτούν τα συναισθήματα.

Οπότε, απαντάει η Γνώση:

«Λοιπόν, κάντε ό,τι θέλετε, εγώ πάντως σας προτείνω να βρείτε έναν τρόπο να φύγετε από το νησί... Φτιάξτε ένα καράβι, μια βάρκα, μια σχεδία, ή ό,τι άλλο μπορείτε και φύγετε, γιατί αυτός που θα μείνει στο νησί, θα χαθεί μαζί του.»

«Δεν μπορείς να μας βοηθήσεις;» ρωτάνε όλοι μαζί, γιατί έχουν εμπιστοσύνη στην ικανότητά της.

«Όχι» λέει η Γνώση. «Η Πρόνοια κι εγώ φτιάξαμε ένα αεροπλάνο, και μόλις τελειώσω αυτά που έχω να σας πω, θα πετάξουμε στο πιο κοντινό νησί.»

Τα συναισθήματα, αναστατωμένα, της λένε:

«Ε, όχι! Όχι! Κι εμείς τι θα γίνουμε;»

Μόλις τελειώνει η Γνώση, ανεβαίνει στο αεροπλάνο με τη φίλη της, κι έχοντας λαθρεπιβάτη τον Φόβο —που δεν ήταν χαζός και κρύφτηκε στο αεροπλάνο—, φεύγουν από το νησί.

Τα συναισθήματα αρχίζουν να κατασκευάζουν άλλο βάρκα, άλλο καράβι, άλλο καΐκι... όλα... εκτός από την Αγάπη.

Γιατί η Αγάπη είναι τόσο συνδεδεμένη με κάθε πράγμα που βρίσκεται πάνω στο νησί, που λέει:

«Μα πώς να αφήσω το νησί... μετά από όσα έζησα εδώ... Πώς να αφήσω, ας πούμε, αυτό το δεντράκι; Αααχ... μας ενώνουν τόσα πράγματα...»

Κι ενώ ο καθένας κοιτάζει να βρει έναν τρόπο για να φύγει, η Αγάπη ανεβαίνει σε κάθε δέντρο, μυρίζει κάθε τριαντάφυλλο, πάει μέχρι την παραλία και ξαπλώνει στην αμμουδιά όπως έκανε παλιά, χαϊδεύει κάθε πετραδάκι... και προτιμάει να σκέφτεται με την αφέλεια που διακρίνει την Αγάπη: «Μπορεί να βυθιστεί λιγάκι και μετά...»

Το νησί όμως... το νησί βυθίζεται όλο και περισσότερο.

Η Αγάπη, βέβαια, δεν μπορεί να σκεφτεί την κατασκευή μέσου διαφυγής, γιατί είναι τόσο στενοχωρημένη που άλλο δεν κάνει από το να κλαίει και να θρηνεί γι' αυτά που θα χάσει.

Και ξαναχαϊδεύει τα βοτσαλάκια, ξανακυλιέται στην άμμο, και βρέχει στο νερό τα ποδαράκια της.

«Μετά από τόσα που περάσαμε μαζί...» λέει στο νησί με παράπονο.

Μα το νησί βυθίζεται ακόμα πιο πολύ...

Μέχρι που, στο τέλος, δεν μένει από το νησί παρά ένα τόσο δα βραχάκι. Το υπόλοιπο, το έχει καλύψει το νερό.

Την τελευταία στιγμή, η Αγάπη συνειδητοποιεί ότι το νησί βυθίζεται στ' αλήθεια, και αντιλαμβάνεται πως αν δεν τα καταφέρει να φύγει, η αγάπη θα εξαφανιστεί για πάντα από προσώπου Γης. Έτσι, τσαλαβουτάει στα νερά και κατευθύνεται προς τον όρμο, που είναι το ψηλότερο σημείο στο νησί. Πάει με την ελπίδα να δει από εκεί κάποιον από τους συντρόφους της και να τον παρακαλέσει να την πάρει μαζί του.

Κοιτάζει στη θάλασσα και βλέπει να έρχεται το σκάφος του Πλούτου. Του κάνει σινιάλο, και ο Πλούτος πλησιάζει λίγο στον όρμο.

«Πλούτε, εσύ που έχεις τόσο μεγάλο σκάφος, θα με πας ώς το γειτονικό νησί;»

Ο Πλούτος, όμως, της απαντάει:

«Είμαι τόσο φορτωμένος με λεφτά, κοσμήματα και πολύτιμες πέτρες, που δεν έχω χώρο για σένα. Λυπάμαι...» και συνεχίζει το δρόμο του χωρίς να κοιτάξει πίσω του.

Μένει η Αγάπη να ψάχνει, και βλέπει να έρχεται η Ματαιοδοξία σ' ένα πολύ φανταχτερό σκάφος, γεμάτο στολίδια, περούκες, μάρμαρα και λουλούδια όλων των χρωμάτων. Η Αγάπη τεντώνεται λιγάκι και φωνάζει:

«Ματαιοδοξία... Ματαιοδοξία... Πάρε με μαζί σου.»

Η Ματαιοδοξία κοιτάζει την Αγάπη και της λέει:

«Ευχαρίστως θα σε έπαιρνα αλλά... έχεις μια όψη... Είσαι τόσο άχαρη, βρόμικη και ατημέλητη... Με συγχωρείς, δεν γίνεται... Θα μου ασχήμαινες το σκάφος!» και φεύγει.

Κι ενώ σκέφτεται πως δεν πρόκειται να περάσει κανένας άλλος πια, βλέπει να πλησιάζει ένα σκάφος πολύ μικρό, το τελευταίο, το σκάφος της Θλίψης.

«Θλίψη, αδελφή μου» της λέει, «εσύ που με ξέρεις τόσο καλά, εσύ θα με πάρεις σίγουρα μαζί σου, έτσι δεν είναι;»

Και η Θλίψη της απαντάει:

«Θα σε έπαιρνα, αλλά είμαι τόσο λυπημένη, που προτιμώ να συνεχίσω μόνη μου» και χωρίς δεύτερη κουβέντα, απομακρύνεται.

Η Αγάπη κάθεται στο τελευταίο βραχάκι, που είναι ό, τι απέμεινε από το νησί, και περιμένει το τέλος... Όταν, ξαφνικά, ακούει κάποιον να την καλεί από πολύ κοντά:

«Ψιτ-ψιτ...»

Είναι ένας γεράκος που της κάνει σινιάλο από μια βάρκα με κουπιά.

Η Αγάπη του λέει:

«Εμένα;»

«Ναι, ναι» λέει ο γεράκος, «εσένα. Έλα μαζί μου, εγώ θα σε σώσω.»

Η Αγάπη τον κοιτάζει και του λέει:

«Ξέρεις τι έγινε, εγώ έμεινα...»

«Ξέρω, ξέρω...» της λέει ο γεράκος και δεν την αφήνει να τελειώσει τη φράση της. «Ανέβα, εγώ θα σε σώσω.»

Ανεβαίνει η Αγάπη στη βάρκα και αρχίζουν να κωπηλατούν μαζί για να απομακρυνθούν από το νησί, που πραγματικά, λίγα μόλις λεπτά μετά, εξαφανίζεται για πάντα.

Μόλις φθάνουν στο διπλανό νησί, καταλαβαίνει η Αγάπη πως αν είναι ακόμα ζωντανή, αν συνεχίζει να υπάρχει, το οφείλει σ' αυτόν τον γεράκο, που χωρίς να πει λέξη, έφυγε το ίδιο παράξενα όσο είχε εμφανιστεί.

Εκείνη τη στιγμή, η Αγάπη συναντάει τη Σοφία και της λέει:

«Δεν γνωριζόμαστε με αυτόν τον γεράκο, κι όμως με έσωσε. Πώς είναι δυνατόν; Οι άλλοι, όλοι, δεν κατάλαβαν πως θα έμενα πίσω τελικά... Εκείνος με βοήθησε, κι εγώ ούτε καν ξέρω ποιος είναι...»

Η Σοφία την κοιτάζει στα μάτια και της λέει:

«Αυτός είναι ο Χρόνος. Και ο Χρόνος, Αγάπη, είναι ο μόνος που μπορεί να σε βοηθήσει όταν ο πόνος της απώλειας σε κάνει να πιστεύεις ότι δεν θα μπορέσεις να συνεχίσεις.»

3

ΔΙΑΦΟΡΑ ΕΙΔΗ ΑΠΩΛΕΙΑΣ

ΠΕΝΘΟΣ ΘΑΝΑΤΟΥ

Όταν μιλάμε για τον πόνο μας,
τον ανακουφίζουμε.

ΠΙΕΡ ΚΟΡΝΕΪΓ

ΟΠΩΣ ΕΧΟΥΜΕ ΗΔΗ ΠΕΙ, το πένθος δεν αποτελεί αποκλειστικό κληροδότημα του θανόντος, γιατί, όπως είπε και ο Ρότσλιν:[1]

«Είμαστε όντα ατελή που μας περιορίζει το αδύνατο».

Υπάρχει ένα πένθος που θα αντιμετωπίσουν στη ζωή τους όλοι όσοι υποφέρουν από μια απώλεια, βιώνουν μια αλλαγή, αφήνουν μια πραγματικότητα για να περάσουν σε μια άλλη.

Στο κεφάλαιο αυτό θα συζητήσουμε το θέμα της οδυνηρής εμπειρίας του πένθους για τη φυσική εξαφάνιση κάποιου.

1. Γκρέγκορυ Ρότσλιν, ψυχίατρος, Βοστώνη. Πυρήνας της σκέψης του είναι ότι το γεγονός της απώλειας ενός προσφιλούς προσώπου δεν έχει μόνο αρνητικές συνέπειες για τον άνθρωπο που την υφίσταται, κινητοποιεί και δυνάμεις αποκατάστασης, με αποτέλεσμα την ανάπτυξη του ατόμου. (Σ.τ.Μ.)

Ο θάνατος ενός προσφιλούς προσώπου

Ο θάνατος είναι κάτι φυσικό,
αναμφισβήτητο και αναπόφευκτο.
Έχουμε επανειλημμένως δείξει την αναμφίβολη τάση
να παραβλέψει κανείς τον θάνατο,
να τον αποκλείσει από τη ζωή.
Έχουμε προσπαθήσει να τον εξαφανίσουμε με τη σιωπή.
Κατά βάθος κανείς δεν πιστεύει ότι κάποτε θα πεθάνει.
Στο ασυνείδητό του, ο καθένας μας είναι πεπεισμένος
για την αθανασία του.
Και όταν πεθαίνει ένα αγαπημένο πρόσωπο, ένας συγγενής,
θάβουμε μαζί του τις ελπίδες μας,
τις διαφορές και τις χαρές μας.
Δεν αφήνουμε τον εαυτό μας να παρηγορηθεί, και όσο μπορούμε, αρνούμαστε να αναπληρώσουμε εκείνον που χάσαμε.

ΣΙΓΚΜΟΥΝΤ ΦΡΟΪΝΤ, 1917

Ο θάνατος ενός προσφιλούς προσώπου, όποια σχέση κι αν έχουμε μαζί του, αποτελεί την πιο οδυνηρή εμπειρία που μπορεί να περάσει ένας άνθρωπος.

Η ζωή ολόκληρη, στο σύνολό της, μας πονάει. Πονάει το σώμα μας. Μας πονάει το θέμα της ταυτότητάς μας και οι σκέψεις μας. Μας πονάει η κοινωνία και η σχέση μας μαζί της. Μας πονάει ο πόνος της οικογένειας και των φίλων μας. Πονάει η καρδιά και η ψυχή μας.

Στην απώλεια αυτή —πράγμα που δεν συμβαίνει σε καμία άλλη κατάσταση—, ο πόνος διαπερνά τον χρόνο.

Πονάει το παρελθόν,
πονάει το παρόν,
και πονάει ιδιαίτερα το μέλλον.

Αυτή η εμπειρία, η τόσο δραματική, αποτελεί αναπόδραστο μέρος της ενήλικης ζωής. Η πιθανότητα να βιώσουμε μια τέτοια εμπειρία αυξάνει με το πέρασμα του χρόνου. Ο κίνδυνος να ζήσω το πένθος για κάποιον αγαπημένο μεγαλώνει όσο μεγαλώνω εγώ ο ίδιος, και μεγαλώνει φυσικά ο κίνδυνος και για τη δική μου ζωή.

Μπροστά στον σπαραγμό που σημαίνει η απουσία, φαίνεται ότι μόνο η επιστροφή του αγαπημένου προσώπου θα μπορούσε να είναι «πραγματική παρηγοριά». Η συνειδητοποίηση ότι κάτι τέτοιο είναι αδύνατον, προσθέτει και την απόλυτη αδυναμία στον πόνο της απουσίας.

Είναι φορές που έχω την αίσθηση ότι η κοινωνία μας, η τόσο «πονοφοβική», προσπαθεί πάντοτε να υποβαθμίζει την οδυνηρή και καταλυτική εμπειρία του πένθους. Και όταν επισημαίνεις κάτι τέτοιο, σου λέει ότι το έκανε με τις καλύτερες προθέσεις, για να βοηθήσει εκείνον που υποφέρει από την απώλεια να προχωρήσει, να συνεχίσει τη ζωή του. Σαν να έπρεπε ένα άτομο που βρίσκεται σε πένθος να ασχολείται ειδικά αυτές τις στιγμές με το πώς θα δείχνει ότι είναι καλά, όπως ήταν πάντα, και κατά την κοινή αντίληψη, να ξεπεράσει την απώλεια γρήγορα και χωρίς καμία βοήθεια, κανενός είδους.

Αλλά όπως έχουμε πει, τίποτα δεν απέχει περισσότερο από την αλήθεια.

Δεν υπάρχει καμία αμφιβολία ότι τα πιο χρήσιμα βοηθήματα αυτές τις στιγμές είναι μια τρυφερή αγκαλιά για να μπορούμε να μοιραστούμε την ιστορία μας και να κλάψουμε μαζί, ένας σταθερός ώμος που θα βρίσκεται δίπλα μας για να γείρουμε κουρασμένοι το κεφάλι, κι ένα τρυφερό αφτί, πρόθυμο να ανταποκριθεί στην ανάγκη μας να μιλάμε. Δεν υπάρχει κανένας καλύτερος από την οικογένειά μας για να ικανοποιήσει αυτές τις ανάγκες.

Εκείνοι που μελετούν τη διαδικασία του πένθους μάς εξηγούν ότι αυτός είναι ο λόγος που ο θάνατος ενός μέλους της αρχικής μας οικογένειας (του πατέρα, της μητέρας, του παππού ή της γιαγιάς) προκαλεί συνήθως τόση αναστάτωση. Δεν επηρεάζει μόνο κάθε μέλος ατομικά, επηρεάζει και την ομάδα ως σύνολο, πράγμα που περιπλέκει την κατάσταση για όλους αφού είναι, παραδόξως, μέσα στην ίδια την οικογένεια εκεί όπου μπορούμε να βρούμε το καλύτερο στήριγμα και την καταλληλότερη βοήθεια. (Για την ειδική κατάσταση που δημιουργεί ο θάνατος του παιδιού θα μιλήσουμε αργότερα, στο τέλος αυτού του κεφαλαίου.)

Σε μια τέτοια περίπτωση είναι απαραίτητο να κάνει η οικογένεια την αδυναμία της δύναμη και να καταβάλει κάθε προσπάθεια για να παραμείνει στις περιστάσεις αυτές πιο ενωμένη από ποτέ. Να μην αφήσουν να τους παρασύρουν οι επικρίσεις, οι αλληλοκατηγορίες και η ζήλεια, που δεν έχουν νόημα τώρα πια και δεν βοηθάνε κανέναν. Είναι αναγκαίο (θα έλεγα καλύτερα απαραίτητο) να μοιραζόμαστε τον πόνο με θάρρος και απέραντο σεβασμό στον ιδιαίτερο τρόπο του καθενός. Η κατάσταση είναι υπερβολικά οδυνηρή για να μπορέσει ο καθένας να τα καταφέρει μόνος του, ή αναζητώντας στήριξη έξω από την οικογένεια, με κάποιους που δεν περνάνε τα ίδια μ' εμάς...

Σε ένα τέτοιο πένθος, οι χειρότερες μέρες του χρόνου είναι

συνήθως οι γιορτές. Εκτός από την αντίδραση της επετείου που έχουμε ήδη εξηγήσει, αυτό συμβαίνει γιατί μέσα στους κόλπους της οικογένειας τα γεγονότα αυτά επαναφέρουν στη μνήμη χιλιάδες αναμνήσεις. Κάποτε οι στιγμές αυτές ήταν γεμάτες από χαρά και τις πλημμύριζε η παρουσία των σημερινών απόντων. Ήταν σκηνές που τώρα έρχονται σε πλήρη αντίθεση με τη θλίψη του πένθους που μοιράζονται οι συγγενείς.

Το τέλος του χρόνου, για παράδειγμα, με τον απολογισμό των γεγονότων που γίνεται παραδοσιακά, περιπλέκει συνήθως ακόμη περισσότερο την οδυνηρή κατάσταση της απώλειας.

Οι διαφορές

Ένα από τα πιο περίεργα πράγματα που αποκαλύπτονται μπροστά στον θάνατο είναι η συνειδητοποίηση ότι δεν εκδηλώνουμε όλοι τον πόνο μας με τον ίδιο τρόπο:

Γιατί εγώ αισθάνομαι ότι δεν μπορώ να υποφέρω αυτόν τον πόνο, ενώ η φίλη μου, που επίσης έχασε τον άντρα της, δεν δείχνει ή δεν αισθάνεται τόσο χάλια;

Γιατί νιώθω να καταρρέω μπροστά στον θάνατο της μητέρας μου, ενώ ο αδελφός μου όχι;

Οι αντιδράσεις ποικίλλουν (και είναι φυσιολογικό να συμβαίνει αυτό) όχι μόνο ανάμεσα σε διαφορετικά πρόσωπα (ακόμη και μέλη της ίδιας οικογένειας), αλλά και στο ίδιο το άτομο σε διαφορετικές στιγμές της ζωής του, σε διαφορετικές ηλικίες, ή στις ειδικές συνθήκες που μπορεί να βιώνει όταν συντελείται η απώλεια.

Υπάρχουν διάφοροι παράγοντες, περιστάσεις και φαινόμενα που θα μπορούσαν να θεωρηθούν στοιχεία βοηθητικά στην επεξεργασία του πένθους, και άλλα που βάζουν σε κίνδυνο τη διαδικασία εξέλιξης του φυσιολογικού πένθους. Για παράδειγμα, συνήθως, όσο πιο σύντομος, απροσδόκητος και τραυματικός είναι ο θάνατος, τόσο βαρύτερο είναι και το πλήγμα, και το ίδιο συμβαίνει όσο περισσότερο επηρεάζει αυτή η απώλεια την καθημερινή ζωή του υποκειμένου.

Κατά τον ίδιο τρόπο, η επεξεργασία του πένθους θα εξαρτηθεί από τον βαθμό ευκολίας ή δυσκολίας που έχει το άτομο να εκφράσει εκείνη την ώρα αυτό που αισθάνεται.

Ο βαθμός παρουσίας ή απουσίας αυτών ή εκείνων των παραγόντων, μπορεί να κάνει τη διαδικασία της επεξεργασίας πιο φυσική και αβίαστη ή πιο δυσλειτουργική.

Οι δέκα παράγοντες που καθορίζουν τον προβλεπόμενο βαθμό υγείας του πένθους

1. Η ποιότητα της σχέσης με το πρόσωπο που πέθανε (στενή ή απόμακρη σχέση. Άλυτα θέματα).

2. Ο τρόπος θανάτου (από ασθένεια ή ατύχημα, αιφνίδιος ή αναμενόμενος).

3. Η προσωπικότητα του ατόμου (ιδιοσυγκρασία, ιστορία, προσωπικές συγκρούσεις).

4. Η συμμετοχή στη φροντίδα του αγαπημένου προσώπου πριν πεθάνει.

5. Η ύπαρξη ή όχι κοινωνικής και οικογενειακής υποστήριξης.

6. Συνακόλουθα προβλήματα (οικονομικές δυσκολίες, ασθένειες).

7. Οι πολιτισμικοί κανόνες του περιβάλλοντος (η αποδοχή ή όχι της διαδικασίας του πένθους).

8. Η ακραία ηλικία εκείνου που υποφέρει (ηλικιωμένος ή πολύ νέος).

9. Οι πολλαπλές ή μαζικές απώλειες (αν έχασε ταυτόχρονα πολλά αγαπημένα πρόσωπα).

10. Η δυνατότητα επαγγελματικής ή ομαδικής βοήθειας (η ικανότητα να ζητήσει βοήθεια).

Η αυτοκτονία ενός αγαπημένου προσώπου

Ο θάνατος από αυτοκτονία αξίζει σ' αυτό το κεφάλαιο μια ιδιαίτερη ενασχόληση, με δεδομένο ότι, γενικά, δυσκολεύει —και κάποιες φορές φτάνει να εμποδίζει— την επεξεργασία και την έξοδο από το πένθος.

Αυτό οφείλεται στο ότι, τις περισσότερες φορές, όσο κι αν προσπαθεί κανείς, δεν μπορεί ποτέ να καταλάβει τους λόγους που οδήγησαν το αγαπημένο πρόσωπο στην αυτοκτονία. Η αυτοκτονία αφήνει πίσω της πάρα πολλά ερωτηματικά.

Μετά την απόπειρα του αγαπημένου προσώπου κατά της ζωής του, είναι φυσικό να αισθάνεσαι τρομερό θυμό και οργή που σε εγκατέλειψε. Εάν, όπως είπαμε, είναι σχεδόν αναμενόμενο να οργίζεται κανείς με εκείνον που πεθαίνει ακόμη κι αν πέθανε σε ατύχημα, ακούγεται πολύ λογικό να οργίζεσαι όταν εκείνος ή εκείνη αποφάσισε να τερματίσει τη ζωή του.

Είναι φορές που σκέφτομαι ότι αν ο αυτόχειρας είχε πραγματική συνείδηση του τραύματος που προξενεί στην άμεση οικογένειά του —και κυρίως στα παιδιά του, αν έχει—, δεν θα αυτοκτονούσε.

Αν ήξερε πραγματικά τι σκέφτονται, αναπόφευκτα, τα παιδιά όταν ο πατέρας τους (ή η μητέρα) αποφασίζει να δώσει τέλος στη ζωή του ή αφήνεται να πεθάνει...

Εμένα ούτε που με σκέφτηκε.

Εγώ δεν ήμουν καλός λόγος για να συνεχίσει να ζει.

Αν βρισκόμουνα δίπλα του εκείνη τη στιγμή, θα τον είχα εμποδίσει.

Δεν τον ένοιαζε τι θα γινόμουν εγώ.

Και αυτό είναι πολύ οδυνηρό για την αυτοεκτίμηση εκείνου που μένει, για να μπορέσει να το αντέξει.

Βέβαια, είναι φανερό ότι εκείνος που αυτοκτονεί δεν μπορεί να σκεφτεί εκείνη τη στιγμή.

Κατά κάποιον τρόπο, η ικανότητά του για ανάλυση και λογικές κρίσεις είναι μειωμένη και δεν είναι σε θέση να σκεφτεί λογικά όπως θα άρμοζε στην περίσταση (μα αν ήταν, πιθανότατα δεν θα είχε φτάσει στο σημείο να δώσει τέλος στη ζωή του, γιατί το ίδιο το ένστικτο της αυτοσυντήρησης θα τον είχε συγκρατήσει).

Επίσης, μπροστά στην αυτοκτονία, σίγουρα μας κυριεύει ένα υπερβολικό και μερικές φορές παράλογο συναίσθημα ενοχής, ότι το φταίξιμο είναι δικό μας. Νιώθουμε άσχημα για κάτι που είπαμε ή κάτι που δεν κάναμε, λες και θα μπορούσε μια δική μας διαφορετική συμπεριφορά να είχε από μόνη της αλλάξει την έκβαση της κατάστασης.

Είναι ανάγκη να ξεκαθαρίσουμε, μετά από έναν θάνατο με αυτά τα χαρακτηριστικά, ότι κανένας από εμάς δεν θα μπορούσε να επιλέξει για λογαριασμό του άλλου. Η απόφαση της αυτοκτονίας ήταν αποκλειστικά δική του. Ας δεχτούμε ότι, όσα και να του έλεγε κανείς, τα λόγια ποτέ δεν κατάφεραν να αλλάξουν την απόφαση που πήρε κάποιος.

Μπροστά στην αυτοκτονία ενός στενού συγγενή, όσο ηρεμεί η θύελλα των συναισθημάτων, αναδύεται σιγά σιγά η αποδοχή. Χρειάζεται χρόνος και υπομονή για να φτάσουμε ως εκεί, γιατί το πένθος της αυτοκτονίας χρειάζεται περισσότερο χρόνο για να γιατρευτεί. Πρέπει να είμαστε υπομονετικοί και να δουλέψουμε πολύ την ιδέα του σεβασμού για τις επιλογές του άλλου, ακόμη και αν δεν συμφωνούμε, ακόμη κι αν νιώθουμε ότι είναι επιζήμιες για μας, ακόμη κι αν δεν τις καταλαβαίνουμε.

Πένθος προκαταβολικό

Αυτό είναι ένα ζήτημα που προκαλεί αρκετή συζήτηση από τη στιγμή ακόμη που πρέπει να αποφασίσουμε σε ποιον αναφέρεται. Εδώ θα αναφερθούμε στις διεργασίες που γίνονται με την προοπτική μιας αναμενόμενης απώλειας. Η διαδικασία περιλαμβάνει πολλά από τα συμπτώματα του φυσιολογικού πένθους.

Υπάρχουν πάντοτε τα παρακάτω στοιχεία:

1. **θλίψη,**
2. **αγωνία για το πρόσωπο που πεθαίνει,**
3. **δοκιμή του θανάτου,**
4. **συμβιβασμός εκ των προτέρων με τις συνέπειες του θανάτου,**
5. **ουσιαστικό βίωμα του αποχαιρετισμού, μερικές φορές αμοιβαίο.**

Οπωσδήποτε, υπάρχει ένα απλοϊκό λάθος στη χρησιμότητα που μπορεί να έχει αυτό το πένθος. Ένα λάθος που προκύπτει από την ιδέα ότι υπάρχει ένας ορισμένος όγκος θλίψης, κι αν αρχίσει να δοκιμάζει το πένθος κανείς από πριν, μειώνεται ο πόνος που «απομένει» για μετά την απώλεια.

Ευτυχώς ή δυστυχώς, δεν λειτουργούν έτσι τα συναισθήματα.

Ασφαλώς, αυτό δεν σημαίνει ότι το προκαταβολικό πένθος δεν εξυπηρετεί σε τίποτε. Υπάρχουν πράγματι πολλές μελέτες που, με επαρκή στοιχεία, τεκμηριώνουν ότι το πένθος εκ των προτέρων βελτιώνει την ικανότητα προσαρμογής των συγγενών και συντομεύει μερικές φορές τον χρόνο που χρειάζεται για να συνέλθει κανείς από τον πόνο της απώλειας.

Για να δείξουμε καθαρά την ασυμφωνία μεταξύ των ειδικών, αναφέρουμε ότι μια μεγάλη ομάδα ερευνητών μας διαβεβαιώνει, αντίθετα, πως δεν υπάρχει σχεδόν ποτέ προκαταβολικό πένθος, και όταν κάποιοι προσπαθούν να μπουν σ' αυτήν τη διαδικασία, το αποτέλεσμα είναι ολέθριο για όλους. Οι ερευνητές εκείνοι υποστηρίζουν με σοβαρά επιχειρήματα, ότι αν δεχτούν οι συγγενείς τον θάνατο του αγαπημένου προσώπου πριν έρθει η ώρα του, θα μείνουν μετά με την ενοχή ότι εγκατέλειψαν τον ασθενή πριν από το τέλος. Στα επιχειρήματα που χρησιμοποιούν προκειμένου να αποτρέψουν τους συγγενείς να μπουν σε μια τέτοια διαδικασία, προστίθεται επίσης το γεγονός ότι ο ασθενής που παρατηρεί στο περιβάλλον του γνώριμες συμπεριφορές, «σαν να μην συμβαίνει τίποτα», δοκιμάζει έναν πρόσθετο πόνο όταν αντιλαμβάνεται ότι δεν επιβεβαιώνεται ο θάνατός του, που υποτίθεται ότι πρόκειται να συμβεί σύντομα.

Σε κάθε περίπτωση, αυτό που σίγουρα υπάρχει είναι η πρόβλεψη φυσικής εξάντλησης που κάνουν οι συγγενείς του ασθενούς σε περιπτώσεις παρατεταμένης ασθένειας, αν και ούτε και στην περίπτωση αυτή αποφεύγει κανείς τελείως τον πόνο τη συγκεκριμένη στιγμή του θανάτου.

Ενσωμάτωση της σκέψης στο συναίσθημα

Είναι άλλο πράγμα να είσαι θλιμμένος, και άλλο, πολύ διαφορετικό, να μπορείς να κλάψεις.

Το να ξέρω ότι είμαι θυμωμένος, δεν είναι το ίδιο με το να εκφράζω τον θυμό μου.

Το να αποδέχεται κανείς συνειδητά ένα συναίσθημα, δεν δημιουργεί αναγκαστικά την ικανότητα να το εκφράσει. Και στην περίπτωση του πόνου του πένθους, είναι φανερό ότι η διαδικασία απαιτεί και τις δύο όψεις του νομίσματος

Στο πένθος, το σώμα θωρακίζεται (σε πολλές περιπτώσεις στην κυριολεξία σκληραίνει με μυϊκές αμυντικές συσπάσεις που το «παγώνουν»). Αμύνεται σε μια προσπάθεια να αμβλύνει τον αντίκτυπο του πόνου.

Η δυνατότητα να εκφράζουμε τα συναισθήματα που μας προκαλεί μια απώλεια, είτε είναι λύπη, είτε θυμός ή φόβος... μας βοηθάει να αντιμετωπίσουμε τον πόνο και να μπορέσουμε στη συνέχεια να επουλώσουμε το τραύμα της ψυχής μας.

Εάν παραμείνουμε «δυνατοί», απλώς κουκουλώνουμε τον πόνο, και η προσπάθεια να τον καταπνίξουμε όχι μόνο παρεμποδίζει την έξοδο από το πένθος, αλλά συνωμοτεί επίσης ενάντια στην ανάπτυξή μας και μας εμποδίζει να είμαστε ολοκληρωμένοι ενήλικες.

Ο πόνος έχει αυτήν τη δυνατότητα και είναι σίγουρο ότι θα μας διδάξει πώς θα δώσουμε ένα νέο νόημα στη ζωή μας, αλλάζοντας τις αρχές και τις προτεραιότητές μας.

Για παράδειγμα, όσο οδυνηρό κι αν μου είναι να εκφράσω αυτήν την ιδέα, είναι πάντως φυσικό (ευτυχώς) ότι θα ζήσουμε κάποια στιγμή το πένθος του θανάτου των γονιών μας.[1] Είναι φυσικό, παρόλο που μας κοστίζει να το δεχτούμε, ότι θα αντιμετωπίσουμε στη ζωή μας τη φυσική εξαφάνιση και άλλων αγαπημένων προσώπων, και κάποιοι απ' αυτούς μπορεί να είναι τόσο νέοι όσο κι εμείς...

Μπορεί τώρα να σου φαίνεται αδύνατον, όμως με τον καιρό, ξεπερνιέται ακόμη και ο θάνατος του αγαπημένου προσώπου. Κι έρχεται η μέρα που μπορείς να πεις ότι η ζωή συνεχίζεται και αισθάνεσαι ευτυχής που είσαι ζωντανός, χωρίς να είναι ανάγκη να ξεχάσεις εκείνον που δεν υπάρχει πια.

1. Λέω «ευτυχώς», γιατί το δυστύχημα (ή μάλλον, το απολύτως αφόρητο), είναι ένας γονιός να καταδικαστεί να αντιμετωπίσει τον θάνατο του παιδιού του. (Σ.τ.Σ.)

Πένθος χηρείας

ΤΟ ΜΠΛΟΥΖ ΤΗΣ ΚΗΔΕΙΑΣ

Σταματήστε τα ρολόγια,
κόψτε το τηλέφωνο,
μην αφήνετε τον σκύλο να γαβγίζει,
σιγήστε το πιάνο
και με έναν ήχο απαλό
φέρτε το φέρετρο μέσα,
κλείστε τις πόρτες,
κάντε τα αεροπλάνα να μην πετούν.
Πέθανε.
Βάλτε κρέπια,
ησυχάστε τα παιδιά,
εξαφανίστε τα λουλούδια,
αδειάστε τον ωκεανό,
και καθαρίστε τον βυθό.
Νόμιζα πως η αγάπη θα κρατούσε για πάντα.
Έκανα λάθος.
Ήταν ο βορράς μου, ο νότος μου,
η δύση κι η ανατολή μου,
η εργάσιμη βδομάδα μου
και η αργία μου της Κυριακής,
το μεσημέρι μου,
και τα μεσάνυχτα,
η κουβεντούλα
και το τραγούδι μου.
Δεν χρειάζονται πια τ' αστέρια,
σβήστε τα όλα.
Πάρτε το φεγγάρι

και διαλύστε τον ήλιο,
αφού τίποτα πια δεν θα είναι όπως πριν.

Γ. Χ. ΟΝΤΕΝ (1907-1973)[1]

Όταν διαταράσσεται η γνωστή πραγματικότητα, το σίγουρο και το τακτοποιημένο γίνεται χαοτικό.

Ο κόσμος μοιάζει εχθρικός και δεν μπορεί κανείς να μειώσει την αβεβαιότητα και την ανασφάλεια.

Όταν μοιραζόμασταν την προσωρινή τάξη με κάποιον και τώρα αυτός δεν υπάρχει πια, εμφανίζεται η απελπισία και το κενό.

Μόνο μέσω της αλληλεπίδρασης διατηρείται η αίσθηση και η προσωπική ταυτότητα του ατόμου μέσα στον κόσμο. Ίσως γι' αυτόν το λόγο, όσοι χάνουν τον σύντροφό τους λένε ότι έχασαν ένα ουσιαστικό κομμάτι του εαυτού τους. Αισθάνονται παράξενα, νιώθουν την απουσία, λένε ότι κάτι τους λείπει.

Όπως μας διαβεβαιώνουν δύο συνάδελφοι από την Αργεντινή με ειδίκευση στο πένθος, η Δρ. Σίλβια Άλπερ και η Δρ. Ντιάνα Λίμπερμαν, η απώλεια ενός από τους δύο συζύγους επιφέρει πάντοτε έναν πολύ μεγάλο βαθμό αναστάτωσης, υποβαθμίζει το νόημα της ζωής και απειλεί την ταυτότητα του ατόμου.

Η πιο ακραία και μη αναστρέψιμη συνέπεια είναι αυτή που περιγράφεται στο λεγόμενο «σύνδρομο της ραγισμένης καρδιάς», όπου ο θάνατος του ενός συζύγου επισπεύδει τον θάνατο και του άλλου.

1. Wystan Hugh Auden, (1907-1973). Θεωρείται από πολλούς ο μεγαλύτερος άγγλος ποιητής του 20ού αιώνα. (Σ.τ.Μ.)

Πριν πολλά χρόνια, όταν έκανα την άσκησή μου στο Τμήμα Πρώτων Βοηθειών του Ινστιτούτου Χειρουργικής του Χαέδο, δεχτήκαμε μια κλήση για ένα επείγον περιστατικό σε κάποιο σπίτι κοντά στο νοσοκομείο. Δύο γιατροί, μία νοσοκόμα, ο τραυματιοφορέας, ο οδηγός του ασθενοφόρου κι εγώ, επιβιβαστήκαμε στο ασθενοφόρο με τον απαραίτητο εξοπλισμό, και σε λιγότερο από πέντε λεπτά φθάσαμε σ' ένα φτωχικό σπιτάκι της συνοικίας.

Μπήκαμε στο δωμάτιο όπου βρισκόταν η ασθενής, μια γυναίκα 70 χρόνων, που είχε πάθει έμφραγμα του μυοκαρδίου. Δυστυχώς, δεν μπορούσαμε να κάνουμε πολλά, και παρ' όλες τις προσπάθειες που κατέβαλαν οι γιατροί, στο τέλος απλώς πιστοποιήσαμε ότι το επεισόδιο ήταν μοιραίο.

Με λύπη μας ανακοινώσαμε στην αδελφή της ασθενούς, που ήταν στο σπίτι, ότι δεν μπορούσαμε να κάνουμε τίποτε άλλο, κι ότι ήμασταν υποχρεωμένοι να μεταφέρουμε τη νεκρή στο νοσοκομείο για τα απαραίτητα πιστοποιητικά και τις λοιπές τυπικές διαδικασίες.

Η γυναίκα βγήκε από το δωμάτιο και είπε σε κάποιον που, όπως μάθαμε μετά, ήταν ο σύζυγος της γυναίκας που μόλις είχε πεθάνει:

«Πάει η Μαρία... Πέθανε».

Ο άντρας χλόμιασε. Έπεσε σε μια καρεκλίτσα από κλαδιά λυγαριάς και ψιθύρισε:

«Θέλω να πεθάνω...»

Αυτές ήταν και οι τελευταίες του λέξεις.

Δεν μπορέσαμε να κάνουμε τίποτε οι έξι επαγγελματίες

γιατροί και νοσηλευτές, ούτε ο εξοπλισμός που είχαμε μαζί μας, ούτε η δυνατότητα που είχαμε να τον μεταφέρουμε αμέσως στο νοσοκομείο.

Ο άνθρωπος είπε «θέλω να πεθάνω», κι έπεσε κάτω.

Με δεδομένες τις συνθήκες του θανάτου, έγινε αυτοψία στο πτώμα, και έδωσε το αποτέλεσμα που όλοι περιμέναμε:

Καρδιακή προσβολή.

Ο θάνατος της γυναίκας του...

του ΡΑΓΙΣΕ ΤΗΝ ΚΑΡΔΙΑ... στην κυριολεξία.

Στις αγγλοσαξονικές χώρες, ο θάνατος του ενός από τους δύο συζύγους κατέχει την πρώτη θέση σε μια στατιστική έρευνα σχετικά με «επώδυνες καταστάσεις» και πόσο έντονα τις βιώνουν οι άνθρωποι που καλούνται να τις αντιμετωπίσουν. Η έρευνα αυτή και τα συμπεράσματά της, αποτελούν σημείο αναφοράς εδώ και πάρα πολύ καιρό και επιβεβαιώνονται χρόνο με το χρόνο.

Σύμφωνα με την έρευνα αυτή (η οποία, ασφαλώς, δεν θα έδινε τα ίδια αποτελέσματα στις λατινοαμερικάνικες χώρες) η εξαφάνιση του/της συζύγου αποτελεί την μεγαλύτερη αιτία πόνου στον πληθυσμό μεταξύ 25 και 70 χρόνων. Αναλυτικά, τα στατιστικά συμπεράσματα της έρευνας έχουν ως εξής:

ΚΑΤΑΛΟΓΟΣ ΑΛΛΑΓΩΝ	ΠΟΝΟΣ
Θάνατος συζύγου	100
Ποινή φυλάκισης	91
Θάνατος στενού συγγενή (παιδιού)	83
Διαζύγιο	80

Απόλυση από την εργασία, οικονομική στενότητα	76
Θάνατος στενού συγγενή (αδελφού, γονέων)	65
Προσωπική ασθένεια ή σοβαρό ατύχημα	60
Γάμος	50
Θάνατος στενού φίλου	48
Συνταξιοδότηση	45
Ασθένεια ή σοβαρό ατύχημα κάποιου συγγενή	44
Σεξουαλικά προβλήματα	39
Αύξηση της οικογένειας (γέννηση, υιοθεσία)	39
Μεγάλη οικονομική αλλαγή	38
Θάνατος ενός κατοικίδιου	37
Αλλαγή εργασίας	36
Συχνοί καβγάδες με τη σύζυγο	35
Τραπεζική υποθήκη για πάνω από 15.000 δολάρια	31
Μεγάλη αλλαγή στην εργασία (προαγωγή ή μετάθεση)	29
Γιος ή κόρη που φεύγουν (γάμος, στρατ. θητεία)	29
Προβλήματα νομικής φύσης	29
Η σύζυγος αρχίζει να δουλεύει	26
Μετακόμιση, ανακαίνιση ή επισκευές στο σπίτι	25
Σοβαρά προβλήματα με τον διευθυντή	23
Αλλαγές στην κοινωνική ζωή	18

Όταν ρώτησα κάποιον από τους καθηγητές μου στις Ηνωμένες Πολιτείες πώς ερμηνεύει αυτήν την ασυμφωνία, με το επιχείρημα ότι στην πρώτη θέση του καταλόγου θα ήταν για μας, χωρίς αμφιβολία, ο θάνατος του παιδιού, μου απάντησε μ' ένα επιχείρημα που δεν ήταν μεν αρκετό για να με πείσει, με έκανε, όμως, να σκεφτώ μια πλευρά που μέχρι εκείνη τη στιγμή δεν είχα λάβει υπόψη μου.

Όταν πεθαίνει το παιδί, και εφόσον το ζευγάρι παραμένει ενωμένο, είναι δύο αυτοί που τους συμβαίνει το ίδιο πράγ-

μα, που ζουν την ίδια κατάσταση. Κάποιος με καταλαβαίνει, αυτό που μας συμβαίνει αφορά και τους δύο, είναι κοινό, το μοιραζόμαστε. Αντίθετα, όταν πεθαίνει ο ένας από τους δύο συζύγους, κανένας..., επαναλαμβάνω, κανένας δεν περνάει την ίδια κατάσταση. Τότε, είμαστε πραγματικά ολομόναχοι με τον πόνο μας.

Ο άντρας και η γυναίκα που μένουν μόνοι στη φωλιά λένε για τον εαυτό τους ότι είναι «τσακισμένοι» (μ' αυτά τα λόγια το εκφράζουν πολλές φορές). Οι χήροι και οι χήρες λένε συχνά:[1]

«Η πληγή δεν κλείνει ποτέ τελείως.»

«Ο πόνος της απώλειας του συντρόφου σού ραγίζει την καρδιά, και αναρωτιέσαι πώς θα συνεχίσεις να ζεις.»

«Η σιωπή σού τρυπάει τ' αφτιά, το σπίτι είναι πια μόνο τα ντουβάρια.»

«Το κλάμα και ο θυμός γίνονται η καθημερινή σου συντροφιά.»

«Δεν μπορείς να ξεχωρίσεις αν λυπάσαι για εκείνον που έφυγε ή για σένα τον ίδιο.»

«Πώς να συνεχίσεις να αναπνέεις, να περπατάς, να κάνεις τις καθημερινές δουλειές χωρίς αυτόν;»

«Μπορώ να συνεχίσω να είμαι ικανός να αγαπώ;»

«Μετά τον θάνατο του συντρόφου αισθάνεται κανείς διαλυμένος, σαν τράπουλα που τη σκόρπισε ο αέρας.»

Δεν μπορούμε να γενικεύουμε, πάντως, όταν πεθαίνει ο σύ-

1. Υπάρχουν αρκετές σελίδες στο Ίντερνετ που δέχονται τις μαρτυρίες τους:
www.coadargentina.com.ar
www.grieg.com
www.duelum.com.ar
www.widows.com (Σ.τ.Σ.)

ντροφος μετά από πολλά χρόνια συμβίωσης, η ταυτότητα του ατόμου που δομήθηκε αναπόφευκτα μέσα στη σχέση, είναι λογικό να φαίνεται ότι απειλείται.

Η μεγάλη πρόκληση είναι, λοιπόν, να μπορέσουμε να βρούμε τους τρόπους και τα μέσα που χρειάζονται για να ανασυγκροτήσουμε τον εαυτό μας και να αντιμετωπίσουμε μια ζωή η οποία, επειδή είναι εντελώς διαφορετική, μας φαίνεται τόσο δύσκολη.

Σε μια πολύ ενδιαφέρουσα έκθεση, η κοινωνιολόγος Έλενα Λοπάτα,[1] αναφέρει μέχρι δέκα διαφορετικά «είδη μοναξιάς» που μπορούν να εμφανίσουν (ταυτοχρόνως) όσοι βιώνουν το πένθος για τον θάνατο του συντρόφου τους.

1. Τους λείπει ο σύντροφος που χάθηκε.
2. Τους λείπει η αίσθηση ότι κάποιος τους αγαπάει.
3. Τους λείπει η δυνατότητα να ξαναγαπήσουν.
4. Τους λείπει μια βαθιά σχέση.
5. Τους λείπει η αίσθηση ότι είναι κάποιος στο σπίτι.
6. Τους λείπει η δυνατότητα να μοιραστούν τις καθημερινές δουλειές.
7. Τους λείπει ο τρόπος ζωής των παντρεμένων.
8. Τους λείπει η ικανοποίηση να τους συνοδεύει κάποιος όπου πάνε.
9. Τους λείπει η σεξουαλική ζωή.
10. Τους λείπει η παρέα των κοινών φίλων.

1. Έλενα Ζνανιέτσκι Λοπάτα, (1925-2003). Πολωνο-αμερικανίδα καθηγήτρια Κοινωνιολογίας στο Πανεπιστήμιο Λογιόλα του Σικάγου. (Σ.τ.Μ)

Διαφορά φύλου

Με δεδομένο το γεγονός ότι ο προσδοκώμενος μέσος όρος ζωής είναι μεγαλύτερος για τις γυναίκες απ' ό,τι για τους άντρες της ίδιας κοινωνικής τάξης και κατάστασης,[1] η χηρεία στις αστικές κοινωνίες της Δύσης είναι ένα φαινόμενο που έχει μεγαλύτερη σημασία για τις γυναίκες.

Λέει ο φίλος μου ο Εδουάρδο:

«Πολύ μιλάμε για ισότητα των δύο φύλων, πολλά λέμε για το ασθενές φύλο, να δώσουμε περισσότερα δικαιώματα στις γυναίκες, για ένα δίκαιο μισθό και άλλα τέτοια... αλλά ο κόσμος είναι γεμάτος χήρες!»

Πολλές γυναίκες έμαθαν να εξιδανικεύουν την αγάπη και παρέμειναν εξαρτημένες από τον άντρα για να συντηρούνται κοινωνικά, οικονομικά και, συνεπώς, ψυχολογικά. Όσο κι αν μειώνεται η οικονομική εξάρτηση, η ψυχολογική συνεχίζει να υφίσταται, κι αυτός είναι ο λόγος που αισθάνονται μόνες και απροστάτευτες όταν χάνουν τον σύντροφό τους.

Ένας άντρας εν ενεργεία που χάνει τη γυναίκα του μπορεί να αισθάνεται θλιμμένος, απαρηγόρητος και να νιώθει φόβο για το μοναχικό του αύριο, αλλά δύσκολα καταρρέει ολοκληρωτικά. Αυτό οφείλεται στο ότι, στη δική μας κουλτούρα, οι γυναίκες δομούν την ταυτότητά τους (δηλαδή, τον υποκειμενικό ορισμό του ποιες είναι και γιατί ήρθαν στον κόσμο) γύρω από τις σχέσεις τους, ενώ η πλειονότητα των ανδρών δομούν την ταυτότητά τους σε σχέση με τη δουλειά τους.

---

1. Στην Αργεντινή, η ηλικία αυτή είναι το 75ο έτος για τις γυναίκες και το 68ο για τους άντρες. Πηγή: Διεύθυνση Στατιστικής των Ηνωμένων Εθνών, 1998. (Σ.τ.Σ.)

Εάν άντρες και γυναίκες έκαναν δική τους τη φράση του Ortega y Gasset:[1]

«Εγώ είμαι εγώ, και ο κόσμος που με περιβάλλει»,

οι άντρες θα έλεγαν για τον εαυτό τους:
«Εγώ είμαι εγώ, κι ό,τι ξέρω να κάνω».

Οι γυναίκες, αντίθετα, θα έλεγαν:
«Εγώ είμαι εγώ, κι όλοι αυτοί που αγαπώ».

Συνεχίζω χωρίς τον σύντροφό μου

Η φίλη μου Σίλβια Σαλίνας[2] έγραψε ένα βιβλίο ο τίτλος του οποίου μας βάζει σ' αυτόν τον δρόμο. Το βιβλίο λέγεται: *Όλα (ΔΕΝ) τελείωσαν*, και μιλάει: α) για την ανάγκη να συνειδητοποιήσουμε ότι, μετά από μιαν απώλεια και παρόλο τον πόνο είναι δυνατόν να ξαναγαπήσουμε, και β) για το ξάφνιασμα που νιώθουμε όταν ανακαλύπτουμε ότι ο πόνος και ο έρωτας, ως συναισθήματα, μπορούν όχι μόνο να διαδέχονται το ένα το άλλο, αλλά και να συνυπάρχουν.

Το πρόσωπο που πέθανε δεν χάνεται, γιατί, όπως είδαμε, έχει εσωτερικευθεί συναισθηματικά. Μένει κενός, όμως, ο ρόλος που έπαιζε στη ζωή μας.

---

1. Χοσέ Ορτέγκα Ι Γκασέτ, (1883-1955). Ισπανός φιλόσοφος. (Σ.τ.Μ.)
2. Σίλβια Σαλίνας: Ψυχολόγος ειδικευμένη στην ψυχοθεραπεία ζεύγους, και συγγραφέας μαζί με τον Χόρχε Μπουκάι του: *Να βλέπεις στον έρωτα*, (opera, 2009). (Σ.τ.Μ.)

Όταν πέθανε η γυναίκα μου, ένιωσα πως ο θάνατός της ήταν σαν τσουνάμι.

Σιγά-σιγά, άρχισα να χάνω όλους τους φίλους μου, τις συνήθειές μου, τα αγαπημένα μου μέρη, τη δυνατότητα να απολαμβάνω τη μουσική που μου άρεσε.

Δεν ήξερα πώς πληρώνουν το φως, από πού να πάρω φρούτα, από πού να πάρω γάλα.

Τα παιδιά μου, οι γείτονες και τα εγγόνια μου με μεταχειρίζονταν σαν να ήμουν άχρηστος και ανίκανος.

Μια μέρα κατάλαβα ότι υπήρχαν για μένα δύο μόνο επιλογές: η ζωή και ο θάνατος, και συνειδητοποίησα πόσο ελκυστική ήταν για κάποια από τις πληγωμένες πλευρές μου η δεύτερη δυνατότητα.

Από εκείνη την ημέρα, βέβαια, κάτι άλλαξε. Μάζεψα όλους τους δικούς μου στην κουζίνα του σπιτιού μου και τους είπα:

«Θέλω να ξέρετε ότι έμεινα χήρος, όχι ανάπηρος».

Από εκείνη την ημέρα, όλα άρχισαν να ξαναπαίρνουν τον δρόμο τους.

Λέω, λοιπόν, ότι σ' αυτήν την ιστορία και σε όλες τις άλλες που μπορεί να μου προκύψουν, εάν πιστεύω πως δεν θα το αντέξω να μην υπάρχεις... δεν θα μπορέσω πραγματικά να το αντέξω.

Είναι η ίδια ιστορία μ' εκείνους που λένε: «Δεν θα μπορέσω ποτέ μου να κόψω το κάπνισμα»... και συνεχίζουν να καπνίζουν.

Και με όσους λένε «δεν θα μπορέσω ποτέ να κάνω μια δίαιτα να αδυνατίσω»... και συνεχίζουν να τρώνε περισσότερο.

Όσο πιστεύω ότι ποτέ δεν θα μπορέσω να κάνω κάτι, ό,τι κι αν είναι αυτό, το μόνο σίγουρο είναι ότι όντως δεν θα μπορέσω να το κάνω.

Έτσι είναι.

Οι άνθρωποι σηκώνουμε το βάρος (μερικές φορές ασυνείδητα) της ικανότητάς μας να κάνουμε πραγματικότητα —αν εξαρτάται από εμάς—, τις πιο καταστροφικές μας προβλέψεις. Αν πιστεύω ότι δεν θα μπορέσω να αντέξω την απουσία σου, αν πιστεύω πως δεν μπορώ να συνεχίσω τη ζωή μου χωρίς εσένα, αν έχω πείσει τον εαυτό μου ότι τελείωσε για μένα η ζωή, είναι πολύ πιθανό ότι όλα αυτά θα συμβούν στ' αλήθεια.

Αφήστε με να σας διηγηθώ τι συμβαίνει πραγματικά σε μια φυλή της βορείου Αφρικής.

Όταν κάποιος διαπράττει κάτι φοβερό —σκοτώνει, για παράδειγμα, ένα άλλο μέλος της φυλής—, είναι έθιμο να γίνεται μια συνάθροιση όλων των αρχηγών της φυλής, και να κάνουν συμβούλιο.

Αν τον κρίνουν ένοχο, τον καταδικάζουν σε θάνατο. Το περίεργο είναι, ότι η καταδίκη σημαίνει πως του κάνουν ένα σημάδι με χρώμα στον ώμο. Είναι ένα σπάνιο σημάδι, που στη φυλή αποτελεί το σύμβολο του θανάτου.

Από την ημέρα αυτή, ο καταδικασμένος απομονώνεται σε μια σκηνή δέκα μέτρα μακριά από τους υπόλοιπους — όχι παραπάνω. Δεν τον χτυπάει κανείς, δεν του κάνουν τίποτα. Αν θέλει να φάει, τρώει. Αν θέλει να πιει, πίνει. Κανείς, όμως, δεν του απευθύνει τον λόγο, κανείς δεν μιλάει μαζί του. Είναι νεκρός.

Δύο μήνες μετά την καταδίκη του, ο κατάδικος πεθαίνει. Πεθαίνει χωρίς να του έχει πειράξει κανείς ούτε μια τρίχα από τα μαλλιά του. Και δεν πεθαίνει γιατί του συνέβη κάτι ιδιαίτερο —γιατί το σημάδι είχε δηλητήριο ή κάτι τέτοιο—, πεθαίνει απλώς και μόνο γιατί πιστεύει ότι πρέπει να πεθάνει.

Στην κουλτούρα και την τελετουργία εκείνη, ο ένοχος είναι πεπεισμένος ότι, αφού καταδικάστηκε σε θάνατο και φέρει το συγκεκριμένο σημάδι, θα πεθάνει. Και ασφαλώς, πεθαίνει. Πεθαίνει στην κυριολεξία.

Όπως έχω ήδη πει, όταν πεθαίνει ο ένας από τους δύο συντρόφους, μένουν κενοί οι ρόλοι που έπαιζε στη ζωή του άλλου, κι αυτός που μένει πρέπει να μάθει να ζει αλλιώς.

Δεν είναι ότι με πονάει μόνο το γεγονός
ότι έχασα τον λογιστή,
τον κηπουρό, τον ερωτικό σύντροφο
και τον στοργικό πατέρα…
Δεν είναι ότι με πληγώνει μόνο που έμεινα
χωρίς μαγείρισσα, οικονόμο, καθαρίστρια,
σύμβουλο, ερωτική σύντροφο και νοσοκόμα…
Αλλά είναι και αυτό.

Κατά τους ειδικούς, το πένθος τελειώνει όταν μπορεί κανείς να ξαναμπεί στη ζωή με καινούργια σχέδια, όταν αποφασίζει ότι ο ίδιος δεν είναι πια «νεκρός». Μπορεί τότε να περάσει από τον ανυπόφορο πόνο σ᾽ έναν άλλο, λιγότερο έντονο, κι από εκεί, με τον καιρό, στην αγάπη για τους άλλους (την οικογένεια, έναν καινούργιο σύντροφο, τους φίλους).

Μετά τον θάνατο του συντρόφου σου, είναι ασφαλώς πολύ δύσκολο να επιτρέψεις στον εαυτό σου μια καινούργια σχέση. Δεν είναι απαραίτητο να κάνεις κάτι τέτοιο, αλλά σημασία έχει να ξέρεις ότι είναι δυνατό να γίνει κι αυτό.

Διαζύγιο

Το να θυμάσαι, είναι ο καλύτερος τρόπος για να ξεχάσεις.

ΣΙΓΚΜΟΥΝΤ ΦΡΟΪΝΤ

Ίσως φαίνεται περίεργο να υπάρχει ένας τέτοιος τίτλος εδώ, ανάμεσα σε θανάτους και πένθη αυτού του τύπου. Ασφαλώς, όμως, όπως είδαμε στην έρευνα για τα διάφορα είδη πόνου, το διαζύγιο σαν οδυνηρό βίωμα είναι πολύ κοντά στην κατάσταση του θανάτου του συντρόφου.

Αν ξαναδούμε τα χαρακτηριστικά που αναφέραμε για τους χήρους και τις χήρες, και πάνω απ' όλα, αν διαβάσουμε ξανά τον κατάλογο των τρόπων που βιώνουν τη μοναξιά όσοι είναι σε πένθος, θα βρεθούμε μπροστά στον ίδιο ακριβώς πόνο που μας περιέγραφε ο φίλος μας εκείνος που μόλις χώρισε. Κι εκείνος μιλάει για τη φυσική απουσία της συντρόφου του, για τις συναισθηματικές του δυσκολίες, για την απώλεια φίλων και δυνατοτήτων, για τη δυσκολία να ξαναρχίσει μια φυσιολογική ζωή.

Έχω μιλήσει σε συνεδρίες με εκατοντάδες ανθρώπους από τότε που δουλεύω ως ψυχοθεραπευτής, κι έχω συναντήσει πάρα πολλά ζευγάρια που υποφέρουν κάθε μέρα, —και πολύ περισσότερο, κάθε νύχτα—, από τις συνέπειες μιας κάκιστης διαπροσωπικής σχέσης, από την απουσία κοινών στόχων, ή επειδή «τους τελείωσαν» ο έρωτας και η αγάπη που ένιωθαν ο ένας για τον άλλον. Παρόλα αυτά, παρόλο το «βάσανο» που είναι η ζωή τους κάτω από αυτές τις συνθήκες, λένε σ' εμένα και διακηρύσσουν σε όλον τον κόσμο, πως κάνουν ό,τι κάνουν και θα έκαναν ακόμη περισσότερα, γιατί δεν αντέχουν τον πόνο του χωρισμού. Άντρες και γυναίκες φαινομενικά πολύ ασφαλείς και που μοιάζουν να έχουν αρκετή διαύγεια πνεύματος σε άλλους τομείς της ζωής τους... φέρονται σαν να φοβούνται την ίδια τη ζωή. Κι όλο αυτό, γιατί πιστεύουν πως δεν θα άντεχαν να ζήσουν έξι μήνες τον πόνο που θα τους προξενούσε το γεγονός ότι δεν θα είναι πια παντρεμένοι, ή δεν θα άντεχαν τον χωρισμό από το συγκεκριμένο άτομο.

Πάντα είχα την εντύπωση ότι αυτό δεν είναι έρωτας, ούτε κι έχει καμία σχέση με την αγάπη. Αυτό είναι να είσαι γαντζωμένος πάνω στον άλλον, και ταυτόχρονα να μην είσαι «κοντά» του.

Αντίθετα, να είσαι μαζί και να έχεις επαφή με τον άλλον, σημαίνει να ζεις μια σχέση όπου ο καθένας μπορεί να φεύγει, να έρχεται, να παίρνει τις αποστάσεις του για να κάνει τα δικά του, και μετά να επιστρέφει, ή να μένει εκεί, αλλά να αποφασίζει να κάνει κάτι άλλο από αυτό που θέλει ο σύντροφός του. Μια σχέση όπου το δικό μου δεν αποκλείει αυτό που μοιραζόμαστε.

Άλλο πράγμα είναι να είσαι αγκιστρωμένος.

Γάντζωμα, χειραγώγηση και συν-εξάρτηση

Το ότι είμαι γαντζωμένος πάνω σε κάποιον, δεν σημαίνει ότι είμαστε μαζί. Σημαίνει ότι κρατώ κάποιον με το ζόρι· τον φυλακίζω. Σημαίνει ότι προσκολλώμαι, τον τυλίγω στα δίχτυα μου, γεμίζω όλα τα κενά του νομίζοντας ότι έτσι θα είναι «ικανοποιημένος». Η εξάρτηση, όμως, ποτέ δεν συμβάλλει στην ολοκλήρωση κάποιου, ούτε με φέρνει σε επαφή μαζί του. Είναι χρήσιμη μόνο για να τραβάω τον άλλο βίαια, να τον κρατάω με το ζόρι, να τον αιχμαλωτίζω, και να πιστεύω ότι έτσι τον εμποδίζω από το να μπορέσει κάποτε να φύγει.

Αυτό δεν σημαίνει ότι είμαστε μαζί, ούτε έχει καμία σχέση με την αγάπη. Όλο αυτό είναι συγκαλυμμένη χειραγώγηση και προσπάθεια ελέγχου της ζωής του άλλου.

«Για να ξεφύγεις από μένα
πρέπει να πληγωθείς και να με πληγώσεις,
γιατί σ' αυτό το αγκίστρι είμαστε κι οι δυο πιασμένοι».

Ένας τέτοιος σχεδιασμός αποτελεί πάντοτε σύμπτωμα δυσλειτουργίας στη σχέση, και δεν χρειάζεται να ψάξει κανείς πολύ για να βρεθεί μπροστά στην προφανή δυσφορία και των δύο, όταν η σχέση έχει πάρει αυτόν τον δρόμο. Το περίεργο είναι ότι, παρόλα αυτά, φαίνεται ότι μας ελκύουν αυτές οι καταστάσεις ελέγχου, οι δικές μας και οι ξένες, μας γοητεύει να είμαστε μπλεγμένοι σε τέτοιες «ασφαλείς» σχέσεις. Ζούμε κατά κάποιον τρόπο καταστρώνοντας σχέδια, συνειδητά ή ασυνείδητα, για να κρατάμε τον άλλο φυλακισμένο, για να μην μπορεί να απεμπλακεί, να μην μπορεί να φύγει. Ξεστομίζουμε φοβερές βλακείες που τις κρατάμε συνήθως ψηλά σαν λάβαρα ιδανικών συντροφικών σχέσεων:

«Εμείς οι δύο είμαστε ένα»,
«Είμαστε δύο σε σάρκα μία»,
«Εγώ για σένα κι εσύ για μένα».

Και αυτή που προτιμούν περισσότερο οι «αιώνιοι εραστές»:

«Δεν μπορώ να ζήσω χωρίς εσένα».

Αν μπορούσαμε για μια στιγμή να ξεφύγουμε από το ναρκισσιστικό χάδι που τόσο πολύ μας αρέσει, θα καταλαβαίναμε πόσο απεχθές είναι αυτό το σύμβολο που καταδικάζει και τους δυο μας σ' ένα εγγυημένο βάσανο: Να εξαρτά κανείς ΤΗ ΖΩΗ ΤΟΥ από τον άλλον, καθιστώντας τον υπεύθυνο για την ύπαρξη του αγαπημένου ή της αγαπημένης του. Πόσο βαρύ ακούγεται!

Ένα σχέδιο λίγο πιο ήπιο αλλά που επίσης δημιουργεί εξάρτηση, είναι αυτό που χρησιμοποιεί κάποιος όταν λέει, με ύφος αθώας περιστεράς:

«Αααχ... πόσο ευτυχισμένο με κάνεις...»

Κι εγώ λέω πάντοτε: ακόμα κι αν σε γοητεύει το ψέμα —να πιστεύεις δηλαδή ότι έχεις τη δύναμη να κάνεις ευτυχισμένο το πρόσωπο που αγαπάς—, μη δεχτείς να αναλάβεις αυτήν την ευθύνη. Μην το δεχτείς αυτό ποτέ!

Όχι τόσο γιατί δεν είναι βέβαιο (ποτέ δεν είναι) ότι έχεις αυτήν την ικανότητα, αλλά γιατί αν δεχτείς ότι είσαι σε θέση να κάνεις ευτυχισμένο τον άλλο, θα πρέπει να δεχτείς, επίσης, ότι κάποια στιγμή θα έχει το δικαίωμα να σου πει:

«Μου κατέστρεψες τη ζωή».

Δεν έχεις τη δύναμη να με κάνεις ευτυχισμένο, ποτέ δεν την είχες, παρόλο που εγώ ήθελα να σου παραχωρήσω αυτό το προνόμιο, παρόλο που κι εσύ ήθελες να το δεχτείς. Επομένως, δεν έχεις ούτε τη δύναμη να με κάνεις δυστυχισμένο.[1]

1. Παρεμπιπτόντως... αν δεν έχεις τη δύναμη να με κάνεις να υποφέρω όσο είσαι μαζί μου, ακόμη λιγότερο θα έχεις αυτή τη δύναμη αν χωρίσουμε. (Σ.τ.Σ.)

Μπορεί να με πληγώσει κάτι που κάνεις, κάτι που λες, αυτό ναι, σίγουρα. Αλλά να με κάνεις να υποφέρω; Η αλήθεια είναι ότι αυτό δεν το μπορείς.

Για σκέψου: Τι μπορεί να κάνει ο άλλος;

«Μπορεί να κάνει όλα αυτά που εμένα δεν μου αρέσουν και τίποτε απ' όλα εκείνα που με ευχαριστούν.»

Πολύ ωραία. Κατάλαβα.

Αλλά αν κάνει όλα αυτά που δεν σου αρέσουν, τότε γιατί μένεις κοντά του;

«Μένω γιατί τον αγαπάω.»

Καλά, δέχομαι τους λόγους σου, όμως... αν μένεις κοντά του γιατί τον αγαπάς, τότε είναι ο άλλος αυτός που σε κάνει να υποφέρεις; Δεν μπορεί, αυτό δεν γίνεται με κανένα τρόπο.

Εγώ είμαι αυτός που διάλεξε αυτόν τον άνθρωπο, εγώ είμαι αυτός που αποφάσισε να μείνει, άρα εγώ είμαι υπεύθυνος για τον πόνο μου. Εγώ είμαι αυτός που με κάνει να υποφέρω.

Είναι πολύ πιθανό, βέβαια, να μην είμαι μόνο εγώ, σίγουρα, όμως, έχει να κάνει πιο πολύ μ' εμένα παρά μ' εσένα.

Είναι, κυρίως, η εξάρτηση που δημιουργεί μέσα μου αυτό που ονομάσαμε στην αρχή «σύστημα πεποιθήσεων» του καθενός. Στην περίπτωση αυτή, εάν εγώ πιστεύω ότι η ευτυχία ΜΟΥ είναι ΔΙΚΗ ΣΟΥ ευθύνη...

Εάν για να είμαι εγώ ευτυχισμένος,
πρέπει εσύ να κάνεις αυτό και τ' άλλο.
Και για να είμαι εγώ ευτυχισμένος,
πρέπει να συμπεριφέρεσαι με αυτόν τον τρόπο.
Και για να είμαι εγώ ευτυχισμένος,
δεν θα πρέπει να λες αυτά κι αυτά.
Και δεν θα πρέπει ούτε να τα σκέφτεσαι.
Εάν για να μην υποφέρω εγώ,
πρέπει εσύ να θέλεις ακριβώς ό,τι θέλω εγώ,
τη στιγμή ακριβώς που το θέλω
και, βέβαια, να πάψεις να θέλεις οτιδήποτε άλλο
(να μην είναι δηλαδή κάτι
που το θέλεις κάποια στιγμή
που δεν είναι η στιγμή που το θέλω εγώ)... τότε
Έχω πρόβλημα...

Όμως, υπάρχουν φορές που δεν είμαι τόσο ξεκάθαρος ή δεν θέλω να μάθω πώς έχουν τα πράγματα ή δεν αντέχω να πάρω την ευθύνη για τα λάθη μου, και προτιμώ να σκέφτομαι ότι υποφέρω εξαιτίας σου.

Δεν φεύγω, βέβαια. Μένω.

Γιατί μένω; Και σε κάθε περίπτωση, τι δικαιολογία δίνω στον εαυτό μου;

Πρόσεξε (και μη γελάσεις):

«Ελπίζω ότι θα αλλάξεις...»

Ή, ακόμη χειρότερα:

«Μένω για να σε αλλάξω»,
«Για να καταφέρω να σε κάνω διαφορετικό»,
«Για να σε καταφέρω να θέλεις ακριβώς
αυτό που θέλω κι εγώ».

Προς τι όλα αυτά... Μα είναι απλό. Δεν αντέχω την ιδέα να σε χάσω.

Για να μη σε χάσω, θα σε αλλάξω.

Που σημαίνει, πρώτα θα σε βασανίσω και θα βασανιστώ, έστω και αν στο τέλος, μετά απ' όλα αυτά, καταλήξω να σε χάσω. Τρία δράματα στην τιμή του ενός.

Αποδέχομαι και αφήνω να φύγει

Είναι πολλά και ανησυχητικά αυτά που κάνουμε όλοι μας για να αποφύγουμε μιαν απώλεια. Δεν θέλουμε να περάσουμε ποτέ από τη διαδικασία του πένθους, και πολύ λιγότερο όταν δεν είμαστε εμείς που επιλέξαμε να βρεθούμε σ' αυτήν την κατάσταση.

Αν και αρκεί μόνο μία ερώτηση: Είμαστε πράγματι στο περιθώριο της απόφασης του χωρισμού που μας ανακοινώνει ο σύντροφός μας;

Στο κάτω κάτω, ποιος θέλει να είναι δίπλα σε κάποιον όταν αυτός δεν τον θέλει πια;

Εγώ πάντως όχι, ούτε κι εσύ, και σίγουρα κανένας απ' όσους διαβάζουν το βιβλίο αυτό, ετούτη τη στιγμή.

Όταν τα συνειδητοποιώ όλα αυτά, δεν προσπαθώ πια να σε κρατάω σφιχτά, παύω να θέλω να σ' έχω αγκιστρωμένο, ανοίγω την αγκαλιά μου και σου επιτρέπω να φύγεις. Και ξέρω ότι μόλις τελειώσει η επεξεργασία της απώλειας, το τραύμα μου δεν θα πονάει πια. Μόλις αφήσω πίσω αυτό που δεν υπάρχει πια, θα απελευθερωθώ από το παρελθόν για να διαλέξω με ποιον θα συνεχίσω τον δρόμο της ζωής μου, αν φιλοδοξώ να συνεχίσω αυτόν τον δρόμο με συντροφιά. Παρόλα αυτά... εμείς κοιτάμε πώς θα χειριστούμε τη συμπεριφορά του άλλου ώστε να κάνει αυτό που θέλουμε εμείς, αντί να περάσουμε τον δρόμο των δακρύων και, αφού κλάψουμε αρκετά, ν' αφήσουμε χώρο για κάποιον που θα είναι πιο κοντά στα γούστα και τις αρχές μας.

Στις περισσότερες περιπτώσεις, φαίνεται ότι θα μου ήταν πιο ευχάριστο να επιβεβαιώσω τη δύναμή μου, παρά να βρω κάποιον άλλον που θα ήθελε αυτά που θέλω κι εγώ, παρόλο που τις περισσότερες φορές είναι η φωνή του πιο νευρωτικού εαυτού μου αυτή που με προειδοποιεί: Μπορεί να μη συναντήσω ποτέ ξανά κάποιον που να με θέλει (*γιατί ποιος θα με θέλει τώρα;*). Αυτή η φωνή μού λέει να μείνω, να επιμείνω, να κρατήσω σφιχτά τον/την σύντροφό μου (*γιατί είναι καλύτερο το γνωστό κακό...*) κ.λπ. κ.λπ.

Το κίνητρο, όμως, δεν είναι η αγάπη: είναι ο φόβος γι' αυτό που ακολουθεί, η ψεύτικη σιγουριά που μου δίνει το γνωστό. Είναι η ψευδαίσθηση ηρεμίας δίπλα σ' αυτόν που υποτίθεται πως έχω (παρόλο που στην πραγματικότητα δεν τον έχω πια στ' αλήθεια).

Το σκεπτικό σου μπορώ να το καταλάβω, ακόμη και να το δικαιολογήσω. Δεν έχει, όμως, όλο αυτό καμία σχέση με την αγάπη.

Με τον καλύτερό μου φίλο, τον αδελφό μου, το παιδί μου, όταν οι επιθυμίες μας δεν συμπίπτουν, είναι ξεκάθαρο ότι το καλύτερο είναι να κάνει ο καθένας αυτό που στην πραγματικότητα έχει τη διάθεση να κάνει, και μετά, μπορεί να βρεθούμε για να μοιραστούμε ό,τι μας άρεσε περισσότερο σ' αυτά που κάναμε.

Με τον σύντροφό μας θα έπρεπε να γίνεται ακριβώς το ίδιο, αλλά για να φτάσει κανείς σ' αυτό το σημείο, πρέπει να μάθει να αφήνει τον άλλο να φύγει χωρίς να φοβάται την απώλεια.

«Α, όχι! Και αν βγει με κάποιον φίλο και στο τέλος της αρέσει ο φίλος καλύτερα από μένα; Καλύτερα, λοιπόν, να μη βγαίνει με κανέναν, καλύτερα να μη βλέπει κανέναν άντρα, καλύτερα να φοράει παρωπίδες στον δρόμο, καλύτερα ακόμη να μη βγαίνει ποτέ στον δρόμο.»

«Α, όχι! Κι αν βγει με τους φίλους του και γνωρίσει μια άλλη γυναίκα, και αν μετά οι δυο τους... τρέχα γύρευε... Καλύτερα να τον ελέγχω, να τον ζηλεύω, να τον έχω από κοντά για να μην υπάρχει καμία πιθανότητα να με εγκαταλείψει.»

Αυτό είναι ένα μαρτύριο που δεν με αφήνει να ησυχάσω. Είναι ένα ολέθριο αποτέλεσμα της δικής μου δυσκολίας να αντιμετωπίσω την απώλεια.

Και λέμε ότι όλα αυτά τα κάνουμε από υπερβολική αγάπη;;;!!!

Και θέλουμε να μας πιστέψουν;;;!!!

Θράσος που έχουμε!!! Ψεύτες που είμαστε!!!

Η αλήθεια είναι ότι μας κοστίζει να αφήσουμε κάποιον να φύγει. Μάθαμε, όμως, ότι ο μοναδικός δρόμος που οδηγεί στην προσωπική μας ανάπτυξη είναι ο δρόμος της επεξεργασίας του πένθους που αναπόφευκτα θα αντιμετωπίσουμε για ό,τι αφήνουμε πίσω, ό,τι ανήκει πια στο παρελθόν. Η ιστορία των απωλειών μου είναι το διαβατήριο που χρειάζομαι για να φτάσω σ' αυτό που ακολουθεί.

Εάν όταν βραδιάζει κλαις
γιατί έπεσε ο ήλιος,
τα δάκρυα
δεν θα σ' αφήσουν να δεις τ' αστέρια.

ΡΑΜΠΙΝΤΡΑΝΑΘ ΤΑΓΚΟΡ[1]

Αν συνεχίζω να κλαίω για κείνο που δεν υπάρχει πια, δεν μπορώ να χαρώ αυτό που έχω τώρα.

Αντίθετα, το να αντιμετωπίσω το μη αναστρέψιμο της απώλειας σημαίνει ότι δέχομαι το πένθος, ξέρω ότι εκείνο που ήταν δεν είναι πια, ή τουλάχιστον δεν είναι όπως ήταν.

Όντως, τα πράγματα δεν είναι ΠΟΤΕ όπως ήταν. Τίποτα δεν είναι το ίδιο.

Ο Ηράκλειτος έλεγε:

Είναι αδύνατον να μπεις δύο φορές στο ίδιο ποτάμι.
Στο ποτάμι δεν κυλάει το ίδιο νερό,
κι εγώ δεν είμαι πια ο ίδιος.

Δεν λέω να αλλάξει κανείς, έτσι για την αλλαγή, ούτε να αφήσει κάποιον να φύγει από ένα πείσμα της στιγμής, ούτε

1. Rabindranath Tagore, (1861-1941). Βρετανο-ινδός ποιητής, θεατρικός συγγραφέας, φιλόσοφος, συνθέτης και ζωγράφος. Το πρώτο βραβείο Νόμπελ της Ινδίας στη Λογοτεχνία (1913). (Σ.τ.Μ.)

να εγκαταλείψει τον άλλον χωρίς να το σκεφτεί. Να συνειδητοποιήσουμε όμως ότι, όταν κάτι έχει πεθάνει, έχει τελειώσει οριστικά, και αυτή είναι η στιγμή που πρέπει να το αφήσουμε πίσω.

Όταν δεν έχει πια νόημα, όταν δεν θέλει πια, όταν δεν υφίσταται πια, είναι ώρα να το αφήσουμε πίσω.

Η αλήθεια είναι ότι την ίδια ερώτηση που κάνω σε όλους, την κάνω και στον ίδιο τον εαυτό μου.

Εάν αύριο το πρωί πάω σπίτι και μου πει η γυναίκα μου, μετά από 25 χρόνια γάμου, ότι δεν με θέλει πια... τι γίνεται;

Πόνος, απελπισία, θλίψη... και πάλι πόνος.

Κι ύστερα αρχίζω να αμφιβάλλω.

Αναρωτιέμαι:

Εγώ θέλω να συνεχίσω να ζω με κάποια που δεν με θέλει;

Εγώ —όχι αυτή, *εγώ*— θέλω να συνεχίσω μαζί της;

Την αγαπάω απέραντα.

Φτάνει όμως αυτό; Μπορώ εγώ να αγαπάω και για τους δυο μας;

Η αλήθεια είναι πως... όχι.

Η αλήθεια είναι ότι το ζήτημα έχει ως εξής: επειδή ξέρω ότι δεν μπορώ να εξασφαλίσω ότι θα μ' αγαπάς, ούτε μπορώ να αγαπάω εγώ και για τους δυο μας, γι' αυτό λοιπόν... σε αφήνω να φύγεις.

Δεν σε κρατώ αιχμάλωτη, δεν σε κρατώ σφιχτά, δεν σε δένω, δεν σε φυλακίζω.

Αν σ' αγαπάω αληθινά, αν κάποτε σε αγάπησα, δεν θέλω να σε κρατήσω με το ζόρι.

Κι αν σε αφήνω να φύγεις, δεν είναι επειδή δεν με ενδιαφέρει· σε αφήνω να φύγεις γιατί με ενδιαφέρει πάρα πολύ.

Σου ανοίγω την πόρτα γιατί, όπως σου είπα κάποτε, δεν υπάρχει αγάπη που να μην στηρίζεται στην ελευθερία.

«Υπάρχουν, όμως, Χόρχε, φορές, υπάρχουν καταστάσεις, που ο ένας από τους δύο σε ένα ζευγάρι δίνει τη μάχη, αγωνίζεται για τη σχέση, και μετά από μια περίοδο συγκρούσεων, ξαναβρίσκουν ο ένας τον άλλο.»

Ναι, αυτό είναι αλήθεια. Υπάρχουν χιλιάδες ζευγάρια, που για να βρουν ο ένας τον άλλον χρειάστηκε να χωρίσουν. Όπως υπάρχουν πολλά ζευγάρια που χώρισαν και δεν ξαναβρέθηκαν ποτέ, και υπάρχουν βέβαια πάρα πολλά που δεν χώρισαν ποτέ και έζησαν το υπόλοιπο της ζωής τους πικραίνοντας ο ένας τον άλλον μέρα με τη μέρα, βδομάδα με τη βδομάδα, ώς το τέλος. Το τέλος, όμως, της ιστορίας ενός ζευγαριού δεν το ορίζει ποτέ η δύναμη ή η ικανότητα του ενός να κρατάει τον άλλο δεμένο.

Σ' ένα διαζύγιο, η επεξεργασία του πένθους συνεπάγεται επίσης ότι μαθαίνει κανείς πως μετά το χωρισμό, η απώλεια αυτής της σχέσης μπορεί κάλλιστα να οδηγήσει σε μια νέα συνάντηση, μια καινούργια σχέση, υγιή, διαφορετική, που μόλις γεννήθηκε, χωρίς τη βαριά «κληρονομιά» της νεκρής σχέσης.

Όταν ένα ζευγάρι με προβλήματα πηγαίνει σε κάποιον θεραπευτή για συμβουλευτική, αρκεί να αισθάνεται ειλικρινά ο ένας από τους δύο ότι τέλειωσαν όλα, ότι δεν θέλει πια τίποτα, δεν έχει κανένα συναίσθημα που να αφορά το μέλλον τους ως ζευγάρι, ότι δεν υπάρχει πια επιθυμία... αρκεί να υποστηρίζει ότι εξάντλησε όλα τα μέσα αλλά και πάλι δεν αισθάνεται τίποτα... αρκούν αυτά για να αντιληφθεί ο θεραπευτής ότι είναι πολύ λίγα αυτά που μπορεί να κάνει, κι ότι δεν υπάρχουν πολλά για να περισώσει.

Εάν, όμως, υπάρχει επιθυμία, αν νοιάζεται και θέλει ο ένας τον άλλον, αν αγαπιούνται, αν πιστεύουν ότι κάτι μπορεί να γίνει, έστω κι αν δεν ξέρουν τι είναι αυτό, τότε τα προβλήματα μπορούν να λυθούν (ή, για να το πούμε καλύτερα, μπορεί να γίνει ακόμη μία προσπάθεια).

Επαναλαμβάνω, όμως, εάν για τον ένα από τους δύο, αληθινά και οριστικά τελείωσε η ιστορία, τότε τελείωσε και για τους δύο, και δεν υπάρχει τίποτα που μπορεί να κάνει κανείς. Τουλάχιστον, σ' αυτήν τη στροφή του δρόμου.

Μπορεί, όμως, να υπάρχουν κι άλλες στροφές, και μπορεί η επόμενη να είναι αυτή που θα με βγάλει από τη δύσκολη κατάσταση... Αν όμως ο ένας δεν θέλει, δεν μπορούμε να συνεχίσουμε μαζί, και τότε πρέπει να το πάρω απόφαση ότι δεν έχει νόημα να επιμείνω.

Τότε ο θεραπευτής του, ο καλύτερός του φίλος, καμιά φορά και ο ίδιος ο σύντροφος, θα πρέπει να πει σ' εκείνον που δεν θέλει να το πάρει απόφαση:

«Έχω κάτι δυσάρεστο να σου πω... Λυπάμαι, τέλειωσαν όλα.»

«Και τώρα;» θα ρωτήσει εκείνος.

«Δεν ξέρω. Σε πονάει, σίγουρα, αλλά θα το ξεπεράσεις.»

Κι εγώ προσθέτω: σου εγγυώμαι ότι μπορείς ν' αντέξεις αυτό που ακολουθεί.

Αν δεν αγκιστρωθείς πάνω στον άλλον, θα το ξεπεράσεις το πένθος.

Αν δεν επιχειρήσεις να τον κρατήσεις, θα επιβιώσεις μετά την απώλεια.

Εκτός αν πιστεύεις ότι εξαιτίας του σίγουρα θα πεθάνεις.

Λένε πως ήταν ένα καραβάνι στην έρημο.

Μόλις πέφτει η νύχτα σταματάει το καραβάνι.

Ο μικρός που φροντίζει τις καμήλες πλησιάζει τον οδηγό του καραβανιού και του λέει:

«Έχουμε ένα πρόβλημα. Οι καμήλες είναι 20, και έχουμε 19 σκοινιά. Τι να κάνω;» Αυτός του απαντάει:

«Κοίτα, οι καμήλες δεν είναι και πολύ έξυπνες, είναι μάλλον κουτές. Θα πας λοιπόν δίπλα στην καμήλα που περισσεύει και θα κάνεις ότι τη δένεις. Αυτή θα νομίζει ότι την έχεις δέσει και θα κάθεται φρόνιμα.»

Λίγο δύσπιστος ο μικρός, πάει όμως και κάνει ότι τη δένει, και πραγματικά η καμήλα μένει εκεί, ακίνητη, σαν να ήταν στ' αλήθεια δεμένη.

Σηκώνονται το άλλο πρωί, ο οδηγός μετράει τις καμήλες, και είναι είκοσι. Είναι όλες εκεί.

Φορτώνουν οι έμποροι τα πράγματά τους και το καραβάνι ξαναπαίρνει τον δρόμο του. Οι καμήλες προχωρούν στη σειρά και πάνε για την πόλη. Όλες, εκτός από μία που έμεινε πίσω.

«Αρχηγέ, είναι μία καμήλα που δεν ακολουθεί το καραβάνι. Έχει μείνει πίσω.»

«Είναι εκείνη που δεν έδεσες χθες γιατί δεν είχες σκοινί;»

«Ναι. Πώς το ξέρεις;»

«Δεν έχει σημασία. Πήγαινε και κάνε ότι τη λύνεις. Δεν ακολούθησε τις άλλες επειδή νόμιζε ότι είναι δεμένη, και εξακολουθεί να πιστεύει ότι είναι δεμένη, κι έτσι δεν πρόκειται να ξεκινήσει ποτέ.

Η απώλεια του παιδιού

Αφού υποβλήθηκε στην πρώτη επέμβαση καρκίνου του λάρυγγα το 1920, ο Φρόιντ έχασε σε μια επιδημία την κόρη του, Σοφία. Όλοι όσοι βρέθηκαν κοντά του εκείνη τη στιγμή βεβαιώνουν ότι ήταν η πρώτη φορά που τον είδαν να δακρύζει.

Βαθύτατα επηρεασμένος από την απώλεια αυτή, ο δάσκαλος της ψυχανάλυσης —και πιθανότατα, μία από τις πλέον προνομιούχες διάνοιες στην ιστορία της ανθρωπότητας—, γράφει γι' αυτό στον Φερέντσι.[1]

> *Προετοιμαζόμουν πολλά χρόνια για την απώλεια των αρσενικών παιδιών μου, και τώρα πέθανε η κόρη μου. Καθώς είμαι άθεος στο βάθος, δεν έχω ποιον να κατηγορήσω, και δεν υπάρχει υπηρεσία για να δεχτεί τα παράπονά μου.*

ΣΙΓΚΜΟΥΝΤ ΦΡΟΪΝΤ

Ο θάνατος ενός αγαπημένου προσώπου είναι το πιο στρεσογόνο συμβάν που μπορώ να σκεφτώ, και από όλους τους θανάτους που μπορώ να φανταστώ, η απώλεια του παιδιού θεωρώ ότι είναι η χειρότερη.

Ένα 20% περίπου των γονέων που έχουν ζήσει ένα τέτοιο γεγονός μας διαβεβαιώνουν, δέκα χρόνια μετά, ότι δεν θα μπορέσουν ποτέ να το ξεπεράσουν τελείως.

Αυτό συμβαίνει γιατί στο θάνατο του παιδιού, στον πόνο, στη βαθιά θλίψη και στην αίσθηση συναισθηματικής συντριβής, έρχεται να προστεθεί το βίωμα του ακρωτηριασμού.

---

1. Sándor Ferenczi, (1873-1933). Ούγγρος νευρολόγος-ψυχίατρος, στενός συνεργάτης του Φρόιντ. (Σ.τ.Μ.)

Οι περισσότεροι γονείς βιώνουν το γεγονός αυτό σαν απώλεια ενός βασικού μέρους του ίδιου του εαυτού τους και, επιπλέον, σαν ματαίωση όλων των προοπτικών και των ελπίδων του μέλλοντος.

Ο θάνατος του παιδιού θεωρείται σε όλους τους πολιτισμούς ένα γεγονός μη φυσιολογικό, μια αντιστροφή του φυσιολογικού βιολογικού κύκλου, και γι' αυτό είναι λογικά και συναισθηματικά απαράδεκτος. Είναι κλασική η επισήμανση ότι δεν υπάρχει λέξη, ανάλογη με τη λέξη ορφανός ή χήρος, για να κατονομάσει όσους πενθούν τον θάνατο του παιδιού τους.[1]

Ένας τέτοιος πόνος δεν συνδέεται μόνο με ψυχολογικές διαταραχές, ιδιαίτερα της προσοχής και του συναισθήματος, αλλά επενεργεί επίσης με αντιδράσεις βιολογικές και νευροφυτικές. Σε ένα πένθος με αυτά τα χαρακτηριστικά, δημιουργείται μια αύξηση στην παραγωγή κατεχολαμίνης που έχει επίπτωση στους βιολογικούς ρυθμούς, εμφανίζονται διαταραχές στον ύπνο και την όρεξη, εμετός, ζάλη, ταχυκαρδία και τρόμος. Το επίπεδο της αδρεναλίνης που εκκρίνεται εξασθενεί το ανοσοποιητικό σύστημα, και αυξάνει τη συχνότητα πεπτικών, κυκλοφορικών και δερματικών σωματοποιήσεων. Τον πρώτο χρόνο του πένθους αυξάνεται ο αριθμός των επισκέψεων στο γιατρό, καθώς και ο μέσος όρος κατανάλωσης αλκοόλ, καπνού και άλλων ναρκωτικών ουσιών. Στις γυναίκες πολλαπλασιάζονται τα επεισόδια καρκίνου του μαστού, και στους άντρες η συχνό-

1. Το «ονομάζω», από τη συμβολική άποψη της γλώσσας, είναι συνώνυμο του «ελέγχω αυτό που κατονομάζω». Η ανυπαρξία λέξης, ίσως είναι ή μεγαλύτερη απόδειξη ότι ο πόνος αυτός είναι αβάσταχτος, είναι πέρα από κάθε φαντασία, είναι εντελώς έξω από κάθε έλεγχο. (Σ.τ.Σ.)

τητα μολύνσεων και ατυχημάτων. Σε κάποιες στατιστικές έρευνες, το επίπεδο αυτών των μεταβολών θεωρείται ότι ευθύνεται για το γεγονός ότι οι γονείς που έχασαν κάποιο παιδί, έχουν υψηλότερο δείκτη θνησιμότητας κατά τα δύο πρώτα χρόνια του πένθους.

Οι φοβερές αυτές συνέπειες, πρέπει να ομολογήσω, δεν οφείλονται μόνο στον εγγενή πόνο της κατάστασης του θανάτου, αλλά και στις διαφορές ανάμεσα στους ιδιαίτερους τρόπους που έχουν οι άντρες και οι γυναίκες για να αντιμετωπίζουν γενικά κάποιες δύσκολες στιγμές (και όχι μόνο το πένθος).

Είναι γνωστό ότι οι άντρες έχουν την τάση να λειτουργούν αφαιρετικά, να απομακρύνονται από τη σφαιρική άποψη και να επικεντρώνονται στη λεπτομέρεια.

Αντίθετα, οι γυναίκες είναι ικανές να λειτουργούν με οδηγό τα συναισθήματα και τη διαίσθησή τους, αντί να τα υποβάλλουν όλα στην τυραννία της λογικής σκέψης.

Ο άντρας λύνει το πρόβλημα μέσα του πριν ενεργήσει εξωτερικά.

Οι γυναίκες εκφράζουν τα συναισθήματά τους με αυθεντικότητα αντί να μηρυκάζουν εσωτερικά τον πόνο (σε αντιδιαστολή, συνάγεται και το: «οι άντρες δεν κλαίνε»).

Οι διαφωνίες ξεσπούν πολλές φορές γιατί εκείνη έχει ανάγκη να μιλάει για τον θάνατο και να γυρίζει γύρω από τις λεπτομέρειες, ενώ εκείνος, που στενοχωριέται το ίδιο, προτιμά να μη μιλάει για το θέμα. Αυτή η ασυμφωνία είναι έντονη από την αρχή, όταν πολλές από τις συζητήσεις των πρώτων ημερών περιστρέφονται γύρω από την ανάγκη εκείνης να επισκέπτεται τον τάφο του παιδιού της και την επιθυμία εκείνου να μην ξαναπατήσει το πόδι του σε νεκροταφείο. Η διαφορά μεταξύ τους είναι ορατή και απ' έξω. Αν τους παρατηρήσουμε ένα χρόνο μετά, εκείνη δεν έχει καταφέρει να προσαρμοστεί πραγματικά στην κατάσταση, και η μεγαλύτερη παρηγοριά της είναι οι φίλες της, που την ακούνε υπομονετικά, τα βιβλία και ίσως η πίστη. Αντίθετα, εκείνος έχει αρχίσει εδώ και μερικούς μήνες να προσαρμόζεται στην καινούργια πραγματικότητα, βρίσκοντας στήριξη συνήθως στη δουλειά του, σε κάποια ερασιτεχνική ενασχόληση ή στις μικροεπισκευές που κάνει στο σπίτι.

Η προσπάθεια να κρατηθεί το ζευγάρι ενωμένο αποτελεί λοιπόν μια πρόκληση. Οι γυναίκες παραπονιούνται ότι οι άντρες τους δεν τις καταλαβαίνουν στο θέμα του πόνου, δεν καταλαβαίνουν ότι δεν έχουν διάθεση για σεξουαλική ζωή, δεν θέλουν να βγαίνουν, ούτε να διασκεδάζουν. Οι άντρες ενοχλούνται γιατί λένε ότι εκτός από το παιδί τους έχασαν και τη σύντροφό τους, δεν γίνεται να τα εγκαταλείψουν όλα, πρέπει να φανούν δυνατοί, αλλά η γυναίκα τους δεν ακούει.

Είναι σημαντικό να μπορέσουν να κρατηθούν όσο πιο ενωμένοι γίνεται. Ο άλλος είναι το μοναδικό άτομο στον κόσμο που του συμβαίνει ακριβώς το ίδιο. Αυτό, βέβαια, πρέπει να μάθει να το κάνει ο καθένας χωρίς να κρεμαστεί από τον σύντροφό του και χωρίς να τον πνίξει. Βοηθάει πολύ να μάθει να κάνει λέξεις τα συναισθήματά του, τις φαντασιώσεις και τις επιθυμίες του, και να μπορεί να ακούει αντίστοιχα αυτά που νιώθει ο σύντροφός του.

Αφού εκθέσαμε όλες αυτές τις διαφορές και τις δυσκολίες, μπορούμε τώρα ευκολότερα να καταλάβουμε γιατί ένα στα τέσσερα ζευγάρια που αντιμετωπίζουν αυτήν την κατάσταση καταλήγουν να χωρίσουν.

Αυτά είναι μερικά μόνο από τα προβλήματα που μπορούν να απειλήσουν τη συνέχεια του γάμου ενός ζευγαριού που βιώνει το πένθος για τον θάνατο ενός παιδιού.[1]

Νιώθω ότι με έχουν εγκαταλείψει ολοκληρωτικά.

Η συντροφική σχέση έχει περάσει σε δεύτερη μοίρα.

Δεν τολμάω να πω τη γνώμη μου, δεν μπορώ να φερθώ όπως θέλω και δεν θέλω να προτείνω τίποτα γιατί φοβάμαι μήπως θυμώσει.

Ό,τι κι αν κάνω το παρεξηγεί.

Αισθάνομαι αποκλεισμένος/η από την διαδικασία του πένθους του/της συντρόφου μου, σαν να ανήκει ο πόνος μόνο σε εκείνον/εκείνη.

Αισθάνομαι σαν να μη με υπολογίζει πια.

Αισθάνομαι πως οι ωραίες εποχές της ευτυχίας, της χαράς και του έρωτα έχουν περάσει ανεπιστρεπτί.

Δεν μπορώ να κάνω τίποτα γιατί νιώθω υποχρεωμένος/η να μένω δίπλα του/της για συμπαράσταση στον πόνο του/της.

Πολύ φοβάμαι μήπως τελείωσαν όλα ανάμεσά μας.

Με εκνευρίζει ο τρόπος που μιλάει για ό,τι έγινε.

Από τους δυο μας, εγώ πρέπει να είμαι ο/η δυνατός/ή για να τον/την στηρίζω.

Ξέρω πως δεν είναι αλήθεια, αλλά καμιά φορά μου περνάει από το μυαλό ότι αυτός/ή έφταιγε για ό,τι έγινε, και νιώθω άσχημα που σκέφτομαι έτσι.

Όταν εγώ νιώθω καλύτερα, αυτός/ή είναι χειρότερα, και το αντίστροφο. Ποτέ δεν συμπίπτει να νιώθουμε το ίδιο.

---

1. Τα βιώματα αυτά φαίνονται σαφώς να είναι κοινά σε χιλιάδες άντρες και γυναίκες σε όλα τα κοινωνικοοικονομικά στρώματα και όλα τα πολιτισμικά επίπεδα, σε οποιαδήποτε χώρα του δυτικού κόσμου. (Σ.τ.Σ.)

Πολλές φορές έχω την αίσθηση ότι η παρουσία του/της μου δίνει στα νεύρα.

Η συμπεριφορά του/της στο κρεβάτι και το σεξ είναι ανυπόφορη.

Τι να κάνεις και τι να μην κάνεις

Χρειάζεται από την αρχή να αποφασίσουν και οι δυο γονείς (όποια κι αν είναι προηγουμένως η κατάσταση στη σχέση τους) να διατηρήσουν μιαν ανοιχτή και συχνή επικοινωνία που θα τους επιτρέπει ν' ανοίγουν την καρδιά τους ο ένας στον άλλο και να εξομολογούνται τα συναισθήματά τους, τις φαντασιώσεις και τους φόβους τους. Μια άνετη επαφή μεταξύ τους δεν θα αφήσει να προστεθεί στον πόνο η απομόνωση, η μοναξιά, ή η έλλειψη κατανόησης, που θα έκαναν την επεξεργασία του πένθους πιο δύσκολη. Ας μην ξεχνάμε ότι, όπως είπαμε, ο άλλος (ο πατέρας/η μητέρα) είναι ο μοναδικός άνθρωπος στον κόσμο στον οποίο συμβαίνει ακριβώς το ίδιο, πράγμα που κάνει τη σχέση του ζευγαριού να είναι η μεγαλύτερη και η καλύτερη στήριξη απέναντι στην τραγική απώλεια.

Είναι δύσκολο να το πω αυτό, αλλά στην εμπειρία μου ως θεραπευτής, έχω δει ότι είναι πολλές φορές καλύτερο να κρατιέται κανείς όσο γίνεται πιο μακριά από τους ανθρώπους εκείνους που, χωρίς να έχουν κάποια στενή σχέση με τα πρόσωπα που υποφέρουν, τα πλησιάζουν γιατί θέλουν να βοηθήσουν «αυτή τη δύσκολη στιγμή».

Οι περισσότεροι από αυτούς τους μόλις γνωστούς και τους ψευτοσυγγενείς, δεν έχουν ιδέα τι πρέπει να κάνει κανείς, και το μόνο που κάνουν είναι να λένε ένα σωρό βλακείες που θεωρούν ότι σίγουρα ταιριάζουν στην περίπτωση.

Είναι εκπληκτικό να ακούς να λένε αυτοί που στηρίζουν όλο τον κόσμο, ότι όσο πιο μικρό είναι το παιδί που χάθηκε, τόσο ευκολότερο θα είναι για τους γονείς να ξεπεράσουν αυτές τις δύσκολες στιγμές. Μοιάζουν να επιμένουν να κατανέμουν τον πόνο αναλογικά με την ηλικία του παιδιού. Υποστηρίζουν ότι αν πεθάνει ένα παιδί δέκα χρόνων, ο πόνος θα είναι δέκα φορές μεγαλύτερος από τον πόνο μας αν πέθαινε ένα βρέφος ενός χρόνου, και ούτω καθεξής. Προφανώς, αυτό είναι γελοίο. Είναι σαν να αναρωτιόμαστε αν θα ήταν πιο εύκολο να θάψουμε το παιδί μας μόλις γεννηθεί παρά έναν χρόνο μετά. Αυτό είναι ένα πολύ σκληρό ερωτηματικό. Και είναι επιπλέον αδύνατον να απαντήσει κανείς σε μια τέτοια ερώτηση. Δεν υπάρχει καλύτερη εποχή για να γίνει κάτι τέτοιο, ούτε λιγότερος πόνος.

Το να χάσεις το παιδί σου είναι μια φοβερή τραγωδία και θα τη ζήσεις όποτε κι αν συμβεί, μέρα με τη μέρα. Ένα γεγονός τόσο οδυνηρό, ώστε οι περισσότεροι απ' όσους την έζησαν λένε ότι ο πόνος δεν περνάει ποτέ εντελώς. Αν αυτό είναι αλήθεια, καταλαβαίνουμε πόσο ενοχλητικό είναι να ανέχεσαι αυτούς που έρχονται και σου λένε ότι έπρεπε ήδη να είσαι καλύτερα. Ορισμένοι επιμένουν να μας δώσουν ένα χαπάκι, ή μας πιέζουν να πιούμε αλκοόλ, να βγούμε το βράδυ να διασκεδάσουμε λιγάκι, να πάμε σινεμά με φίλους και διάφορα άλλα, και προσπαθούν να μας πείσουν ότι πρέπει να τα κάνουμε όλα αυτά γιατί «θα μας κάνει καλό». Αυτές και άλλες προτάσεις για τον τρόπο αντιμετώπισης, το μόνο που κάνουν στην πραγματικότητα, είναι να μας απομακρύνουν από τον πόνο, νομίζοντας ότι αυτό είναι καλό, ότι είναι θετικό.

Πολλές φορές, ακόμα κι αυτοί που σας αγαπάνε είναι ικανοί να σας προτείνουν φοβερά πράγματα. Σίγουρα, κανένας δεν έχει κακή πρόθεση, δεν αντέχουν όμως να σας βλέπουν να υποφέρετε. Ο πόνος σας αποτελεί απειλή για ΤΗ ΔΙΚΗ ΤΟΥΣ ακεραιότητα, κι αυτήν προσπαθούν να βολέψουν επινοώντας «λύσεις» και τρόπους για να μειωθεί το βάσανό σας... Λένε ότι... ένα άλλο παιδί θα ήταν η λύση στον πόνο σας... ότι πρέπει να ξεχάσετε το παιδί και να συνεχίσετε τη ζωή σας... ότι πρέπει να πετάξετε αμέσως από το σπίτι όλες του τις φωτογραφίες... ότι πρέπει να σκεφτείτε άλλα πράγματα...

Το μόνο σίγουρο είναι ότι κανείς δεν είναι σε θέση να καταλάβει τι πραγματικά περνάει ο πατέρας (ή η μητέρα) που θρηνεί τον θάνατο του γιου ή της κόρης του... Ίσως ούτε κι εγώ ο ίδιος είμαι σε θέση να σας δώσω την πραγματική διάσταση του θέματος.

Γι' αυτό θεωρώ ότι η επεξεργασία του πένθους για το παιδί είναι το πιο μοναχικό γεγονός στη ζωή ενός ανθρώπου. Ένα γεγονός που σε διαχωρίζει από τους άλλους. Πώς να καταλάβει κάποιος που δεν έχει περάσει τα ίδια πόσο βαθύς είναι αυτός ο πόνος; Πολλοί γονείς λένε ότι οι φίλοι γίνονται ξένοι και οι ξένοι γίνονται φίλοι.

Οι ομάδες στήριξης ή αυτοβοήθειας είναι πολλές φορές η μοναδική όαση, λίγο-πολύ ασφαλής, για να μπορέσουν οι γονείς που έχασαν ένα παιδί να μοιραστούν τη βαθιά τους λύπη με άλλους που έχουν περάσει τα ίδια και συμμερίζονται τα συναισθήματά τους. Πολλές από αυτές τις ομάδες αυτοδιαχείρισης είναι γεμάτες από ανθρώπους δυνατούς και συμπονετικούς, αφοσιωμένους στο να βοηθήσουν τους γονείς που μόλις δέχτηκαν το χτύπημα της απώλειας του παιδιού τους να βρουν ελπίδα και γαλήνη στη ζωή τους.

Στις ομάδες αυτές οι γονείς μπορούν να μάθουν:

Να δεχτούν ότι τους συνέβη κάτι που δυστυχώς έχει συμβεί σε πολλούς άλλους νωρίτερα.

Να συνειδητοποιήσουν ότι ο πόνος τους δεν σημαίνει ότι τρελαίνονται.

Να επιτρέπουν στον εαυτό τους να βιώνουν το πένθος τους με τον δικό τους τρόπο, χωρίς να προσπαθούν να μιμηθούν ή να συγκρίνουν τον πόνο τους με τις προσδοκίες των άλλων.

Να αισθάνονται ότι συμμερίζονται αυτό που συνέβη σε κάποιον άλλον.

Να αναλάβουν την ευθύνη να αντέχουν, να συγκρατούν, να στηρίζουν και να κατανοούν τον/την σύντροφό τους, και να δέχονται με αγάπη τις προσωρινές, απόλυτα κατανοητές αλλαγές που μπορεί να συμβούν στη συμπεριφορά του/της.

Να συνειδητοποιήσουν ότι, αν δεν την αφήσουν να τους συντρίψει, η τραγωδία μπορεί να τους ισχυροποιήσει σαν ζευγάρι, να κάνει τη σχέση τους πιο δυνατή.

Να δεχτούν τον πόνο και να τον αντέξουν μέχρι να καταφέρουν να τον ξεπεράσουν.

Ένας ασθενής μου είπε κάποτε, πολύ σοφά, ότι ο πόνος που ένιωθε για τον θάνατο του παιδιού του ήταν σαν ένα δάνειο.

«Αργά ή γρήγορα, θα πρέπει να εξοφλήσω το δάνειο. Αισθάνομαι ότι όσο περισσότερο καθυστερήσω, τόσο μεγαλύτεροι θα είναι οι τόκοι και τα πρόστιμα που θα έχω να πληρώσω.»

Είναι απαραίτητο να δεχτεί κανείς ότι αυτός ο βαθύς πόνος δεν είναι αρρώστια, είναι η φυσιολογική αντίδραση ενός ευαίσθητου ανθρώπινου πλάσματος μπροστά στη δυσκολότερη εμπειρία που μπορεί να ζήσει ένας άνθρωπος.

Απώλεια εμβρύου (αποβολή)

«Έκανα μόνη μου το τεστ εγκυμοσύνης, και μόλις σχηματίστηκε ο δακτύλιος στη μέση, έβγαλα την πρώτη φωτογραφία του μωρού μου. Απέβαλα δύο μήνες μετά. Δεν μπορούσα να πιστέψω πώς μπορεί να σου λείπει κάποιος που ούτε καν γνώρισες. Πραγματικά, δεν νομίζω πως το έχω καταλάβει ακόμη.»

Η απώλεια ενός μωρού πριν γεννηθεί δεν είναι απλώς η διακοπή της ζωής ενός εμβρύου που κυοφορεί η μητέρα του. Είναι επίσης —κι αυτό είναι το σπουδαιότερο—, η απώλεια των ονείρων και των φαντασιώσεων που είχαν οι γονείς του γι' αυτό. Πολλές φορές η απώλεια αυτή είναι πιο οδυνηρή, και η στενοχώρια διαρκεί περισσότερο απ' ό,τι για την απώλεια κάποιου που μαζί του είχαμε μια ουσιαστική γνωριμία, ή με τον οποίο μοιραστήκαμε μεγάλα διαστήματα της ζωής μας.

Το κλειδί για το πώς θα χειριστείς το ψυχικό τραύμα της αποβολής είναι, όπως πάντα, να αφήσεις να βγει αυτή η θλίψη. Όπως γίνεται και στο πένθος για τις άλλες απώλειες που έχουμε αναφέρει, έτσι και εδώ υπάρχει ένα ορισμένο χρονικό διάστημα για τη συμπλήρωση των φάσεων της επεξεργασίας του πένθους αυτού. Η μεγαλύτερη ίσως διαφορά έγκειται στο γεγονός ότι η αίσθηση της μοναξιάς που βιώνει το άτομο στη διάρκεια αυτής της διαδικασίας, είναι απέραντη.

Μπορεί να τύχει ο γυναικολόγος να μην είναι ο καλύτερος

σύμβουλος. Η κοινωνία θεωρεί την μαιευτική ως «ευτυχή» ειδικότητα, επειδή έχει σχετικά λίγους θανάτους, και προσφέρει συνήθως μεγάλη ικανοποίηση στον πελάτη. Όταν, όμως, συμβαίνει μια αποβολή, ο γιατρός που δεν έχει μεγάλη πείρα ή έχει δικές του άλυτες εσωτερικές συγκρούσεις, μπορεί να περιέλθει σε προσωπική κρίση αν κατηγορηθεί ότι δεν ήταν ικανός να βοηθήσει το έμβρυο ή τη μητέρα ώστε να αποφευχθεί αυτή η απώλεια. Όσο κι αν μας φαίνεται περίεργο, η ιατρική απέχει πολύ από το να έχει επαρκή γνώση για το θέμα της αιφνίδιας αποβολής. Μερικές φορές, ούτε η γυναίκα που αποβάλλει, ούτε ο γιατρός που την παρακολουθεί, μπορούν να δώσουν συγκεκριμένες απαντήσεις σ' αυτά τα ερωτήματα. Ο γιατρός, όμως, μπορεί σε λίγο να ξαναβρεί την ισορροπία του και να βοηθήσει στον επόμενο τοκετό μετά από λίγες ώρες. Αντίθετα, η απογοητευμένη μητέρα, που έχει πολύ λιγότερη πείρα, παραμένει στην απελπιστική κατάσταση της απορίας... Δεν ξέρει γιατί συνέβη αυτό, δεν καταλαβαίνει πολύ καλά πώς έγινε, και πολύ συχνά την βασανίζει η ανασφάλεια και η αβεβαιότητα όπου την παρασύρει το αναπόφευκτο ερώτημα: «Και τι θα γίνει την επόμενη φορά;»

Τώρα θυμήθηκα μια φράση που άκουσα πριν από χρόνια από τα χείλη μιας γυναίκας που είχε χάσει το γιο της , 42 χρόνων, σε σιδηροδρομικό δυστύχημα.

«Ένα μόνο πράγμα
μπορώ να φανταστώ
πιο φοβερό ακόμη
από τον θάνατο του γιου μου.
Πολύ, πολύ χειρότερο θα ήταν...
να μην τον είχα καν γνωρίσει».

Την αγκάλιασα συγκινημένος, με την ευγνωμοσύνη που αισθάνεται κανείς όταν του δίνουν ένα τεράστιο μάθημα ζωής, και σε μια ελάχιστη προσπάθεια να της ανταποδώσω κάτι από τα τόσα που μου έδωσε εκείνη, της χάρισα στο τέλος εκείνης της συνεδρίας αυτό το παλιό λαϊκό παραμύθι:

Ήταν μια φορά ένας άντρας που έπαθε τη μεγαλύτερη συμφορά που μπορεί να συμβεί σε άνθρωπο. Πέθανε ο μικρός του γιος.

Από τον θάνατο του γιου του, και για χρόνια ολόκληρα, ξάπλωνε τη νύχτα και δεν μπορούσε να κοιμηθεί.

Το μόνο που έκανε ήταν να κλαίει, και να κλαίει... ώς τα ξημερώματα.

Κάποια μέρα, λέει η ιστορία, εμφανίζεται στον ύπνο του ένας άγγελος και του λέει:

«Φτάνει πια... Πρέπει να συνεχίσεις τη ζωή σου χωρίς αυτόν».

«Κλαίω γιατί δεν αντέχω την ιδέα πως δεν θα τον ξαναδώ...» λέει ο άντρας.

Ο άγγελος τον λυπάται και του προτείνει:

«Θέλεις να τον δεις;»

Και αμέσως, χωρίς να περιμένει απάντηση, τον αρπάζει από το χέρι και τον ανεβάζει στον ουρανό.

«Τώρα θα τον δούμε. Κοίτα...» τον προστάζει ο άγγελος, ενώ με το δάχτυλο κάνει νόημα στη λευκή γωνία, στο τέλος ενός δρόμου που ήταν στρωμένος με χρυσάφι.

Και αμέσως, αρχίζουν να περνάνε από μπροστά τους ένα σωρό παιδάκια, ντυμένα σαν αγγελάκια, με μικρά λευκά φτερά κι ένα κερί αναμμένο στα χέρια. Αγοράκια και κοριτσάκια με αγγελικό πρόσωπο παρελαύνουν μπροστά τους, με απερίγραπτη έκφραση γαλήνης στα ροδομάγουλα προσωπάκια τους.

«Ποια είναι αυτά τα παιδιά;» ρωτάει ο άντρας.

Και ο άγγελος απαντάει:

«Είναι τα παιδιά που πέθαναν τα τελευταία χρόνια... Κάθε μέρα περνάνε έτσι από μπροστά μας. Είναι τόσο αγνά, που και μόνο το πέρασμά τους καθαρίζει από κάθε βρομιά ολόκληρο το σύμπαν.»

«Είναι ανάμεσά τους... και ο γιος μου;» ρωτάει ο νεοφερμένος.

«Και βέβαια, τώρα θα τον δεις.»

Από μπροστά τους περνάνε ακόμα εκατοντάδες παιδάκια.

«Να, έρχεται» τον ειδοποιεί ο άγγελος.

Και πραγματικά, τον βλέπει ο πατέρας του να έρχεται ανάμεσα στα άλλα παιδάκια. Είναι πανέμορφος, λάμπει, γεμάτος ζωή, όπως ακριβώς τον θυμάται.

Υπάρχει, όμως, κάτι που τον στενοχωρεί. Από όλα τα παιδάκια, μονάχα ο γιος του έχει το κερί του σβησμένο...

Ενώ ο πατέρας αισθάνεται απέραντη λύπη για το παιδί του, ο μικρός τον βλέπει, τρέχει κοντά του και τον αγκαλιάζει.

Αγκαλιάζει κι αυτός με δύναμη το παιδί, αλλά δεν αντέχει να μην το ρωτήσει για το θέμα που τον στενοχωρεί αυτήν τη στιγμή.

«Γιε μου, εσύ γιατί δεν έχεις φως; Δεν σου άναψαν το κερί σου όπως στα άλλα παιδάκια;»

«Και βέβαια, μπαμπά, κάθε πρωί μού ανάβουν το κερί όπως και σε όλα τα άλλα παιδιά. Όμως, ξέρεις τι γίνεται; Κάθε βράδυ, τα δάκρυά σου το σβήνουν.»

Ο μικρός σκουπίζει με τα χεράκια του τα μάγουλα του πατέρα του και τον παρακαλάει γλυκά:

«Σταμάτα να κλαις, μπαμπά... σε παρακαλώ, σταμάτα να κλαις.»

8

ΠΕΝΘΟΣ ΓΙΑ ΑΛΛΕΣ ΑΠΩΛΕΙΕΣ

Ονειρεύομαι καμιά φορά πως γίνομαι ξανά αυτός που ήμουν όταν ονειρευόμουνα να γίνω αυτός που είμαι τώρα.

... γκράφιτι από τις *Σημειώσεις του Χοσέ*[1]

ΟΙ ΑΠΩΛΕΙΕΣ ΠΟΥ ΜΑΣ ΣΥΜΒΑΙΝΟΥΝ και θρηνούμε, δεν έχουν πάντοτε να κάνουν με τη φυσική εξαφάνιση κάποιου προσώπου. Ορισμένες φορές, η αναστάτωση της απώλειας εμφανίζεται μπροστά σε μιαν ουσιαστική αλλαγή κατάστασης που αφορά, όχι στο περιβάλλον της σχέσης μου με τον κόσμο, αλλά στον μικρόκοσμο όλων αυτών που απαρτίζουν ό,τι είμαι εγώ σαν άνθρωπος. Αλλαγές στο σώμα μου, στις απόψεις μου, στην ιδεολογία μου, στα συναισθήματά μου. Στο κεφάλαιο αυτό, θέλω να δείξω ότι ένα πένθος εσωτερικό δεν αφορά αναγκαστικά τον θάνατο. Αρκεί και μόνο η ιδέα ότι απειλείται πραγματικά —ή στη φαντασία μου— η προσωπική μου ευημερία, για να ενεργοποιηθεί ο μηχανισμός. Μπορεί (και όντως συμβαίνει συχνά) να πενθώ γιατί συνειδητοποιώ την απώλεια της νιότης μου, μια απειλή για

1. *Las libretas de José*. Συλλογή σκόρπιων ιδεών των θαμώνων των καφέ του Μπουένος Άιρες, από τον πολωνό σιδηρουργό José Rosenwasser, (1911-1975). (Σ.τ.Ε.)

την υγεία μου, την οριστική ματαίωση κάποιων προοπτικών, την ουσιαστική απώλεια κάποιων υλικών αγαθών...

Γηρατειά

Συνειδητοποιούμε μια απώλεια από την εικόνα
που αφήνει μέσα μας αυτό που χάθηκε,
αν και χάθηκε πριν καλά καλά το πάρουμε είδηση.

Κάθε ηλικία του ανθρώπου εμπεριέχει διαφορετικές εμπειρίες και ιδιαίτερα βιώματα. Είναι φανερό ότι η προοδευτική παράταση του προσδόκιμου της ζωής κάνει κάθε φορά να φαίνονται καινούργιες οι εμπειρίες αυτές και, φυσικά, μπορούμε να επιλέξουμε αν θα ζήσουμε τις εμπειρίες μας με περιέργεια και χαρά για το καινούργιο, ή θα μοιρολογάμε για τη συνωμοσία του χρόνου που έχει βαλθεί να μας κάνει κάθε μέρα και πιο δυστυχισμένους.

Σε μια επιστολή του προς την Λου Αντρέας-Σαλομέ,[1] το 1915, ρωτάει ο μεγάλος δάσκαλος της ψυχολογίας Σίγκμουντ Φρόιντ:

Σε τι βαθμό πνευματικότητας πρέπει να φτάσει κανείς για να αντέξει τον τρόμο των γηρατειών; Το μυαλό μας δεν είναι σε θέση να αποδεχτεί κατά βάθος την ιδέα της εγγύτητας του δικού μας θανάτου. Ο μόνος τρόπος ίσως για να αντέξουμε

1. Lou Andreas-Salomé, (1861-1937). Ρωσίδα συγγραφέας, διανοούμενη, φεμινίστρια, ψυχαναλύτρια και στενή φίλη καλλιτεχνών, συγγραφέων και φιλοσόφων της εποχής της, μεταξύ των οποίων ήταν ο Νίτσε και ο Φρόιντ. (Σ.τ.Μ.)

μια τέτοια ιδέα, είναι να παρακολουθούμε στα θεατρικά έργα τις ξένες ζωές, να πεθαίνουμε κάθε φορά μαζί με τον ήρωα, και τελικά εμείς πάντοτε να επιβιώνουμε.

Το βέβαιο είναι ότι μια μέρα βλέπουμε πως εκείνη η υπέροχη νιότη που είχαμε ξεθώριασε, εξαφανίστηκε, τελείωσε, κατέρρευσε, έσβησε, διαλύθηκε, εξατμίστηκε... (υπάρχουν πολλά ακόμη συνώνυμα τα οποία δεν θα ήθελα να αναφέρω για να μην πικράνω όσους έχουν περάσει τα σαράντα). Το χειρότερο δεν είναι ότι υπήρξε υπέροχη (γιατί θα εξαφανιζόταν ούτως ή άλλως, ακόμη κι αν δεν ήταν έτσι). Το χειρότερο, για πολλούς, είναι ότι «ήταν» και δεν «είναι» πια.

«Όλα άρχισαν μια μέρα σαν όλες τις άλλες
όταν, ενώ πήγαινα στο δρόμο
χωρίς να ενοχλώ κανέναν
και χωρίς να προκαλώ την προσοχή...
ξαφνικά,
πού να ξέρω εγώ γιατί,
ένας έφηβος με ρώτησε τι ώρα είναι.
Μου είπε απλά:
«Έχετε ώρα κύριε;»
Είπε σ' εμένα.
Με είπε... Κύριο!
Και μου μίλησε στον πληθυντικό!
Εμένα!
Άκου θράσος το βλαμμένο!
... Και το χειρότερο,
είναι πως από τότε
πάνε δεκαπέντε χρόνια και βάλε.»

Όπως λέει η φίλη μου η Χούλια, από τη στιγμή αυτή και

μετά, η ζωή μας αντιμετωπίζει μια σοβαρή κρίση ταυτότητας, γιατί εισβάλλει μέσα μας μια μαζική *ενόραση (insight)*. Δεν είχαμε συνειδητοποιήσει νωρίτερα ότι είμαστε πολύ νεότεροι απ' ό,τι είναι το σώμα μας.

Αρχίζω τότε να σκέφτομαι ότι το πρώτο μέρος της ζωής μου θα πρέπει να γυρίστηκε σε αργή κίνηση. Ή, ακόμη χειρότερα, αντιλαμβάνομαι ότι, ξαφνικά, ο σκηνοθέτης (καλά, τρελάθηκε;) τρέχει τις σκηνές σαν να βιάζεται να τελειώσει το γύρισμα του έργου που είναι η προσωπική μου ιστορία.

Δεν με απασχόλησε ποτέ η ηλικία.
Τώρα, ακόμα λιγότερο.
Για το μόνο που λυπάμαι,
είναι που όλα έγιναν τόσο γρήγορα.

Όπως λέει ο ποιητής στους στίχους αυτούς, δεν με φοβίζουν τα γηρατειά, απλώς ΜΕ ΕΝΟΧΛΕΙ που γερνάω, κι όσο περνάει ο καιρός σκέφτομαι ότι κάθε φορά με ενοχλεί όλο και περισσότερο.

Η ζωή είναι μια αλληλοδιαδοχή καταστάσεων που, είτε επαναλαμβάνονται είτε είναι καινούργιες, μας αναγκάζουν πάντοτε να ξανασχεδιάζουμε τον δρόμο που έχουμε να διανύσουμε. Μικρές και μεγάλες κρίσεις που διαδέχονται η μία την άλλη: Τα μικρά παιδιά με τα μεγάλα τους προβλήματα, και τα μεγαλύτερα που μας φορτώνουν με τα προβλήματά τους, υπερβολικά μικρά πολλές φορές, που τα βιώνουν, όμως, σαν το τέλος του κόσμου. Κι εμείς στο πλευρό τους ανεπιφύλακτα, όπως πρέπει να είναι οι γονείς, σε αναμονή όμως της στιγμής που, όπως ξέρουμε, θα πετάξουν και θα συνεχίσουν χωρίς εμάς. Ο άντρας μου, όσο γερνάω, θα αρχίσει ίσως να κοιτάζει (ή θα συνεχίσει να κοιτάζει, αλλά τώρα πιο πολύ) άλλες γυναίκες που του φαίνονται (ή μου φαίνονται) πιο ωραίες και πιο επιθυμητές. Η γυναίκα μου έχει πάψει ίσως να με βρίσκει τόσο επιθυμητό, ικανό και αποφασιστικό. Ο καθρέφτης μου δείχνει γκρίζες και άσπρες τρίχες στους κροτάφους, ρυτίδες γύρω από τα μάτια, το δέρμα μου που έχει χαλαρώσει κάτω από τα μπράτσα και την κοιλιά μου, που προεξέχει ενοχλητικά.

Προφανώς, η γενιά μας μεγάλωσε με ευκαιρίες που δεν είχαν οι πατεράδες και οι παππούδες μας. Δεν μιλάω απλώς για χειρουργικές επεμβάσεις, μεταμοσχεύσεις και θεραπείες με αντιοξειδωτικά και πολυβιταμίνες. Αναφέρομαι κυρίως στα πλεονεκτήματα να μπορείς να σπουδάσεις, στους μηχανισμούς κοινωνικής ένταξης, τις περισσότερες ανέσεις, και την παράταση γενικά του προσδόκιμου της ζωής.

Μέχρι πρότινος, πιστεύαμε ότι η ηλικία των σαράντα σηματοδοτούσε για τη ζωή μας έναν σταθμό απ' όπου δεν υπήρχε γυρισμός. Επαναλαμβάναμε, όχι απόλυτα συνειδητά, το απαύγασμα της πείρας των πατεράδων και των παππούδων μας:

«Ό, τι δεν έγινε μέχρι τα σαράντα, δεν γίνεται μετά».

Τώρα, που κοντεύω τα 60 (ίσως λειτουργεί σαν μηχανισμός άμυνας), δεν πιστεύω ότι αυτό ισχύει για τίποτα, ούτε και στη δική μου ηλικία. Αισθάνομαι πολύ περήφανος όταν θυμάμαι ότι ο πατέρας μου άλλαξε δουλειά στα 78, και η μητέρα μου σκεφτόταν να εκδώσει ένα βιβλίο με συνταγές από την αραβική κουζίνα, όταν είχε ήδη κλείσει τα 80...

Προφανώς, δεν είναι όλα άσχημα. Ας σκεφτούμε, λοιπόν, αυτά που ίσως κερδίζουμε με την ηλικία:

πείρα,
παρουσία,
ελευθερία,
νοητική ανάπτυξη,
ηρεμία,
αποδέσμευση,
ευθυκρισία.

Θα μας έκανε καλό να μην ξεχνάμε αυτή τη λίστα πριν δηλώσουμε ότι μας στενοχωρεί που με τα γενέθλια αποδεικνύεται κάθε φορά πόσο ο μοιραίος αριθμός της ηλικίας μας είναι πιο κοντά στα τρία ψηφία απ᾽ ό,τι τη στιγμή που γεννηθήκαμε...

Τα σαράντα έχουν έναν συμβολισμό. Ίσως γιατί, αδίκως, φαίνεται ότι σηματοδοτούν το μέσον της ύπαρξής μας (οι περισσότεροι άνθρωποι δεν περιμένουν ότι θα ζήσουν πάνω από τα 80). Αυτό κάνει τα σαράντα να συνεχίζουν να αντιπροσωπεύουν ένα σημείο-καμπή (παλιότερα, αντιπροσώπευε την αρχή της ώριμης ηλικίας).

Κάποια στιγμή, ανάμεσα στα 40 και τα 50, αρχίζουμε όλοι να σκεφτόμαστε το παρελθόν. Συλλογιζόμαστε, ίσως πάνω απ᾽ όλα, τι νόημα είχε η ζωή μας μέχρι αυτή τη στιγμή. Αρχίζει μια περίοδος στοχασμού, μια φάση αναζήτησης και επανεξέτασης κάποιων ξεχασμένων θεμάτων της εσωτερικής μας ζωής.

Σ᾽ αυτό που βιώνουμε εμείς, προστίθεται το γεγονός ότι στο περιβάλλον μας οι γνωστοί μας μεγαλώνουν κι αυτοί, και κάποιοι όχι πολύ μεγαλύτεροί μας φαίνονται στα μάτια μας σαν να γέρασαν με εκπληκτική ταχύτητα.

Πράγματι, τους βλέπουμε στο δρόμο, και μόλις πάμε στο σπίτι σχολιάζουμε:

Είδα σήμερα την Φουλανίτα... πώς έγινε έτσι, χάλασε, σαν να γέρασε μου φάνηκε. Λες να είναι άρρωστη;

Και σιωπηλά παρακαλάω να πρόκειται για κάποιο πρόβλημα υγείας, για να μην φανταστώ ότι θα μπορούσε κι εκείνη να πει το ίδιο για μένα μόλις πάει στο σπίτι της.

Για να συμπληρωθεί η κρίση της ηλικίας, όσο περνάει ο καιρός, οι φίλοι έχουν καμιά φορά την κακή συνήθεια να πεθαίνουν (καθόλου σωστό σ' αυτήν την ηλικία), κι αυτό μας φέρνει αντιμέτωπους με την πραγματικότητα του θανάτου, που δεν είναι αναγκαστικά πολύ κοντινή, είναι πάντως πιθανή, ή τουλάχιστον κάτι που θα έπρεπε να το σκεφτόμαστε πιο συχνά.

Τα ώριμα χρόνια μας, χωρίς αμφιβολία, μας βυθίζουν —όχι από μόνα τους, αλλά για όλους αυτούς τους λόγους—, στον κόσμο ενός ιδιαίτερου πένθους, στην επεξεργασία μιας απώλειας ανεπαίσθητης αλλά παρούσας, που μας προκαλεί πόνο και ταραχή.

Αν βρίσκεσαι σ' αυτή τη φάση και συνειδητοποιείς πόσο δύσκολο σου είναι τελικά να αντέξεις την ιδέα ότι γερνάς (συγνώμη... ήθελα να πω, «ωριμάζεις»), έχω να σου προτείνω έξι τρόπους **αρνητικούς** για να κάνεις αυτήν την εμπειρία **θετική**:

1. **Μην** προσπαθείς να είσαι κάτι που δεν είσαι (κυρίως κάτι που δεν είσαι πια).
2. **Μη** βάζεις φραγμούς στη ζωή σου. Ασ' την να κυλάει ελεύθερα.

3. **Μη** διατηρείς προκαταλήψεις που τώρα πια δεν είναι ανάγκη να τις υποστηρίζεις.
4. **Μην** κρίνεις τις ανάγκες σου ως σύμπτωμα αδυναμίας.
5. **Μην** πνίγεις τα συναισθήματα θλίψης που μπορεί να σου δημιουργηθούν.
6. **Μη** διστάζεις να έχεις επαφή με κόσμο, να κάνεις παρέα με φίλους, να εκφράζεις αυτό που αισθάνεσαι και να ζητάς βοήθεια.

Τι σημαίνει «γερνάω»;

Το δράμα των γηρατειών δεν είναι ότι είσαι γέρος,
αλλά ότι ήσουν κάποτε νέος, και το θυμάσαι...

ΟΣΚΑΡ ΟΥΑΪΛΝΤ

Τα γηρατειά (όπως και ο θάνατος) είναι από τα λίγα «δημοκρατικά» και δίκαια χαρακτηριστικά της ανθρώπινης κατάστασης. Είναι κάτι που μας ενώνει και μας ορίζει πέρα από τις διαφορές μας και πέρα από την πραγματικότητα ενός κόσμου τόσο ευμετάβλητου.

Μερικά από τα πιο ευδιάκριτα σημάδια του <u>φυσιολογικού</u> γήρατος στον άνθρωπο, είναι:

η μείωση της δύναμης των μυών,
η έκπτωση της ικανότητας του ανοσοποιητικού συστήματος να αντιμετωπίζει τις ασθένειες,
η απώλεια οστικής μάζας και η σκλήρυνση των αρθρώσεων,

η πτώση των μαλλιών και η ξηρότητα των βλεννογόνων υμένων,

η απώλεια της ελαστικότητας του δέρματος και η δημιουργία ρυτίδων,

η εξασθένηση ορισμένων ζωτικών οργάνων,

και η μείωση κάποιων σύνθετων ψυχικών λειτουργιών.

Το Φαινόμενο Χέιφλικ και ο παράγοντας χρόνος

Οι γιατροί σήμερα συμφωνούν ότι τα γηρατειά δεν είναι αρρώστια. Η κατάσταση που σήμερα αναγνωρίζουμε ως γήρανση[1] θα συνέβαινε ακόμη κι αν εξαφανίζονταν τελείως όλες οι αρρώστιες από προσώπου γης.

Η γήρανση, όσο οδυνηρό κι αν είναι να το δεχτούμε, αρχίζει, με πολύ αργό ρυθμό βέβαια, λίγο μετά την ήβη, όταν εμφανίζονται λεπτότατες πλάκες αθηρώματος (μικροσκοπικές αποθήκες ουσιών που σκληραίνουν και στενεύουν τα αγγεία) στις βασικές αρτηρίες. Αυτή είναι μια «φυσιολογική» διαδικασία που εγκαθίσταται σε μεγαλύτερη κλίμακα με την πάροδο του χρόνου (και στο βαθμό που κάποιες ασθένειες και διαταραχές του μεταβολισμού θα μπορούσαν να την επιταχύνουν).

Οι εκπληκτικές μελέτες του γιατρού Χέιφλικ θεμελίωσαν, χωρίς να αφήνουν περιθώριο για αμφιβολίες, το γεγονός ότι σε κάθε κύτταρο υπάρχει εκ των προτέρων προγραμματισμένη η γήρανσή του. Αυτό σημαίνει ότι, φυσιολογικά, κάθε ζωντανό κύτταρο του σώματός μας εμπεριέχει ένα όριο στη δυναμική του για ανάπτυξη και αναπαραγωγή.

Στην αναμφισβήτητη σήμερα αναφορά του Χέιφλικ, το

1. Τεχνικός όρος με τον οποίο οι επιστήμονες αναφέρονται στο υγιές γήρας. (Σ.τ.Σ.)

γεγονός αυτό θεωρήθηκε αποτέλεσμα του κυτταρικού κύκλου ζωής και πήρε το όνομα **Κυτταρικό Ρολόι**.

Σκοπός του Χέιφλικ ήταν να αποδείξει ότι ο αριθμός των κυττάρων που είναι ικανά για διπλασιασμό σε οποιοδήποτε ζωντανό οργανισμό, απλό ή σύνθετο, είναι αντιστρόφως ανάλογος με το χρόνο ζωής του οργανισμού (σε μεγαλύτερη ηλικία, μικρότερος διπλασιασμός).

Η βασική μεταβολή της διαδικασίας της γήρανσης, είναι να φτάσει το κύτταρο στο όριο της αναπαραγωγικής του ικανότητας. Η γήρανση ευθύνεται για την αύξηση των κρουσμάτων κοινών ασθενειών και την ευαισθησία του οργανισμού γενικά στις ασθένειες.

Η έλλειψη εισόδου στο σύστημα νέων και ισχυρών κυττάρων τα οποία θα αναπληρώσουν τα ήδη εξασθενημένα και γερασμένα κύτταρα, μειώνει, όπως μπορεί κανείς να προβλέψει, την ικανότητα του σώματος να αντιμετωπίζει μικρές λειτουργικές αλλοιώσεις, και τη δυνατότητα να διορθώσει χωρίς συνέπειες ορισμένες φθορές στο σώμα, μ᾽ έναν στρατό από νεαρότερα κύτταρα.

Οι τελευταίες μελέτες με ηλεκτρονικό μικροσκόπιο δείχνουν ότι η διαδικασία αυτή οφείλεται στην προοδευτική συρρίκνωση μιας βασικής για το κύτταρο δομής, το τελόμερο, το οποίο όταν «φθαρεί» στα άκρα γίνεται προοδευτικά ανίκανο να αναπαράγει ουσίες απαραίτητες για τη ζωή του κυττάρου.[1]

1. Άλλη θεωρία υποστηρίζει ότι οι αλλοιώσεις γήρανσης των κυττάρων οφείλονται στο ότι κατά την διαδικασία μετατροπής του οξυγόνου σε ενέργεια παράγονται μόρια (ελεύθερες ρίζες) οι οποίες, σε μεγάλες ποσότητες θα απέβαιναν επιζήμιες για τα κύτταρα. Προς την ακύρωση ή την καθυστέρηση της διαδικασίας αυτής, δρουν τα φάρμακα και οι αντιοξειδωτικές τροφές όπως τα μούρα και τα βατόμουρα, τα φρούτα, το σπανάκι και η βιταμίνη Ε. (Σ.τ.Σ.)

Η συνολική ποσότητα «γηραιών» (ή, όχι τόσο νεαρών) κυττάρων ενός εμβίου όντος τα οποία έχουν σταματήσει να διαιρούνται και δεν λειτουργούν πλήρως,[1] συμβάλλει στην μείωση της ομοιοστατικής λειτουργίας ολόκληρου του οργανισμού.[2]

Αποδεικνύεται, επομένως, ότι αυτό το χαρακτηριστικό είναι κληρονομικό και γι' αυτό υπάρχει οικογενειακή τάση πρόωρης γήρανσης ή μακροζωίας.

Αργά ή γρήγορα, πάντως, όλοι γερνάμε, είτε είμαστε 25 ή 60 χρόνων, 40 ή 110. Γερνάμε... κι αυτό απέχει πολύ από το να είναι μια άσχημη είδηση. Σημαίνει, μ' έναν ιδιαίτερο τρόπο, ότι είμαστε ζωντανοί, κι αυτό από μόνο του θα έπρεπε να είναι λόγος να το γιορτάζουμε.

Μια μέρα, στα σαράντα μου, σκέφτηκα: Από το βάθος του καθρέφτη με παραμονεύουν, ακούραστα, τα γηρατειά, και στο τέλος θα με πιάσουν.

Από ανώνυμο γκράφιτι

Σχεδόν κανένας δεν έχει διάθεση να πεθάνει. Εάν έχει, για μένα και για τους περισσότερους από τους συναδέλφους μου, αποτελεί ένδειξη ότι κάτι δεν λειτουργεί καλά στην ψυχή αυτού του ατόμου. Ένα από τα βασικά επιτεύγματα της επιστήμης τα τελευταία εκατό χρόνια είναι η αύξηση

1. Περιορίζεται η σύνθεσή τους σε DNA και RNA, και μειώνεται η ικανότητά τους να δέχονται θρεπτικές ουσίες. (Σ.τ.Σ.)
2. Ομοιόσταση: η τάση προς σταθεροποίηση των φυσιολογικών καταστάσεων του οργανισμού. (Σ.τ.Μ.)

του προσδόκιμου ζωής του ανθρώπου, που από τα 47 χρόνια έφτασε στις ανεπτυγμένες χώρες τα 75 χρόνια. Καλό ή κακό, αυτό πάντως δεν είναι ένα φαινόμενο που περιορίζεται σε ορισμένες περιοχές του πλανήτη, αν και εκδηλώνεται με διαφορετική ένταση στις περισσότερο βιομηχανικές χώρες της Ευρώπης και στον πιο ευκατάστατο πληθυσμό των Ηνωμένων Πολιτειών. Ο μέσος όρος ηλικίας του πληθυσμού αυτών των ανεπτυγμένων χωρών αυξάνεται με ένα ρυθμό χωρίς προηγούμενο, και έχει την τάση να ανεβαίνει. Το γεγονός αυτό, αν προστεθεί στην απόφαση των κατοίκων του «Γηραιού» κόσμου να περιορίσουν την πρόθεσή τους για τεκνοποίηση, έχει οδηγήσει σε ένα πρωτοφανές φαινόμενο: το ένα ΤΕΤΑΡΤΟ του πληθυσμού στις χώρες αυτές, είναι σήμερα πάνω από 60 χρόνων. Πάντως διευκρινίζω ότι, πέρα από εξελίξεις και αποφάσεις, στη Λατινική Αμερική μόνο, ο πληθυσμός που θα είναι πάνω από 60 χρόνων το 2020, με δυσκολία θα φτάνει τα 80 εκατομμύρια ψυχές.

Οι ενδείξεις για όλα αυτά είναι ευδιάκριτες και ολοφάνερες, φτάνει μόνο να ανοίξουμε τα μάτια και να τις δούμε. Βέβαια, ο πατέρας μου, αν και ζει στην Αργεντινή —που δυστυχώς απέχει πολύ από το να αποτελεί πρότυπο της ποιότητας ζωής στις πιο μακρόβιες χώρες—, έκλεισε τα 90, και δεν αποτελεί εξαίρεση ανάμεσα σε φίλους και συγγενείς.

Κατά τους ειδικούς της «νέας» και ρωμαλέας επιστήμης, της γεροντολογίας, υπολείπονται ακόμη πολλά για να φτάσουμε στο όριο της ζωής μας, που θα μπορούσε να είναι, όπως μας λένε, γύρω στα 120 χρόνια.[1]

1. Υπ' αυτήν την έννοια, αρκεί να υπογραμμίσω ότι, λογικά, το μέσο προσδόκιμο ζωής ενός βρέφους που γεννήθηκε σήμερα σε μια από τις πλέον ανεπτυγμένες χώρες, δηλαδή, με καλύτερο επίπεδο εκπαίδευσης, περίθαλψης και τεχνολογίας, είναι πάνω από 90 χρόνια. (Σ.τ.Σ.)

Είδη γήρατος

Μιλήσαμε μέχρι τώρα ειδικά για το «βιολογικό» γήρας· αυτό που ξέρουμε όλοι, και κατά κάποιον τρόπο παντα φοβόμαστε. Ασφαλώς, όμως, υπάρχει επίσης το «κοινωνικό» γήρας. Αυτό έχει σχέση με τον «δευτερεύοντα και παθητικό» ρόλο που η κοινωνία μας, με τις προκαταλήψεις της, επιβάλλει στους ηλικιωμένους. Είναι το άθροισμα των δύο τύπων γήρατος, και όχι μόνο το πρώτο, που ευθύνεται για τα προβλήματα και τα παράπονα των ατόμων της τρίτης ηλικίας. Γιατί η κοινωνία τα αντιμετωπίζει σαν να ήταν, βάσει νόμου, άτομα αναγκαστικά ανίκανα που πάσχουν από αμνησία και άλλες χρόνιες ασθένειες, χωρίς σεξουαλικές επιθυμίες και με υπέρμετρη ανάγκη για προσοχή και φροντίδα.

Η προκατάληψη αυτή είναι συνέπεια των περιορισμών που πραγματικά υπέφεραν κάποτε όσοι περνούσαν το φράγμα των 50 ή 60 χρόνων, αλλά δεν έχει νόημα στην εποχή μας. Σήμερα, οι περισσότεροι άνθρωποι δεν υποφέρουν από έκδηλες διαταραχές σωματικές, νοητικές ή κοινωνικές, μέχρι να περάσουν κατά πολύ τα 70. Η επιβράδυνση κάποιων κινητικών, γνωστικών και αισθητικών λειτουργιών, αντιμετωπίζεται κυρίως αν υπάρχουν ισχυρά κίνητρα, άσκηση και θέληση, επιτρέποντας στα ηλικιωμένα άτομα να ξεπεράσουν τις δυσκολίες τους και να βγουν από τη μειονεκτική θέση αποτελεσματικά.

Ευτυχώς, τα γηρατειά είναι όλο και λιγότερο συνώνυμα της αναγκαστικής εξάρτησης, και μόνο ένα στα πέντε άτομα στην ηλικία των 70 παρουσιάζει κάποια σημαντική λειτουργική ανικανότητα. Άλλο τόσο, αυτό ισχύει για τη σεξουαλική ζωή. Ο Χοσέ Φερνάντο μας διαβεβαιώνει ότι «... η σεξουαλικότητα του ανθρώπου πεθαίνει μία μέρα μετά τον ενταφιασμό του.»

Και βέβαια, η επιθυμία και οι φαντασιώσεις παραμένουν άθικτες (καμιά φορά αυξάνονται). Αυτό που οπωσδήποτε αλλάζει, είναι ο τρόπος εκδήλωσης, η συχνότητά τους, και το πώς προχωράει μια γνωριμία. Η σεξουαλικότητα εξακολουθεί να είναι τόσο έντονη όπως πριν, παρόλο που, για να χαρούν μιαν ερωτική συνάντηση, οι ωριμότεροι δεν περιορίζονται πια στη γενετήσια πράξη και ευνοούν τις τρυφερές περιπτύξεις, την παρέα, τα ερωτόλογα και τα χάδια.

Πικρό γήρας

Ποτέ δεν μου άρεσε, και τώρα πια σχεδόν με εξοργίζει, να ακούω τον κόσμο να υποστηρίζει, σαν να είναι μια αλήθεια αναμφισβήτητη, αυτήν τη λανθασμένη άποψη:

«Τα παιδιά με τον καιρό γίνονται γονείς των γονιών τους».

Τα παιδιά είναι παιδιά και θα είναι πάντα παιδιά. Οι γονείς είναι γονείς και θα συνεχίσουν να είναι γονείς και όταν θα χάσουν την εξουσία τους ή τη δυνατότητα να είναι αυτάρκεις.

Η αντιστροφή των ρόλων μου φαίνεται —αν το κακοσκεφτώ—, σαν ένα είδος υποσυνείδητης εκδίκησης. Αν, όμως, το καλοσκεφτώ, μου μοιάζει με μια παράλογη απόπειρα να ξεπληρώσει το παιδί το χρέος του — ένα χρέος που διαγράφεται μόνο στη σχέση με τα δικά του παιδιά. Η ύπαρξη και μόνο ενός τέτοιου χρέους, θα ερχόταν σε πλήρη αντίθεση με το νόημα της αληθινής αγάπης.

Ο άνθρωπος που γερνάει με πίκρα, γερνάει με μίσος, με μνη-

σικακία. Οι αρτηρίες του δηλητηριάζονται, νεκρώνεται ο εγκέφαλος και το αίμα μετατρέπεται σε χολή. Καταρρέει το κυκλοφορικό σύστημα, που το εμποδίζει το αίσθημα βάρους και κόπωσης. Αφυδατώνεται το σώμα, μειώνεται η όραση, παραλύουν τα χέρια. Η πίκρα οδηγεί τον γέρο άνθρωπο στο θάνατο και τους δικούς του στην τραγωδία.

ΙΓΝΑΣΙΟ ΚΙΝΤΑΝΑ[1]

Ο πικραμένος ηλικιωμένος χάνει την ψυχραιμία του μπροστά σ' αυτό που θεωρεί μία άδικη μεταβίβαση εξουσίας. Καταπιέζει τη βία και συνήθως την μετατρέπει σε κοινωνικό μίσος, σε πικρά παράπονα ή σε απαιτήσεις αναγνώρισης, και καταλήγει να κατασκευάζει με τη φαντασία του ψεύτικα μεγαλεία, ή να καυχιέται για φανταστικές παλιές ικανότητες. Αμυντική μεγαλομανία, την ονομάζουμε εμείς οι θεραπευτές, που τους κάνει μερικές φορές να απαιτούν με απειλές την αναγνώριση μιας θέσης ή ενός ρόλου εξουσίας, ένα παράσημο που δεν το αξίζουν, ή έναν ματαιόδοξο θαυμασμό από το περιβάλλον τους...

Τα στερεότυπα αυτά είναι άδικα και βλάπτουν τη ζωντάνια της κοινωνίας, όπως και την αξιοπρέπεια των ατόμων.

Γήρας γόνιμο

Το γλυκό γήρας συνίσταται σε μια ζωή παραγωγική και υγιή στα πλαίσια της οικογένειας, της κοινωνίας και της οικονομίας.

---

1. Ignacio Quintana, Βενεζουέλα, (1949). Καθηγητής πανεπιστημίου, πρέσβης και υποψήφιος Πρόεδρος της Δημοκρατίας. (Σ.τ.Μ.)

Τα δραστήρια γηρατειά αντικατοπτρίζουν την επιθυμία και την ικανότητα του ατόμου, όποια κι αν είναι η ηλικία του, να συνεχίσει να μετέχει σε παραγωγικές δραστηριότητες.

Είναι απαραίτητο να δουλεύουμε από νωρίτερα, πριν από τα γεράματά μας, για να αναπτύξουμε μια κουλτούρα όπου θα εκτιμούμε τα χρόνια που ζήσαμε για την πείρα και τη σοφία που συνεπάγονται, και δεν θα μεμψιμοιρούμε για τη φθορά που επιφέρουν. Για να δημιουργήσουμε μια κοινωνία όπου οι μεγαλύτεροι εμπνέουν σεβασμό αντί για περιφρόνηση, και όπου τους γεροντότερους θα τους ακούμε και θα τους φροντίζουμε αντί να τους απομονώνουμε και να κάνουμε διακρίσεις εις βάρος τους. Για να το πετύχουμε, όμως, αυτό, είναι αναγκαίο να δουλέψουμε όλοι, και είναι απαραίτητη η αμοιβαία υποστήριξη μεταξύ των γενεών.

Τα γηρατειά δεν εξαρτώνται από το άθροισμα των χρόνων, αλλά από την ποιότητα της ζωής που είχαμε σαν ολοκληρωμένοι άνθρωποι.

Σε τελική ανάλυση, ο καθένας μας θα πρέπει να δεχτεί ότι είναι ο κύριος υπεύθυνος για τα γεράματά του. Δεν είναι μόνο η κοινωνία, ούτε η κληρονομικότητα, το περιβάλλον και η καταστροφική δύναμη των μύθων για τα γηρατειά, που θα καθορίσουν τον τρόπο της ζωής μας στην τελευταία αυτή φάση της ύπαρξής μας. Είναι επίσης, και πάνω απ' όλα, το τι κάναμε εμείς μέχρι να φτάσουμε εδώ (και αυτό, φυσικά, περιλαμβάνει και το πώς συμπεριφερθήκαμε στους μεγαλύτερους, τους ηλικιωμένους).

Η Ελένα Χαμπίφ[1] λέει ότι μπροστά στα γηρατειά υπάρχουν πάντοτε τέσσερις θέσεις. Οι τρεις από αυτές είναι πολύ λυπηρές: η θέση του γέρου που θεωρεί τον εαυτό του γέρο, η θέση του γέρου που θεωρεί τον εαυτό του νέο, και η θέση του γέρου που θεωρεί τον εαυτό του πεθαμένο. Η τέταρτη, όμως, φαίνεται πολύ ωραία και είναι εφικτή. Είναι η θέση του γέρου που ζει το δεύτερο μέρος της ζωής του με το ίδιο σθένος που έζησε και το πρώτο.

Δέχτηκα τα γηρατειά και την τύφλωση με τον ίδιο τρόπο που δέχεται κανείς τη ζωή. Στα 24, προσπαθεί να γίνει Άμλετ, Μπάιρον, Μποντλέρ. Και καλλιεργεί τη δυστυχία του...

Στα 80, ίσως λιγάκι αργά, κατάλαβα ότι τη δυστυχία δεν ήταν ανάγκη να την καλλιεργήσω.

ΧΟΡΧΕ ΛΟΥΙΣ ΜΠΟΡΧΕΣ

Το πένθος για την απώλεια της υγείας

Η ανθρώπινη ύπαρξη θα έπρεπε να είναι σαν ένα ποτάμι,
μικρό στη γέννησή του, που κυλάει
στην κοίτη τη στενή, και ρίχνεται μετά ορμητικά
πάνω στα βράχια. Σιγά σιγά το ποτάμι μεγαλώνει,
οι όχθες του εξαφανίζονται, τα νερά κυλάνε
ήρεμα και, τελικά, χωρίς να φανεί ότι έσπασε κάτι,
ενώνονται με τη θάλασσα, εγκαταλείποντας κάθε ταραχή.

ΜΠΕΡΤΡΑΝΤ ΡΑΣΕΛ

Η φροϋδική ψυχανάλυση θεωρεί ότι η ζωή είναι μια διαρκής

1. Elena Jabif. Ψυχαναλύτρια, μέλος της Φροϋδικής Σχολής του Μπουένος Άιρες. (Σ.τ.Μ.)

πάλη ανάμεσα σε δύο ενστικτώδεις δυνάμεις, τον Έρωτα και τον Θάνατο, και η επιθυμία για ζωή προσπαθεί να επιβληθεί στις ασυνείδητες επιθυμίες θανάτου. Δύο καταστάσεις μάς υποχρεώνουν να αποκτήσουμε συνείδηση αυτής της πάλης: η αρρώστια, η οποία μας φέρνει σε επαφή με τον κίνδυνο, και τα γηρατειά, που μας αναγκάζουν να συνειδητοποιήσουμε τη φοβερή αδυναμία που νιώθουμε όταν η ψευδαίσθηση ότι είμαστε αθάνατοι διαλύεται οριστικά.

Η Ελίζαμπεθ Κούμπλερ-Ρος[1] είναι πιθανότατα εκείνη που έχει μελετήσει και γράψει περισσότερο για τον θάνατο, το πένθος και τις καταστάσεις γύρω από αυτά τα θέματα. Ακολουθώντας τις έρευνές της, συνειδητοποιούμε ότι μπροστά στην είδηση της επιβεβαιωμένης διάγνωσης μιας σοβαρής αρρώστιας, συμβαίνουν πάντοτε μια σειρά από αντιδράσεις, παρόμοιες με τις φάσεις που είδαμε στην επεξεργασία του πένθους για μιαν απώλεια. Αυτό δεν θα έπρεπε να μας φαίνεται παράξενο, εάν σκεφτούμε ότι ο συγκεκριμένος άνθρωπος έχασε ούτε λίγο ούτε πολύ την υγεία του, ή την παιδιάστικη φαντασίωση ότι θα την απολάμβανε αιώνια.

Όταν αντιμετωπίζει κανείς τη σκληρή διάγνωση μιας ασθένειας με άσχημη πρόγνωση, ακόμη κι αν έχει αρκετή διορία, μπαίνει σ' έναν δρόμο που, για να τον περάσει, θα πρέπει να επεξεργαστεί πέντε φάσεις:

Άρνηση
Θυμό
Διαπραγμάτευση
Κατάθλιψη
Αποδοχή

1. Elisabeth Kübler-Ross, (1926-2004). Ελβετίδα ψυχίατρος. (Σ.τ.Μ.)

Πρώτη φάση. Η άρνηση

Η πρώτη αντίδραση ενός ανθρώπου στην πληροφορία ότι πάσχει από μια σοβαρή ασθένεια είναι να ενεργοποιήσει τους πρώτους μηχανισμούς άμυνας για να καθυστερήσει, έστω και λίγο, το βαρύ χτύπημα που αναγκαστικά συνεπάγεται η είδηση.

Αυτό το πρώτο αμυντικό φράγμα τον κάνει να λέει και να αισθάνεται:

δεν θέλω
δεν είναι δυνατόν
κάποιο λάθος θα έγινε

Το άτομο είναι πεπεισμένο ότι έχει γίνει κάποιο λάθος, ή τα αποτελέσματα των εργαστηρίων και οι ακτινογραφίες δεν είναι οι δικές του, ή ο γιατρός έχει πέσει έξω.

Πολλές φορές επαναλαμβάνει τις εξετάσεις, αλλάζει γιατρό ή συμβουλεύεται κάποιον μάγο, θεραπευτή ή τσαρλατάνο σε μιαν απελπισμένη προσπάθεια να πάρει άλλη απάντηση.

Η άρνηση είναι ένας φυσιολογικός μηχανισμός που μας συνοδεύει από νωρίς σε όλη μας τη ζωή, και μπροστά στην είδηση ενός πιθανού θανάτου, κάνει την εμφάνισή της για να δημιουργήσει μιαν απόσταση ανάμεσα στην ψυχή και την πραγματικότητα. Μια απελπισμένη αναζήτηση του αναγκαίου χρόνου για να σκεφτεί το μέλλον με σοβαρότερο τρόπο, παίρνοντας μια χρονική απόσταση από αυτό που ακολουθεί, προσπαθώντας να φτάσει σε μια πιο υγιή προσαρμογή στο γεγονός που εμφανίστηκε υπερβολικά απότομα. Η άρνηση είναι πραγματικά μια απόπειρα να αποσοβηθεί η επίδραση του πρώτου χτυπήματος.

Δεύτερη φάση. Ο θυμός

Όταν δεχτεί ο ασθενής τελικά την πραγματικότητα, επιχειρεί και πάλι να επαναστατήσει εναντίον της. Έτσι τώρα αλλάζουν τα ερωτήματα και τα συναισθήματά του. Γεννώνται άλλες ερωτήσεις:

Γιατί εγώ;
Γιατί τώρα;
Δεν είναι δίκαιο...

Η ζήλεια αρχίζει να κατατρώει τις σκέψεις του. Οργίζεται με τη ζωή, τον Θεό, και όλους εκείνους που υποτίθεται ότι «θα ήταν πιο λογικό» να βρίσκονται στη θέση του.

Οι ηλικιωμένοι, οι άρρωστοι, οι κακοί, οι φιλάσθενοι, όσοι μισούσε από παλιά... σ' όλους αυτούς άξιζε μια τέτοια είδηση και όχι σ' εκείνον. Μοιάζει με ένα είδος επιθυμίας να πάρει τη ζωή των άλλων. Ο θυμός του, μερικές φορές βίαιος, πλημμυρίζει τον κόσμο γύρω του. Τίποτα δεν τον ικανοποιεί, με τίποτα δεν είναι ευχαριστημένος. Όλα όσα βλέπει του δημιουργούν πόνο, μίσος και μνησικακία. Και παρόλο που ίσως φανεί ψέμα, η αυτοεκτίμησή του που την ποδοπάτησε η πραγματικότητα, συνειδητοποιεί ότι αυτό που χρειάζεται (και είναι αλήθεια) είναι να εκφράσει την οργή του για να μπορέσει να απελευθερωθεί απ' αυτήν την ανυπόφορη κατάσταση.

Τρίτη φάση. Η διαπραγμάτευση

Η φάση αυτή αναφέρεται στον ασθενή για τον οποίο η διάγνωση είναι: «μαγική, πρωτόγονη σκέψη». Εδώ εμφανίζονται ιδέες διαπραγμάτευσης με την αρρώστια, τον χρόνο ή την πρόγνωση.

Ο ασθενής σκέφτεται να κάνει συμβόλαιο με τη ζωή, με τον Θεό, με τον διάβολο, με τον γιατρό...

Για παράδειγμα, παρόλο που η πραγματικότητα τον υποχρεώνει να δεχτεί ότι είναι ήδη πολύ αργά, ο καπνιστής υπόσχεται ότι θα κόψει αυτήν την κακή συνήθεια για πάντα.

Πρόκειται, ασφαλώς, για μια καινούργια αμυντική συμπεριφορά: την παλινδρόμηση. Ο ασθενής, δηλαδή, προσπαθεί να πετύχει τη θεραπεία με αντάλλαγμα την καλή συμπεριφορά. Οι περισσότερες από αυτές τις συμφωνίες είναι μυστικές, και μόνο εκείνοι που τις κάνουν γνωρίζουν το περιεχόμενό τους.

Επιτρέψτε μου να σας πω μια ιστορία...

Ήταν κάποιος μια φορά που είχε πάρει απόφαση να χαίρεται τη ζωή του.

Νόμιζε ότι για να μπορεί να το κάνει αυτό, έπρεπε να έχει πολλά λεφτά.

Σκεφτόταν ότι δεν μπορεί να υπάρχει πραγματική ευχαρίστηση, όταν πρέπει να διακόπτεται η απόλαυση από τη δυσάρεστη φροντίδα του να βγάλεις λεφτά.

Σκέφτηκε, έτσι μεθοδικός που ήταν, ότι για να μην απασχολεί το μυαλό του και να μη στενοχωριέται, έπρεπε να χωρίσει τη ζωή του σε δύο μέρη: πρώτα θα έβγαζε αρκετά λεφτά και μετά θα απολάμβανε ό,τι επιθυμούσε η ψυχή του.

Υπολόγισε ότι ένα εκατομμύριο δολάρια θα του έφταναν για να ζήσει ήσυχος την υπόλοιπη ζωή του.

Αφιέρωσε λοιπόν όλες του τις δυνάμεις στο να κερδίσει χρήματα και να μαζέψει πλούτη.

Επί χρόνια, κάθε Παρασκευή, άνοιγε το βιβλίο εσόδων και άθροιζε τα αγαθά του.

«Όταν μαζέψω το εκατομμύριο» έλεγε, «δεν θα δουλέψω άλλο. Θα είναι η στιγμή της απόλαυσης και της διασκέδασης. Δεν θ' αφήσω να μου συμβεί αυτό που έπαθαν άλλοι, που όταν έφτασαν στο πρώτο εκατομμύριο άρχισαν να θέλουν κι άλλο.

Και πιστός στην απόφασή του έφτιαξε μια τεράστια πινακίδα και την κρέμασε στον τοίχο:

μόνο ΕΝΑ εκατομμύριο

Πέρασαν τα χρόνια.

Ο τύπος μάζευε λεφτά κι έκανε προσθέσεις. Κάθε φορά ήταν όλο και πιο κοντά στο στόχο του.

Χαμογελούσε αυτάρεσκα όταν σκεφτόταν τις χαρές που τον περίμεναν.

Μια Παρασκευή κατάπληκτος βλέπει το τελικό νούμερο:

Το άθροισμα ήταν 999.999,75 δολάρια.

Έλειπαν μόνο 25 σεντς για να συμπληρωθεί το εκατομμύριο!

Πανικόβλητος, αρχίζει να ψάχνει κάθε σακάκι, κάθε παντελόνι, κάθε συρτάρι, μήπως βρει τα λίγα νομίσματα που λείπουν... Δεν ήθελε να περιμένει άλλη μία βδομάδα.

Τελικά, στο τελευταίο συρτάρι βρίσκει τα 25 σεντς που ήθελε.

Κάθεται στο γραφείο του, και γράφει με τεράστια νούμερα:

1.000.000

Ικανοποιημένος, κλείνει τα βιβλία, κοιτάζει την πινακίδα στον τοίχο και μονολογεί:

«Ένα μόνο. Και τώρα απολαμβάνουμε...»

Εκείνη ακριβώς τη στιγμή, χτυπάει η πόρτα.

Δεν περιμένει κανέναν. Απορημένος, πάει να ανοίξει.

Μια γυναίκα ντυμένη στα μαύρα, μ' ένα δρεπάνι στο χέρι του λέει:

«Ήρθε η ώρα σου.»

Είχε έρθει ο θάνατος να τον πάρει.

«Όχι...» ψελλίζει αυτός. «Όχι ακόμη... δεν είμαι έτοιμος.»

«Ήρθε η ώρα σου» ξαναλέει ο Θάνατος.

«Μα πώς... Τα λεφτά... Οι χαρές...»

«Καταλαβαίνω, αλλά ήρθε η ώρα σου.»

«Σε παρακαλώ, δώσε μου ακόμη ένα χρόνο... Ανέβαλλα τα πάντα γιατί περίμενα αυτή τη στιγμή, σε παρακαλώ...

«Λυπάμαι» λέει ο Θάνατος.

«Ας κάνουμε μια συμφωνία» προτείνει αυτός απελπισμένος, «κατάφερα και μάζεψα ένα εκατομμύριο δολάρια. Πάρε τα μισά και δώσε μου ένα χρόνο διορία. Σύμφωνοι;

«Όχι.»

«Σε παρακαλώ. Πάρε 750.000 και δώσε μου ένα μήνα...»

«Δεν έχεις καθόλου διορία.»

«900.000 για μια βδομάδα.»

«Δεν έχεις καθόλου διορία.»

«Ας κάνουμε κάτι άλλο. Πάρ' τα όλα, και δώσε μου έστω και μία μέρα. Έχω τόσα να πω, τόσο κόσμο να δω, έχω αναβάλει τόσα πράγματα... σε παρακαλώ.»

«Ήρθε η ώρα σου» επαναλαμβάνει ο Θάνατος, αδιάλλακτος.

Ο άνθρωπος σκύβει το κεφάλι. Αποδέχεται την κατάσταση και παραιτείται από κάθε άλλη προσπάθεια διαπραγμάτευσης. Με περίλυπο ύφος, ζητάει μόνο μία τελευταία χάρη:

«Έχω έστω λίγα λεπτά ακόμη;» παρακαλεί.

Ο θάνατος βλέπει ακόμη λίγους κόκκους άμμου στην κλεψύδρα του και του λέει:

«Εντάξει».

Παίρνει ο άντρας ένα χαρτί και μια πένα από το γραφείο του και γράφει:

Αναγνώστη:
Όποιος κι αν είσαι.
Εγώ δεν μπόρεσα να αγοράσω ούτε μία μέρα ζωής με όλα μου τα λεφτά.
Πρόσεξε τι θα κάνεις με τον χρόνο σου.
Είναι η μεγαλύτερή σου περιουσία...

Τέταρτη φάση. Η κατάθλιψη

Τελικά, όλα τα προηγούμενα βήματα εξαντλούνται και αποτυγχάνουν στην προσπάθειά μας να απομακρυνθούμε από την πραγματικότητα. Με το απλό πέρασμα του χρόνου, ή πριν εξελιχθεί η αρρώστια, η διάγνωση επαληθεύεται.

Ο ασθενής, όμως, συνήθως, επιχειρεί ακόμη να ελέγξει την πραγματικότητα για κάποιο διάστημα. Παίζει τότε με την καταστροφική πρόβλεψη της σωματικής κατάπτωσης (υπερβάλλοντας πολλές φορές), με την υποτιθέμενη ανικανότητά του για εργασία, την απελπιστική του κατάσταση λόγω οικονομικών και οικογενειακών προβλημάτων που δεν έχουν εμφανιστεί ακόμη (και μπορεί να μην εμφανιστούν ποτέ), την αίσθηση ότι στο μέλλον θα είναι άχρηστος και ανίκανος, υποφέροντας με τη φαντασίωση ότι θα φτάσει να είναι ένα περιττό βάρος. Και μόνο οι ιδέες αυτές θα έφταναν για να προκαλέσουν μια φυσιολογική καταθλιπτική κατάσταση. Το ιδιαίτερο, στην προκειμένη περίπτωση, είναι ότι οι ιδέες αυτές δεν αποτελούν μόνο αιτία κατάθλιψης, αλλά είναι επίσης, και πάνω απ' όλα, συνέπεια της κατάθλιψης.

Ο Σοφοκλής περιγράφει τον Οιδίποδα στην τραγωδία, πώς ζούσε περιπλανώμενος, δυστυχισμένος και τυφλός:

«Δείξτε συμπόνια για το φτωχό φάντασμα του Οιδίποδα,
γιατί το γέρικο τούτο κορμί δεν είναι πια αυτός».

Η κατάθλιψη είναι βέβαια αποτέλεσμα της συνειδητοποίησης του πόσα πράγματα έχασε κανείς, όπως έχουμε ήδη πει, και μια διαδικασία προετοιμασίας μπροστά στην πιθανότητα του ίδιου του θανάτου. Φυσικά, μπορούμε να προβλέψουμε ότι η φάση αυτή θα λήξει πιο γρήγορα, αν βρει ο ασθενής το σθένος και το περιβάλλον όπου μπορεί να εκφράζει τη βαθιά του αγωνία και να δέχεται τη στήριξη που χρειάζεται για να αντιμετωπίσει τους φόβους και τις φαντασιώσεις του.

Πέμπτη και τελευταία φάση. Η αποδοχή

Για να φτάσει εδώ ο ασθενής, χρειάζεται να έχει αφενός συντροφιά, και αφετέρου το χρόνο που απαιτείται για να ξεπεράσει τις προηγούμενες φάσεις.

Η αποδοχή εμφανίζεται μόνο όταν το άτομο καταφέρει να επεξεργαστεί την ανησυχία και το θυμό του, να κλείσει τα ζητήματα που ήταν ανοιχτά, και να εγκαταλείψει τη στάση και τη συμπεριφορά που τον καθιστά ανίκανο και οφείλεται στην κατάθλιψη. Οπωσδήποτε, ανεξάρτητα από το πόσο άργησε να φτάσει ώς εδώ και πόση προσπάθεια χρειάστηκε, όταν φτάνει στη φάση αυτή, είναι πάντοτε αδύναμος και αισθάνεται φοβερή κούραση. Ίσως αυτό είναι συνέπεια της προσπάθειας που κατέβαλε για να αποκοπεί από τον κόσμο και να απομακρυνθεί από τα πρόσωπα των προηγούμενων φάσεων. Τώρα, πάντως, βρίσκεται υπό μία έννοια σε συναισθηματική «νάρκωση». Σε γενικές γραμμές, προτιμά να είναι μόνος, να προετοιμάζεται για το μέλλον που τον περιμένει, κάνοντας μιαν αξιολόγηση κι έναν απολογισμό της ζωής του. Μια εμπειρία πάντοτε ιδιωτική και αποκλειστικά προσωπική.

Σε περίπτωση θανατηφόρας ασθένειας, το άτομο, όταν φθάνει στη φάση αυτή, έχει ήδη ξεκινήσει τους αποχαιρετισμούς για να μπορέσει να εγκαταλείψει τα παλιά με ειρήνη, γαλήνη και ηρεμία.

Αν φτάσεις έως την αποδοχή, σημαίνει ότι έχεις κατακτήσει την εσωτερική ειρήνη. Χωρίς πάθος και χωρίς πόνο (αν και ο πόνος εμφανίζεται πολλές φορές σ' εκείνους που είναι γύρω από τον ασθενή, γιατί κι αυτοί πρέπει να προσαρμοστούν στο γεγονός ότι το προσφιλές τους πρόσωπο προτιμά τη μοναξιά και τη σιωπή για να ζήσει ό,τι του μένει να ζήσει).

Βέβαια, δεν υπάρχουν μαρτυρίες που να δείχνουν ότι <u>όλοι</u> οι ασθενείς περνάνε αυτές τις φάσεις, ούτε θα μπορούσε να αποδείξει κανείς ότι υπάρχει χρονική και αιτιώδης σχέση μεταξύ των φάσεων. Είναι αναμφισβήτητο ότι, ως διαδρομή, μοιάζει πολύ με ό,τι έχει συμβεί ή συμβαίνει στους περισσότερους ασθενείς με σοβαρή ασθένεια.

Αυτό είναι ένα ευέλικτο μοντέλο που έχει σχεδιαστεί για να βοηθήσει τον ασθενή, την οικογένειά του και τα αγαπημένα του πρόσωπα να καταλάβουν τι γίνεται και να αντλήσουν δύναμη, ηρεμία και σοφία για να αντιμετωπίσουν αυτό που ακολουθεί.

Για τους γιατρούς, οι φάσεις του ασθενή ανταποκρίνονται σε πέντε διαφορετικές εξελικτικές στιγμές: τις πέντε κλασικές φάσεις κλινικής εξέλιξης οποιασδήποτε ασθένειας.

- προδιάγνωση,
- διάγνωση,
- οξεία φάση και θεραπευτική αντιμετώπιση της προσβολής,
- εξέλιξη της ασθένειας
- και κατάληξη (αποθεραπεία ή θάνατος).

Όσον αφορά στη θεραπεία μιας θανατηφόρας ασθένειας είναι αξιοσημείωτο ότι, σύμφωνα με τις στατιστικές, η προτελευταία φάση είναι, για πολλούς, η πιο σημαντική και η πιο παρατεταμένη. Όχι μόνο λόγω συντόμευσης των προηγούμενων φάσεων, αλλά και γιατί η επιστήμη έχει πετύχει την ουσιαστική παράταση αυτής της φάσης της θεραπείας, καθυστερώντας τον θάνατο του ασθενούς. Για παράδειγμα, κάθε χρόνο, ευτυχώς, όλο και περισσότερα άτομα συνεχίζουν να ζουν με ποιότητα μετά τη διάγνωση καρκίνου (και κάθε φορά είναι όλο και περισσότεροι εκείνοι που τελικά πεθαίνουν από άλλες αιτίες, τελείως άσχετες με τη διάγνωση εκείνη ή με τη θεραπεία του καρκίνου).

Μερικά συμπεράσματα

Είτε είναι αυτές, είτε άλλες οι φάσεις από τις οποίες περνάει κανείς στην πράξη, το πένθος πάντοτε ερμηνεύεται ως συμπεριφορά πιθανής, βιωματικής αντίδρασης μπροστά στην αλλαγή που επιφέρει η απώλεια.

Πίσω από κάθε σημαντική αλλαγή, υπάρχει μια απώλεια που πρέπει να επεξεργαστεί κανείς. Αυτό ισχύει ακόμη και για τις αλλαγές εκείνες που επιφέρουν «θετικές» μεταβολές, αν μπορούμε να τις χαρακτηρίσουμε έτσι.

Για να το πω ακόμη μία φορά:

Κάθε φορά που έρχεται κάτι,
παίρνει τη θέση του προηγούμενου,
που έπαψε να υπάρχει.

Και ακόμη:

Κάθε φορά που φεύγει κάτι,
αφήνει χώρο γι' αυτό που έρχεται.

Όποιες κι αν είναι οι αλλαγές:

- Αλλαγές (απώλειες και ανάπτυξη) στους στόχους και το μέλλον
- Αλλαγές (συγκέντρωση ή μείωση) στην προσωπική κληρονομιά και τον τρόπο ζωής
- Αλλαγές στον τόπο κατοικίας (πρόοδος ή παρακμή)
- Εργασιακές αλλαγές (μεταξύ των οποίων προαγωγές και μεταθέσεις)
- Αλλαγές στις σχέσεις και τους δεσμούς (φίλοι, συγγενείς, γάμοι, έρωτες)
- Αλλαγές στις ιδεολογικές, θρησκευτικές ή φιλοσοφικές θέσεις

- Αλλαγές στην κατάσταση της υγείας (επιδείνωση, ή ακόμη και θεραπεία μιας ασθένειας)

Όλες αυτές οι διαδικασίες, και άπειρες άλλες που θα μπορούσε να προσθέσει ο καθένας, σημαίνουν μικρούς ή μεγάλους θανάτους, τους οποίους δεν πρέπει να υποβαθμίζουμε. Οι θάνατοι αυτοί επιβάλλουν μια διαδικασία αποχαιρετισμού και μιαν επεξεργασία.

Όπως το εκφράζει η Μάρτα Μπουχό στο ποίημά της «Πέταγμα χωρίς φτερά», δεν είναι καν ανάγκη να συμβαίνει η αλλαγή στον κόσμο της πραγματικότητας· μπορεί κανείς να πενθεί ακόμη και για κάποια φανταστικά γεγονότα

ΠΕΤΑΓΜΑ ΧΩΡΙΣ ΦΤΕΡΑ

Μπορεί κανείς να πετάξει χωρίς φτερά
και να κολυμπήσει χωρίς να είναι ψάρι.
Μπορώ να σε βάλω απέναντί μου
ενώ κρύβω
τα μάτια με τα χέρια μου,
και να νιώθω ότι σ' αγγίζω
παρόλο που δεν είσαι εδώ.
Πώς θα μπορούσα, όμως, αν δεν είμαι ο Νερούδα,
να σου πω αυτό που θέλω
και να τ' ακούσεις όπως θέλω να τ' ακούσεις.

Πότε πότε μονολογώ: ίσως είναι σίγουρο,
μπορεί να γνωριζόμαστε εδώ και αιώνες
και αρχίζω το παραλήρημα και το απολαμβάνω
μέχρι που νομίζω πως θυμάμαι τους δρόμους της επιστροφής
και τους δασκάλους εκείνους που μοιραζόμαστε,

και τα βιβλία Η Τέχνη της αγάπης *και* Ο μικρός πρίγκιπας
και Το Στρογγυλό σπίτι
που κάποτε έπρεπε να διαβάσουμε μαζί.

Και μόλις ένα λεπτό μετά, λέω κιόλας:
Δεν μπορεί να είναι αλήθεια.
Δεν υπήρξες ποτέ
και αν υπήρξες, δεν συναντηθήκαμε ποτέ.
Γιατί αν ήταν όλα
όπως τα φαντάζομαι,
δεν θα σου συγχωρούσα ποτέ
την άκαιρη και παράλογη σιωπή σου
των τελευταίων 50 χρόνων.

ΜΑΡΤΑ ΜΠΟΥΧΟ
από την *Ανθολογία μιας εποχής που δεν υπήρξε*

Κατά κάποιον τρόπο, όσο κι αν με πονάει να το παραδεχτώ, κάθε μέρα που ξημερώνει είναι επίσης η ιστορία της απώλειας της χθεσινής μου μέρας, μέχρι την οποία ήμουν αυτός που ήμουνα. Γιατί σήμερα δεν είμαι αυτός που ήμουν χθες, και δεν θα ξαναείμαι ποτέ πια.

Και μπορώ να το σκέφτομαι αυτό ή να κάνω τον αδιάφορο, αγνοώντας τη γυμνή αλήθεια. Μπορώ να μη θέλω να ξέρω ότι δεν είμαι ο ίδιος Χόρχε Μπουκάι που ήμουνα πριν από δέκα χρόνια. Και να μη θέλω, όμως, να ξέρω **ότι δεν είμαι**, ευτυχώς ή δυστυχώς, το δείχνουν οι φωτογραφίες.

Είναι αυτός ο Χόρχε καλύτερος από τον παλιό;
Μου αρέσει πιο πολύ ή πιο λίγο;
Είναι στ' αλήθεια πιο ώριμος ή μήπως κι έχει χαλάσει;

Ερωτηματικά στα οποία ο καθένας θα ήθελε να δώσει μιαν απάντηση. Θέματα οπωσδήποτε συζητήσιμα. Αλλά δεν είναι αυτό το θέμα μας.

Το θέμα είναι ότι ακόμη κι αν δεν με γνωρίζει κάποιος και δεν πρόκειται να με γνωρίσει ποτέ, μπορεί να διακρίνει και να πει με σιγουριά, χωρίς να διακινδυνεύει να κάνει λάθος, ότι υπάρχουν κάποιες αλλαγές.

Και κάτι ακόμη: αυτός ο άγνωστος μάρτυρας θα μπορούσε να μας διαβεβαιώσει ότι εκείνος που ήμουνα αποτελεί αίτιο και αποτέλεσμα του ποιος είμαι σήμερα.

Αν μπορούν οι άλλοι, χωρίς να με έχουν δει ποτέ, να φτάνουν σ' αυτό το συμπέρασμα, πώς μπορώ εγώ να το αρνούμαι;

Εγώ, ο Χόρχε Μπουκάι, δεν είμαι ο Χόρχε Μπουκάι που ήμουν μέχρι χθες, και ξέρω ότι αύριο δεν θα είμαι αυτός που είμαι σήμερα.

Έτσι, τώρα, το ερώτημα αλλάζει:

Θα έπρεπε, ξέροντας όσα ξέρω, να δεχτώ μοιρολατρικά να ζω μόνιμα στο πένθος;

Μου άρεσε πάντα η ιδέα κάποιων ποιητών να αναφέρονται στον ύπνο και στα όνειρα, ως ένα διάστημα απουσίας όπου επεξεργάζεται κανείς αυτά τα μικρά καθημερινά πένθη. Αποχωρίζομαι τη νύχτα αυτό που μένει πίσω και ξυπνάω κάθε μέρα με τα κέρδη που μου άφησε η προηγούμενη μέρα.

Και λέω «κέρδη» με την έννοια του αθροίσματος, όχι της προόδου ή του πλούτου. Το λέω σαν έναν τρόπο να θεμελιώσω ότι αυτό που είμαι είναι ό,τι έχω ζήσει, και ό,τι έχω συγκεντρώσει είναι τα κέρδη μου (ακόμη και όταν αυτά που κέρδισα μπορεί μερικές φορές να μην είναι καθόλου ευχάριστα).

Και είναι σημαντικό να θυμόμαστε ότι η κεφαλαιοποίηση των κερδών αυτών είναι αναγκαστικά το αποτέλεσμα της απόφασης να αποποιηθούμε κάτι, να αποδεχτούμε την απώλεια, να μάθουμε να αφήνουμε πίσω.

Λένε ότι...

Ήταν μια φορά ένας δερβίσης, πολύ σοφός... Γύριζε από χωριό σε χωριό, ζήταγε ελεημοσύνη και μοίραζε γνώσεις και συμβουλές στις πλατείες και τις αγορές...

Μια μέρα, ενώ ζητιάνευε στην αγορά του Άκμπαρ, τον πλησιάζει ένας άνθρωπος και του λέει:

«Χθες το βράδυ ήμουν μ' ένα μάγο πολύ ξακουστό, και με συμβούλευσε να έρθω σήμερα εδώ, σ' αυτήν την πλατεία. Είπε ότι θα συναντήσω έναν κουρελή ζητιάνο και ότι ο ζητιάνος αυτός, παρ' όλη τη φτωχική του εμφάνιση, θα μου δώσει έναν θησαυρό που θα αλλάξει τη ζωή μου για πάντα. Έτσι, μόλις σε είδα, κατάλαβα ότι εσύ είσαι αυτός που ψάχνω, γιατί δεν νομίζω να υπάρχει άλλος σε χειρότερη κατάσταση από σένα... Δώσε μου λοιπόν το θησαυρό μου».

Ο δερβίσης τον κοιτάζει σιωπηλός... Μετά, βάζει το χέρι του σε μια τσάντα από φθαρμένο δέρμα που έχει κρεμασμένη στον ώμο του.

«Αυτό πρέπει να είναι» του λέει. Και του δίνει ένα τεράστιο διαμάντι.

Ο άλλος μένει κατάπληκτος.

«Μα... η πέτρα αυτή πρέπει να έχει ανυπολόγιστη αξία.»

«Α, ναι; Μπορεί... Εγώ τη βρήκα στο δάσος.»

«Καλά. Ας είναι. Πόσα πρέπει να σου δώσω γι' αυτήν;»

«Δεν υπάρχει λόγος. Δεν θέλω να μου δώσεις τίποτα. Σου χρησιμεύει σε κάτι; Εμένα δεν μου χρησιμεύει σε τίποτα, δεν την χρειάζομαι, πάρ' την.»

«Μα... θα μου τη δώσεις έτσι... χωρίς κανένα αντάλλαγμα;»

«Ναι... ναι. Έτσι δεν σου είπε ο μάγος σου;»

«Ναι, βέβαια. Αυτό ακριβώς μου είπε ο μάγος... Ευχαριστώ πολύ.»

Πολύ μπερδεμένος, ο άντρας αρπάζει την πέτρα και φεύγει.

Μετά από μισή ώρα, όμως, επιστρέφει. Ψάχνει στην πλατεία να βρει τον δερβίση, και μόλις τον βλέπει του λέει:

«Πάρε την πέτρα σου...»

«Τι έγινε;» τον ρωτάει ο δερβίσης.

«Πάρε την πέτρα και δώσε μου τον θησαυρό...» λέει ο άντρας.

«Δεν έχω τίποτ' άλλο να σου δώσω» λέει ο δερβίσης.

«Και βέβαια έχεις... Θέλω να μου δώσεις τον τρόπο που έχεις να μπορείς να αποχωρίζεσαι κάτι χωρίς να σε πειράζει.»

Λένε ότι ο άνθρωπος αυτός έμεινε δίπλα στον δερβίση πολλά χρόνια μέχρι να μάθει να αποστασιοποιείται και να αποδεσμεύεται.

9

Βοηθεια στο πενθος

ΟΤΑΝ ΑΠΛΩΣ ΡΩΤΑΣ ΜΕ ΤΡΥΦΕΡΟΤΗΤΑ αυτόν που βιώνει ένα πένθος να σου πει περισσότερα για το δυσάρεστο γεγονός, η απλή φράση που τον προτρέπει να μιλήσει για το «πώς έγινε ό,τι έγινε», όταν λέγεται χωρίς αρρωστημένη περιέργεια, επιτρέπει σ' αυτόν που πονάει και υποφέρει να ξαναζήσει την εμπειρία εκείνη και διευκολύνει την ενσωμάτωση της απώλειας στον ψυχισμό του, παρόλο που είναι προφανές ότι τον φέρνει σε επαφή με την οδυνηρή εμπειρία. Οι φίλοι, οι συγγενείς και οι γείτονες που ακούνε με κατανόηση και συντροφεύουν χωρίς απαιτήσεις, θα βοηθήσουν αυτόν που βιώνει την απώλεια να αφήσει πίσω έστω και ένα μικρό μέρος από το βαρύ φορτίο της οδύνης, και να μπορέσει να διανύσει τον δρόμο των δακρύων λίγο πιο ανάλαφρος.

Εάν συγκρίνουμε τη διαδικασία του πένθους με την επούλωση ενός τραύματος, καταλήγουμε στο συμπέρασμα ότι η βοήθεια μπορεί στην πράξη να συγκριθεί με τον καθαρισμό του τραύματος. Όπως ο καθαρισμός, το ίδιο και η βοήθεια, μπορεί να είναι τρομερά επώδυνη στην αρχή, σιγά σιγά όμως ο πόνος μειώνεται και απομακρύνεται ο κίνδυνος επιπλοκής στη διαδικασία της επούλωσης.

Η διαδικασία του καθαρισμού και της φροντίδας του τραύματος σημαίνει, για όσους επεξεργάζονται ένα πένθος, ότι θα χρειαστούν βοήθεια για να αποδεχτούν την απώλεια, να εκφράσουν ελεύθερα τον ίδιο τον πόνο και τη θλίψη τους, να ξαναβρούν τον εαυτό τους χωρίς το προσφιλές πρόσωπο που δεν υπάρχει πια και να επανατοποθετήσουν συναισθηματικά την εσωτερική εικόνα εκείνου που πέθανε στη ζωή αυτών που έμειναν πίσω.

Βέβαια, το καλύτερο εργαλείο για τη βοήθεια αυτή είναι η αγάπη. Η χρησιμότητά της πολλαπλασιάζεται εάν ο σύντροφος ή οι φίλοι μας είναι σε θέση να μας προσφέρουν κάποια πληροφορία που θα μας ηρεμήσει σχετικά μ' αυτό που μας συμβαίνει.

Εγώ, δεν θα ήθελα κανείς να αισθάνεται υποχρεωμένος να είναι δίπλα στον φίλο του όταν εκείνος θρηνεί μιαν απώλεια. Αυτό που σίγουρα θα ήθελα, όμως, είναι, αν εκείνος θέλει να σταθεί δίπλα του, ή αν αποφασίσει να βοηθήσει, η βοήθειά του να είναι πιο αποτελεσματική.

Αν και είναι προφανές —ή θα έπρεπε να είναι—, ότι το πένθος δεν είναι αρρώστια, συναντάμε σε ιατρικές στατιστικές κάποια ανησυχητικά στοιχεία:

Το 90% των ατόμων υποφέρουν από διαταραχές ύπνου κατά τη διάρκεια του πένθους,

το 50% έχουν ακουστικές ή οπτικές ψευδαισθήσεις,

το 50% έχουν συμπτώματα παρόμοια με αυτά που οδήγησαν το προσφιλές τους πρόσωπο στον θάνατο,

το 4% των στενών συγγενών πεθαίνουν μέσα στον πρώτο χρόνο του πένθους.

Παρόλο που τα στοιχεία φαίνονται ανησυχητικά, είναι αναγκαίο να καταλάβουμε ότι οποιαδήποτε αλλαγή υποχρεώνει αυτόν που τη ζει να προσαρμοστεί στην καινούργια κατάσταση. Ένα γεγονός, τόσο πιο απλό όσο λιγότερο σημαντικό είναι αυτό που έχει αλλάξει, και τόσο πιο περίπλοκο και σκληρό όσο μεγαλύτερο νόημα και βαρύτητα έχει η αλλαγή.

Στο πένθος για τον θάνατο ενός αγαπημένου προσώπου, οι αλλαγές και οι προσαρμογές γίνονται σε διάφορα επίπεδα, κι όλες συνεπάγονται φοβερή δουλειά και μεγάλες προκλήσεις. Μια διαδικασία που πάντοτε υποδηλώνει ίσα μέρη αποσταθεροποίησης, ανασφάλειας και στρες:

Δουλειά που φέρνει αναδιοργάνωση στα συστήματα επικοινωνίας.

Εφαρμογή των κανόνων στη λειτουργία κάθε τομέα.

Κατάλληλη και αποτελεσματική ανακατανομή των ρόλων.

Και να μάθει κανείς να μην υπολογίζει σε κάποιες παλαιές σταθερές.

Αυτός είναι ο ρόλος του να βοηθήσεις τον άλλον να καταλάβει τι του συμβαίνει. Το άλλο καθήκον, να τον συντροφεύεις, έχει να κάνει με το να είσαι κοντά του και, πάνω απ' όλα, να ΜΗΝ ΚΑΝΕΙΣ αυτά που δεν πρέπει ποτέ να γίνονται:

- Μην κάνεις ό,τι κάνει ο κόσμος «γιατί έτσι συνηθίζεται». Μην ξεχνάς ότι αυτό που χρειάζεται πιο πολύ εκείνος που βρίσκεται σε πένθος είναι, καταρχάς, να μιλήσει και να κλάψει.
- Μην κάνεις κάτι, αν δεν θέλεις να το κάνεις. Να προσφέρεις όση βοήθεια σου υπαγορεύει η καρδιά σου, όχι όση σου επιβάλλει το μυαλό σου.
- Μη λες κουβέντες χιλιοειπωμένες, που ένας Θεός ξέρει ποιος τις σκέφτηκε, γι' «αυτές τις περιπτώσεις». Αν δεν ξέρεις τι να πεις, το καλύτερο είναι να μην πεις τίποτα.

Αλλιώς, μην ξέροντας τι να πει κανείς, μπορεί να καταλήξει σε εκφράσεις που δεν προσφέρουν και μεγάλη βοήθεια:

«Πρέπει να ξεχάσεις»,
«Καλύτερα έτσι»,
«Έπαψε να υποφέρει»,
«Ο χρόνος όλα τα γιατρεύει»,
«Πρέπει να φανείς δυνατός για τα παιδιά»,
«Ήταν θέλημα Θεού»,
«Είναι νόμος της ζωής»...

- Μη δίνεις οδηγίες και μη λες ότι πρέπει να το ξεπεράσει. Θα το κάνει με τον καιρό· θέλει το χρόνο του. Το μόνο που πρέπει να κάνεις είναι να ακούς και να είσαι εκεί, χωρίς να σκέφτεσαι ότι πρέπει να του φτιάξεις τη διάθεση. Μην επιμένεις να του αλλάξεις τη διάθεση, ούτε να τον παρηγορήσεις.
- Μη θεωρείς ότι αυτός που βρίσκεται σε πένθος χρειάζεται τις σοφές μας συμβουλές. Αν δεν σου έρχεται στο μυαλό τι να κάνεις, το καλύτερο ίσως θα είναι να προσπαθήσεις να βοηθήσεις σε κάποιες καθημερινές δουλειές. Το να ασχοληθεί με τους λογαριασμούς και την καθημερινή αλληλογραφία, ή να βάλει τάξη στην ντουλάπα, μπορεί να είναι για κάποιον που βρίσκεται σε πένθος μια πρόκληση πολύ δύσκολη για να την αντιμετωπίσει.
- Μην του λες ότι καταλαβαίνεις, αν δεν έχεις βρεθεί σε παρόμοια κατάσταση.
- Μην επιχειρήσεις να βρεις μια εξήγηση για ό,τι έγινε.
- Μην υποβαθμίζεις ό,τι συνέβη μιλώντας του γι' αυτό που ακόμη έχει, και μην προσπαθήσεις να τον κάνεις

να δει τα πλεονεκτήματα που θα έχει μια καινούργια φάση στη ζωή του. Μπορεί να είναι αλήθεια, δεν είναι όμως ακόμη η στιγμή.

πάνω απ' όλα,

- Μην διακόψεις ΠΟΤΕ την εκδήλωση του πόνου εκείνου που υποφέρει. Τις περισσότερες φορές, εκείνοι που αποθαρρύνουν την έκφραση τέτοιων συναισθημάτων του άλλου, δεν το κάνουν για τον λόγο που δηλώνουν — ότι θέλουν, υποτίθεται, να τον προφυλάξουν από τη στενοχώρια. Η αληθινή, κρυφή τους πρόθεση, είναι να προφυλάξουν τον εαυτό τους από τα δικά τους οδυνηρά συναισθήματα.

Να νιώθεις και να εκφράζεις τον πόνο, τη θλίψη, τον θυμό, τον φόβο για τον θάνατο ενός προσφιλούς προσώπου... να επαναλαμβάνεις και να αναπολείς τις αναμνήσεις... όλα αυτά αποτελούν μέρος του δρόμου που πρέπει να διανύσει κανείς για να κλείσουν και να γιατρευτούν οι πληγές που άνοιξε η απώλεια. Το να διακόπτεις μια ιστορία από το παρελθόν, να αρνείσαι να βλέπεις φωτογραφίες ή να ακούς περιστατικά από τη ζωή του θανόντα για να μην έρθουν δάκρυα στα μάτια εκείνου που βρίσκεται σε πένθος, είναι μεγάλο λάθος, και άλλο δεν κάνει παρά να προσθέτει στον πόνο περισσότερο πόνο.

Δεν πρέπει να φοβάσαι να κατονομάζεις και να μιλάς γι' αυτόν που πέθανε. Οπωσδήποτε, ωφελεί να επιτρέπεις και να προτρέπεις εκείνον που βρίσκεται σε πένθος να μιλάει για το αγαπημένο του πρόσωπο όσο το έχει ανάγκη (όχι περισσότερο απ' όσο χρειάζεται). Εάν την ώρα που μιλάει ξεσπάσει σε κλάματα, δεν είναι ανάγκη να πεις ή να κάνεις κάτι ιδιαίτερο.

Αυτό που χρειάζεται περισσότερο αυτές τις στιγμές είναι η παρουσία σου· να είσαι κοντά του· έχει ανάγκη τη συντροφιά και την αγάπη σου. Δεν πρέπει, επίσης, να φοβάσαι να κλάψεις ή να συγκινηθείς με το κλάμα του. Δεν είναι καθόλου κακό να δείξεις τη λύπη σου, να δείξεις ότι κι εσένα σε άγγιξε αυτό που έγινε, να δείξεις ότι σε πονάει να βλέπεις τον φίλο ή τον συγγενή σου σ' αυτήν την κατάσταση.

Είναι μια παρηγοριά για τους συγγενείς να θυμούνται το αγαπημένο τους πρόσωπο, παρόλο που καμιά φορά, ακόμη κι αυτοί που είναι πολύ κοντά τους δεν μπορούν να το καταλάβουν. Ένα ζευγάρι γονέων μού είπαν κάποτε σε μια συνεδρία: «Ήταν πολύ θλιβερό που οι συγγενείς και οι φίλοι μας απέφευγαν να μιλούν ή ακόμη και να προφέρουν το όνομα της κόρης μας. Έστρεφαν τη συζήτηση σε άλλα θέματα. Ίσως φοβόντουσαν ότι θα μας αναστατώσουν ή θα μας κάνουν να κλάψουμε. Έδειχναν, πάντως, με τη συμπεριφορά τους, να πιστεύουν ότι ο θάνατος ενός παιδιού είναι μεταδοτικός».

Οι πρώτες ώρες. Η κηδεία και τα σχετικά

Δυο λόγια ξεχωριστά για μια βοήθεια στην οποία δεν δίνεται μεγάλη σημασία, ενώ είναι πολύ σημαντική: κάποιος πρέπει να ασχοληθεί με τις τυπικές διαδικασίες που αφορούν την κηδεία και τα σχετικά (την αγρυπνία —αν συνηθίζεται—, τα νεκρώσιμα) και τα επείγοντα πρακτικά ζητήματα των πρώτων ωρών (τα τηλεφωνήματα, τους λογαριασμούς, τις πληρωμές, τη στοιχειώδη φροντίδα του σπιτιού). Ίσως φαίνεται σκληρό που το λέω, αλλά η αλήθεια είναι σκληρή και δεν αλλάζει. Αυτός είναι, λοιπόν, ένας από τους αναγκαίους ρόλους που πρέπει να παίξει όποιος βρίσκεται κοντά σ' εκείνον που πενθεί. Ένας ρόλος που μόνο οι πολύ στενοί συγγενείς ή οι καρδιακοί φίλοι τολμούν να αναλάβουν, επειδή αυτό σημαίνει ότι ίσως χρειαστεί να πάρουν αποφάσεις για λογαριασμό του άλλου, και μετά μπορεί να δεχτούν κριτική ή να κατηγορηθούν για κάποιες από αυτές τις αποφάσεις. Οι κοινωνίες έχουν θεσπίσει τελετουργίες (έθιμα ή τελετές) γύρω από τον θάνατο ενός προσφιλούς προσώπου. Οι ιεροτελεστίες αλλάζουν από κουλτούρα σε κουλτούρα και από εποχή σε εποχή, αλλά το νόημά τους φαίνεται ότι παραμένει το ίδιο.

Σας έχω ήδη περιγράψει πώς έμαθα εγώ να δέχομαι ότι ορισμένες τελετουργίες είναι ορόσημα. Καταλαβαίνω, επομένως, ότι είναι από μόνες τους σημαντικές, έστω κι αν δεν κάνουν τίποτε άλλο από το να διαχωρίζουν το πριν από το μετά.

Επιπλέον, οι νεκρώσιμες τελετουργίες φαίνεται ότι επιτελούν πέντε λειτουργίες:

— Στηρίζουν τους συγγενείς και τους βοηθούν να αντιμετωπίσουν τον θάνατο.
— Παρουσιάζουν την πραγματικότητα της απώλειας και επιτρέπουν τη δημόσια έκφραση του πόνου.
— Κάνουν γνωστή την απώλεια και επιτρέπουν την έκφραση συμπαράστασης και υποστήριξης.
— Οι συγγενείς αποχαιρετούν αυτόν που πέθανε από κοινού με τους λοιπούς φίλους και γνωστούς.

Και έχουν επίσης ένα νόημα συμβολικό που αφορά τη συμπεριφορά της ομάδας:

— Αποδεικνύουν ότι η ομάδα συνεχίζει να ζει και κατά

κάποιον τρόπο επιβεβαιώνεται ο θρίαμβος της ζωής πάνω στον θάνατο.

Εξασφαλίζω τον απαραίτητο χρόνο για το πένθος

Οι περισσότεροι απ' όσους πέρασαν από αυτό το σημείο, λένε ότι στην αρχή του δρόμου των δακρύων έχουν (συνήθως) συντροφιά, αυτό όμως δεν κρατάει πολύ. Ούτε καν όσο χρειάζεται. Παραπονούνται ότι μετά από λίγο, όλοι εκείνοι που υπόσχονταν συντροφιά και στήριξη κάθε είδους, εξαφανίστηκαν.

Σε μια παλιά τηλεοπτική σειρά, ο πρωταγωνιστής ξυπνάει την επομένη της νεκρώσιμης ακολουθίας για τον ενταφιασμό της γυναίκας του, και όπως κοιτάζει στον ραγισμένο καθρέφτη του μπάνιου τα πρησμένα του μάτια, αναρωτιέται:

«Πού είναι τώρα, μόλις λίγο μετά την κηδεία, πού είναι όλοι αυτοί που πριν από λίγες ώρες υπόσχονταν να είναι κοντά μου μέχρι να συνέλθω;»

Άδικη ή όχι, η αίσθηση αυτή υπάρχει, και όταν τη νιώθει κανείς είναι πολύ οδυνηρή. Προφανώς, δεν είναι ανάγκη να μετακομίσετε στο σπίτι εκείνου που είναι σε πένθος, ούτε να σας γίνει έμμονη ιδέα να μην απομακρυνθείτε από κοντά του για ένα δευτερόλεπτο.

Η επαφή μπορεί να διατηρηθεί με πολλούς τρόπους και δεν είναι θέμα πραγματικής φυσικής παρουσίας, παρόλο που θα το κάνετε κι αυτό. Μια σύντομη επίσκεψη, ένας καφές που θα πιείτε μαζί, ένας μικρός περίπατος, ένα γράμμα, ένα μήνυμα στον υπολογιστή και ένα τηλεφώνημα, αρκούν για να σπάσουν τη μοναξιά του και να του θυμίσουν ότι είμαστε δίπλα του.

Ιδιαίτερα όταν το ζητάει.
Ιδιαίτερα κατά τη διάρκεια του πρώτου χρόνου.
Ιδιαίτερα στις γιορτές και στις επετείους.[1]

Πριν από λίγα χρόνια, μια ασθενής που μόλις είχε χάσει τον πατέρα της μου έστειλε αντίγραφο ενός γράμματος που δεν ξέρουμε ποιος το έγραψε, και κάποιος της είχε στείλει με το ηλεκτρονικό ταχυδρομείο. Εδώ φαίνονται, με την καθαρότητα της απλής καθημερινής γλώσσας, οι πραγματικές ανάγκες μιας γυναίκας που, ενώ έχει ήδη ξεκινήσει γι' αυτήν η διαδικασία του πένθους, αποφασίζει ν' ανοίξει την καρδιά της και να μοιραστεί τον πόνο της με τη φίλη της.

ΓΡΑΜΜΑ ΣΤΗΝ ΚΑΛΥΤΕΡΗ ΜΟΥ ΦΙΛΗ

Σε παρακαλώ, θέλω να ξέρεις ότι έχω ανάγκη να με στηρίξεις. Παρόλο που δεν σου το λέω και παρόλο που καμιά φορά επιμένω πως δεν το χρειάζομαι.

Μπορεί για την ώρα να μην είμαι σε θέση να σου ζητήσω βοήθεια γιατί είμαι αρκετά ζαλισμένη, όμως, θέλω να ξέρω ότι είσαι πάντα εδώ.

1. Αυτές είναι στιγμές ιδιαίτερα οδυνηρές για εκείνους που είναι συνήθως δίπλα σε κάποιον που πενθεί, γιατί οι ουλές «θυμίζουν» αυτόν που χάθηκε. (Σ.τ.Σ.)

Πρέπει να ξέρεις ότι δεν περιμένω να με κάνεις να νιώθω καλά ούτε να κάνεις κάτι για να φύγει η θλίψη. Αυτή τη στιγμή κανείς δεν μπορεί να το κάνει αυτό.

Εκείνο που χρειάζομαι, όμως, είναι να με βοηθήσεις να ηρεμήσω, να δέχεσαι τον πόνο μου και να είσαι τόσο ώριμη ώστε να αντέχεις την αποτυχία σου όταν δεν σε αφήνω να με βοηθήσεις.

Αν δεν μπορείς να μου τηλεφωνείς γιατί δεν υποφέρεις τον πόνο σου ή δεν μπορείς να αντέξεις τον δικό μου, πες μου το. Θα το δεχτώ καλύτερα από το να μου λες κάθε είδους δικαιολογίες.

Περιμένω να καταλαβαίνεις τον θυμό μου και να συγχωρείς τις εκρήξεις μου.

Δεν τα έχω μ' εσένα, ούτε και με τους άλλους. Είναι που ξέρω πως έχασα για πάντα ό,τι αγαπούσα περισσότερο στον κόσμο.

Μην προσπαθήσεις να αποφύγεις τα δάκρυά μου. Μπορεί να είναι σκληρό για σένα να με βλέπεις να κλαίω, είναι όμως ένας χρήσιμος τρόπος για να βγάλω λίγη από τη θλίψη μου.

Πίστεψέ με, το κλάμα μού κάνει καλό, γι' αυτό όταν με βρεις να κλαίω, κάθισε δίπλα μου κι άσε με να κλάψω στο πλευρό σου. Αυτό θα είναι μεγάλη παρηγοριά.

Μην προσπαθήσεις να με συνεφέρεις συγκρίνοντας την απώλεια αυτή με άλλες χειρότερες. Η θλίψη είναι δική μου και δεν μεταφέρεται.

Μη μου πεις πως ό,τι έγινε «ήταν θέλημα Θεού». Προς το παρόν, αυτό δεν με παρηγορεί όταν το ακούω. Απλώς, προσθέτει πνευματική σύγχυση και απελπισία σ' αυτό που νιώθω.

Μη μου πεις πως «έγινε ό, τι καλύτερο μπορούσε να γίνει» γιατί ξέρω πως δεν είναι αλήθεια.

Μη μου πεις «φαντάζομαι πώς νιώθεις». Κανείς δεν μπορεί να φανταστεί. Ρώτα με, απλώς, πώς αισθάνομαι σήμερα, κι εγώ θα προσπαθήσω να σου πω.

Μη μου ζητήσεις «να το αφήσω αυτό πίσω, να ξεχάσω και να συνεχίσω τη ζωή μου».

Αυτή είναι η ζωή μου.

Και κατάλαβέ με, αν δεν μπορώ να μοιραστώ τις ωραίες στιγμές που ζεις. Μακάρι να μπορούσα.

Αν θέλεις πραγματικά να κάνεις κάτι για μένα, προσπάθησε να μου κλείνεις συγκεκριμένα ραντεβού... να φάμε μαζί ένα μεσημέρι, να κάνουμε μια δουλειά που αφορά το σπίτι, να περάσουμε μια ώρα ελεύθερη μαζί. Εγώ είμαι πάρα πολύ πληγωμένη και δεν μπορώ να σκεφτώ πέρα από το σήμερα ή να αποφασίσω να κάνω κάτι ευχάριστο.

Έχω ανάγκη να πενθήσω — να το ξέρεις.

Έχω ανάγκη να είμαι εγώ, και δεν θέλω να ξεχάσω.

Θέλω μόνο να βρω έναν τρόπο να θυμάμαι χωρίς να βυθίζομαι στη θλίψη.

Σου ζητώ να μ' αγκαλιάζεις, να μου χαϊδεύεις τα μαλλιά και να μου λες ότι μετράω για σένα, ότι μπορείς να με φροντίζεις κι ότι θέλεις να είσαι μαζί μου σ' αυτόν τον δρόμο που βαδίζω.

Στον δρόμο των δακρύων, που είναι τόσο έρημος και στοιχειωμένος.

Τέλος, αγαπημένη μου φίλη, σε ικετεύω να δεχτείς το πένθος μου χωρίς να παρεμβαίνεις και να αποδεχτείς τον πόνο μου χωρίς να με εμποδίζεις.

Εγώ πάντα θα θυμάμαι πώς με γιάτρεψε η αγάπη που μου χάρισες.

Βοήθεια από την κοινωνία.
Βοήθεια από αγνώστους

Οι θεραπευτικές παρεμβάσεις για το πένθος ποικίλλουν. Ανάμεσα σ' αυτές συγκαταλέγονται η ατομική και η ομαδική θεραπεία. Οπωσδήποτε, οι μέθοδοι θεραπείας που είναι αποτελεσματικές στη θεραπεία απλών καταστάσεων πένθους, διαφέρουν από τις μεθόδους που χρησιμοποιούμε σε καταστάσεις πιο περίπλοκες. Ωστόσο, το σύνολο των παρεμβάσεων κάθε είδους που μπορούν να βοηθήσουν στο πένθος, δεν είναι απεριόριστο.

Οι θεραπευτικές μέθοδοι που χρησιμοποιούνται περισσότερο και έχουν αποδειχθεί πιο αποτελεσματικές τα τελευταία πέντε χρόνια, σύμφωνα με παγκόσμιες ιατρικές έρευνες, περιλαμβάνουν:

Αυτοδιαχειριζόμενες ομάδες αμοιβαίας βοήθειας.
Ψυχοδυναμική θεραπεία ορισμένου χρόνου (βραχεία ψυχοθεραπεία).
Παρεμβάσεις στη συμπεριφορά μέσω γνωστικής θεραπείας.
Φαρμακευτική αγωγή σε συνδυασμό με υποστηρικτική θεραπεία.
Συμπεριφοριστική εκπαίδευση απευαισθητοποίησης στο τραύμα.
Θεραπεία Γκεστάλτ και θεματικά εργαστήρια.
Και μερικά άλλα ακόμη.

Το μεγαλύτερο μέρος των καταστάσεων (φυσιολογικού) πένθους περνάνε χωρίς επιπλοκές και ολοκληρώνονται με υγιή τρόπο μέσα σε ένα λογικό χρονικό διάστημα χωρίς εξωτερική παρέμβαση.

Η υποστήριξη κοινωνικών ομάδων, συγγενών και φίλων, καθώς και η συμβολή ειδικευμένων ατόμων ή ειδικών επαγγελματιών, μπορεί οπωσδήποτε να βοηθήσει προκειμένου να βελτιώσει την ποιότητα της διαδικασίας του πένθους.

Οι κατευθυντήριες αρχές βοήθειας τις οποίες περιέγραψε ο Γουόρντεν, αναπαράγουν κάποιες ιδέες που έχουμε ήδη αναφέρει για τη μη επαγγελματική βοήθεια. Τις αναφέρουμε, όμως, ακόμη μία φορά μην τυχόν και μείνουν μόνο στα χέρια κάποιου που δεν εμπλέκεται προσωπικά με την απώλεια, και να εξασφαλίσουμε έτσι ότι δεν θα υπάρξει παρανόηση.

Οι στόχοι αυτοί και οι μέθοδοι επαγγελματικής ή ομαδικής παρέμβασης περιγράφουν τι πρέπει να επιδιώκει η παρεχόμενη βοήθεια. Κατά τον Γουόρντεν, οι στόχοι αυτοί είναι περίπου δέκα:

1. Να βοηθήσουμε το άτομο που πενθεί να δεχτεί την απώλεια, καλώντας το να μιλήσει γι' αυτήν και για τις περιστάσεις κάτω από τις οποίες συνέβη.
2. Να βοηθήσουμε το άτομο να αναγνωρίσει τα συναισθήματα που έχουν σχέση με την απώλεια (οργή, ενοχή, άγχος, θλίψη), χωρίς να κρίνουμε την ύπαρξή τους, αλλά παρέχοντας εγγυήσεις ότι μπορούν να εκφραστούν.
3. Να βοηθήσουμε το άτομο να μάθει να ζει χωρίς εκείνον που έχασε και να μπορέσει να πάρει τις αποφάσεις που πρέπει για τη ζωή του.
4. Να βοηθήσουμε το άτομο να ανεξαρτητοποιηθεί συναισθηματικά από το πρόσωπο που δεν υπάρχει πια και να δημιουργήσει καινούργιες σχέσεις.

5. Να βοηθήσουμε το άτομο να προσεγγίσει το πένθος του σε ειδικές καταστάσεις, όπως τα γενέθλια και οι επέτειοι.
6. Να «εγκρίνουμε» τη θλίψη του πληροφορώντας ότι είναι δικαιολογημένη και ενημερώνοντας για τις ατομικές διαφορές που υπάρχουν στη διαδικασία αυτή.
7. Να παρέχουμε διαρκή υποστήριξη, ανεπιφύλακτη και απεριόριστη.
8. Να βοηθήσουμε το άτομο να κατανοήσει τη συμπεριφορά του και τον τρόπο που βιώνει το πένθος του.
9. Να βοηθήσουμε το άτομο να αναγνωρίσει άλυτα προβλήματα και, ενδεχομένως, να προτείνουμε επαγγελματική ψυχοθεραπευτική βοήθεια μεγαλύτερης διάρκειας και σε βάθος.
10. Να ακούμε... να καταλαβαίνουμε... να ακούμε... να καταλαβαίνουμε... να ακούμε... και να καταλαβαίνουμε.

Επαγγελματική βοήθεια για ασθενείς σε πένθος

Η θεραπεία αυτή ενδείκνυται για άτομα τα οποία εκδηλώνουν ένα πένθος περίπλοκο και όχι φυσιολογικό. Αν έπρεπε να ορίσουμε εν συντομία τον στόχο αυτής της θεραπείας, θα ακουγόταν σχεδόν σαν παραδοξολογία:

> Ένα άτομο χρειάζεται βοήθεια
> για να μπορέσει να δεχτεί βοήθεια

Με όρους λίγο πιο τεχνικούς, ο στόχος είναι να αναγνωρίσει και να λύσει τις συγκρούσεις αποχωρισμού, οι οποίες επεμβαίνουν στο αποκορύφωμα της διαδικασίας του πένθους του.

Η θεραπεία του πένθους μπορεί να είναι ατομική ή ομαδική. Και στις δύο περιπτώσεις είναι αναγκαίο, όπως και σε κάθε άλλη θεραπεία (ιδιαίτερα στις περιπτώσεις αυτές μπορεί να είναι απολύτως απαραίτητο), να αποκλείσουμε άλλη οργανική παθολογία που ίσως υπάρχει επιπροσθέτως (ιδιαίτερα εάν υπάρχουν σωματικά συμπτώματα), και φυσικά, να κάνουμε ένα σαφές θεραπευτικό «συμβόλαιο». Το συμβόλαιο αυτό (το οποίο θα μπορεί να διορθωθεί αν παραστεί ανάγκη), θα ορίζει προβλεπόμενο χρόνο θεραπείας, κόστος, προσδοκίες και θεραπευτικές μεθόδους.

Στις συνεδρίες απαιτείται να γίνεται κυρίως συζήτηση για το πρόσωπο που πέθανε και τη σχέση που είχε μαζί του το άτομο που είναι σε θεραπεία. Ο θεραπευτής θα πρέπει να αναγνωρίσει αν ο θεραπευόμενος αισθάνεται ή/και εκδηλώνει πολύ λίγα ή υπερβολικά συναισθήματα γύρω από την απώλεια. Μια επίμονη και εξιδανικευμένη περιγραφή του θανόντα μπορεί να υποδηλώνει την παρουσία αμφιθυμικών συναισθημάτων αγάπης-μίσους. Μια καλή θεραπευτική σχέση μπορεί να βοηθήσει αυτόν που είναι σε πένθος να δει ότι η ενοχή, ο θυμός ή άλλα «αρνητικά» συναισθήματα, δεν εμποδίζουν ούτε υποκαθιστούν άλλα πιο θετικά συναισθήματα, και το αντίστροφο.

Τις περισσότερες φορές οι επιπλοκές στη διαδικασία εμφανίζονται εξαιτίας κάποιου παλαιότερου πένθους που έκλεισε άσχημα. Τις συγκρούσεις που έχουν σχέση με προηγούμενες απώλειες πρέπει να τις διαχειρίζεται κανείς με επιδεξιότητα και συνεχή προσπάθεια για να μπορέσει να λύσει ικανοποιητικά το σημερινό πένθος.

Η θεραπεία του πένθους σημαίνει ακόμη ότι ο θεραπευόμενος παλεύει με τις αντιστάσεις του στη διαδικασία του πένθους, αναγνωρίζει τα θέματα που εκκρεμούν με τον θανόντα, και αναγνωρίζει επίσης και τακτοποιεί απώλειες και δευτερογενή οφέλη που είναι αποτέλεσμα του θανάτου.

Τέλος, εκείνος που υποφέρει χρειάζεται βοήθεια για να δεχτεί το μη αναστρέψιμο της απώλειας και να οραματιστεί πώς θα είναι η ζωή του αφού θα έχει διανύσει ώς το τέλος αυτόν τον δρόμο που τον πότισαν τα δάκρυά του.

Η επαγγελματική ψυχοθεραπευτική αγωγή, άλλες φορές είναι απολύτως απαραίτητη και αναντικατάστατη, ενώ άλλες δεν αρκεί.

Όταν περνάει ο καιρός και ο ασθενής εξακολουθεί να μένει στάσιμος στη θέση του παθολογικού πένθους —δεν φαίνεται, δηλαδή, να θέλει να βγει από εκεί που βρίσκεται μπλοκαρισμένος—, μπορεί να χρειάζεται φαρμακευτική βοήθεια.

Ας το ξεκαθαρίσουμε, ακόμη μία φορά, ότι αυτό εγώ αρνούμαι να το δεχτώ ως κανόνα και επιμένω ότι πρέπει να είναι επιλογή άμεσης βοήθειας. Εάν και εφόσον ο ασθενής δεν μπορεί, μέσα στη θλίψη του, ούτε καν να ακούσει όσους προσπαθούν να τον βοηθήσουν, τότε η φαρμακευτική αγωγή μπορεί να ανοίξει την πόρτα για να περάσει ο θεραπευτής και να βοηθήσει.

Προσοχή, όμως: τα φάρμακα είναι προσωρινή βοήθεια, δεν είναι λύση.

Δεν λύνουν τίποτα. Τίποτα απολύτως.

Κανείς δεν θεραπεύτηκε από το πένθος παίρνοντας αντικαταθλιπτικά.

Κανείς.

Το μόνο που κάνουν τα φάρμακα είναι ότι ανοίγουν την πόρτα.

Και καμιά φορά χρειάζονται.

Καμιά φορά...

Το καλύτερο φάρμακο είναι, χωρίς αμφιβολία, η υποστηρικτική παρουσία εκείνων που από αγάπη αποφασίζουν να είναι δίπλα στον άνθρωπο που πενθεί, ως φίλοι και σύντροφοι. Και εκείνων, φυσικά, που τον φροντίζουν.

Πρέπει να είμαστε δίπλα του και να του δίνουμε κουράγιο μέχρι να βρει στο περιβάλλον του αυτούς που θα μπορέσουν να του προσφέρουν:

Σεβασμό.
Αποδοχή.
Συντροφιά.
Υποστήριξη.
Συγκεκριμένη βοήθεια.
Διευκολύνσεις.
Προτάσεις.
Παρουσία.

Πρέπει να τον προειδοποιούμε και να τον απομακρύνουμε προσωρινά από εκείνους που με διαβεβαιώσεις για την αγάπη τους και τις καλές τους προθέσεις του λένε ότι πρέπει:

Να προσπαθήσει.
Να πιεστεί.
Να χειριστεί.
Να ξεπεράσει.
Να διακόψει.

Να ξεχάσει.
Να καταπολεμήσει.
Να προσποιηθεί.
Να βιαστεί.

Πρέπει να δεχτούμε, ως επαγγελματίες ειδικοί της βοήθειας, ότι κάποιος είναι τόσο θλιμμένος, έχει τόσον πόνο, ώστε προς το παρόν δεν θέλει ειλικρινά να τον βοηθήσουμε να βγει από εκεί που βρίσκεται. Ας δεχτούμε επίσης το δικαίωμα ενός ανθρώπου που δεν είναι τρελός, αλλά βρίσκεται σε πένθος, να αποφασίσει εκείνος πότε είναι η ώρα να κάνει κάποια πράγματα. Χρειάζεται πολύ μεγάλη προσοχή και πρέπει να του δείχνουμε σεβασμό. Καμιά φορά είναι δύσκολο. Δεν ξέρεις αν κάποια στιγμή τον πιέζεις ή τον βοηθάς.

Ιδιαίτερα οι ασθενείς αυτοί, περισσότερο από τους άλλους, χρειάζονται βοήθεια για να μην υποχωρήσουν στους κοινωνικούς χειρισμούς (στενών συγγενών, γονέων ή φίλων) που προσπαθούν να τους φορτώσουν με την ενοχική πίεση του «κάν' το για μένα» και του «πρέπει να βγεις» και τα άλλα που τους λένε:

«σκέψου εμάς...»
«έχεις οικογένεια...»
«γιατί τα παιδιά σου...»
«γιατί η γυναίκα σου...»
«γιατί ο άλφα...»
«γιατί ο βήτα...»

Μπορεί να είναι καλή ιδέα να υπενθυμίζει κανείς στον ασθενή ότι υπάρχουν κι άλλα σημαντικά πράγματα στη ζωή, δεν είναι όμως καλή ιδέα να τον πιέζει να φερθεί μ' έναν συγκεκριμένο τρόπο, πόσο μάλλον να του δημιουργεί ενοχές. Εμένα, ως θεραπευτή, με ενδιαφέρει περισσότερο να του επιστήσω την προσοχή στο πόσο σημαντικό είναι να τελειώσει το πένθος του όταν είναι σε θέση να το κάνει ο ίδιος για τον εαυτό του.

Λέω σε όσους είναι σε πένθος:

Ενώ είσαι βυθισμένος στο πένθος, μέσα στον πόνο σου, δέχεσαι ένα τηλεφώνημα από την καλύτερή σου φίλη. Η καλύτερη φίλη που έχεις στον κόσμο σε παίρνει τηλέφωνο και σου λέει: «Ξέρω ότι δεν είσαι καλά, αλλά σε χρειάζομαι, γι' αυτό, σε παρακαλώ, άσε ό,τι κι αν κάνεις, βγες από το σπίτι σου, έλα εδώ, βοήθησέ με, έχω πραγματικά ανάγκη να με συμβουλεύσεις, έχω μεγάλη ανάγκη να με πάρεις αγκαλιά, σε χρειάζομαι για να συμφιλιωθώ με τη ζωή, γιατί είμαι σε πολύ δύσκολη κατάσταση. Έλα σε παρακαλώ.» Παρόλο το πένθος σου, τι νομίζεις ότι θα έκανες; Συνήθως, οι ασθενείς αναστενάζουν βαθιά αλλά πάντα λένε:

«Θα πήγαινα».

«Θα πήγαινες, σίγουρα;»

«Ναι, σίγουρα.»

Και τότε, προσθέτω σαν τον μάγο στο πανηγύρι:

«Η καλύτερή σου φίλη είσαι εσύ. Και το ζητάς αυτό από τον εαυτό σου. Τι λες, θα πας ή δεν θα πας;»

Κάποιες ειδικές καταστάσεις

Είμαι σε πένθος και υπάρχουν γύρω μου μικρά παιδιά

Ο θάνατος είναι μια πραγματικότητα που μας συνοδεύει στη ζωή μας. Από την ώρα που γεννιόμαστε, ξέρουμε όλοι ότι κάποτε θα πεθάνουμε. Είναι ένα γεγονός φυσιολογικό, όμως πονάει τόσο πολύ που δεν μπορούμε να το διαχειριστούμε με φυσικότητα. Πρέπει, λοιπόν, να έχουμε προετοιμάσει το έδαφος για να μιλήσουμε στα παιδιά μας γι' αυτό το θέμα.

Πριν έρθουν τα παιδιά αντιμέτωπα με την πραγματικότητα του θανάτου κοντινών και αγαπημένων προσώπων, υπάρχουν καταστάσεις της καθημερινής ζωής που θα βοηθήσουν το παιδί, από πολύ μικρό, να πλησιάζει όλο και περισσότερο το γεγονός της απώλειας. Όταν σπάει ένα παιχνίδι, όταν πεθαίνει ένα κατοικίδιο ζωάκι, ή διαβάζοντας τη βιογραφία ενός ιστορικού προσώπου, βρίσκουμε ευκαιρία να του εξηγήσουμε τι σημαίνει «οριστική απώλεια».

Δεν πρέπει να ανησυχούμε αν μας βλέπει λυπημένους ή να κλαίμε. Το αντίθετο. Αυτό θα κάνει το παιδί να νιώσει ότι έχει παρέα στη λύπη του, να συνειδητοποιήσει ότι μοιράζεται τα συναισθήματά του με τα πρόσωπα που αγαπάει. Αν βλέπει ότι οι μεγάλοι προσπαθούν να κρύψουν τα συναισθήματά τους και να προσποιηθούν, αμέσως παίρνει το μήνυμα ότι δεν πρέπει να τα εκφράζει ούτε κι εκείνο, και νιώθει μόνο με τον πόνο του. Τα παιδιά δεν εκφράζουν πάντα τα συναισθήματά τους, αν και είναι έντονα και τα αποσταθεροποιούν. Όταν τα παιδιά αντιλαμβάνονται ότι τα συναισθήματά τους (θυμός, φόβος, θλίψη...) είναι αποδεκτά από την οικογένεια, θα μπορέσουν να τα εξωτερικεύσουν πιο εύκολα, κι αυτό θα τα βοηθήσει πάρα πολύ.

Φράσεις όπως: «μην κλαις», «μη λυπάσαι», «πρέπει να είσαι γενναίος», «δεν είναι σωστό να σκέφτεσαι το ένα και το άλλο» μπορούν να διακόψουν την ελεύθερη έκφραση συναισθημάτων, και η αδυναμία έκφρασης του πόνου να γίνει χρόνια.

Όταν δείχνουμε αυτό που νιώθουμε, τόσο το μικρό παιδί όσο και ο έφηβος, μας αισθάνονται πιο κοντά, και τότε είναι πιο εύκολο να έρθουν και να μας μιλήσουν για ό,τι άλλο τους συμβαίνει. Αυτός είναι βασικά ο λόγος που δεν πρέπει να φοβόμαστε να δείχνουμε στα παιδιά τα δικά μας συναισθήματα. Οπωσδήποτε, η μοναδική εξαίρεση, —και αυτό πρέπει να το αναφέρουμε—, είναι να αποφεύγουμε (όσο γίνεται) να παρευρίσκονται μικρά παιδιά και έφηβοι σε σκηνές όπου οι ενήλικες, εκείνοι που έχουν την ευθύνη των παιδιών, χάνουν τον έλεγχο του εαυτού τους.

Το μικρό παιδί στο πένθος

Το να είμαστε δίπλα σ' ένα μικρό παιδί κατά τη διάρκεια του πένθους σημαίνει, πάνω απ' όλα, να προσέξουμε να μην πέσουμε στον εύκολο πειρασμό **να το απομακρύνουμε** από την πραγματικότητα που βιώνει με το πρόσχημα ότι έτσι θα το σώσουμε από τη στενοχώρια.

Αν και πιθανότατα δεν είναι ακόμη σε θέση να καταλάβει τι είναι ο θάνατος (μήπως εμείς καταλαβαίνουμε;), είναι πολύ ευαίσθητο στην αντίδραση των μεγάλων που πονάνε και κλαίνε δίπλα του. Συνειδητοποιεί τις αλλαγές στην καθημερινή ζωή της οικογένειας, και είναι απόλυτα σίγουρο ότι αντιλαμβάνεται και υποφέρει από την απουσία της επαφής με το πρόσωπο που χάθηκε... Μ' άλλα λόγια, οποιοδήποτε παιδί, ακόμη και το πιο μικρό, αντιλαμβάνεται ότι κάτι συμβαίνει, και σ' έναν βαθμό επηρεάζεται.

Γι' αυτό, και επειδή είναι πιο οδυνηρό και δύσκολο να μιλήσεις στο παιδί για τον θάνατο εκ των υστέρων, είναι καλύτερο να κάνεις μια συζήτηση όσο πιο νωρίς γίνεται. Αυτό σημαίνει ότι θα πρέπει να βρεις όχι μόνο μια καλή στιγμή κι ένα μέρος κατάλληλο, αλλά και να του εξηγήσεις τι συμβαίνει με γλώσσα κατάλληλη για την ηλικία του, χωρίς δράματα και χωρίς μηνύματα που μπορεί να του προκαλέσουν σύγχυση. Είναι σημαντικό να το ενθαρρύνεις να κάνει ερωτήσεις για ό,τι δεν του είναι ξεκάθαρο, και να προσπαθήσεις να απαντήσεις σε όλες του τις ερωτήσεις. Αν δεν υπάρχει απάντηση, πρέπει να του πεις με ειλικρίνεια και τρυφερότητα: «Αυτό, δεν το ξέρω».

Τα μικρότερα παιδιά θα δυσκολευτούν να καταλάβουν τι σημαίνει θάνατος. Θα χρειαστεί να έχετε αρκετή υπομονή και να τους εξηγήσετε πολλές φορές το νόημα του «οριστικού» και «αμετάκλητου». Να θυμάστε ότι για να ξεκινήσει σωστά η διαδικασία του πένθους, είναι αναγκαίο για οποιονδήποτε να πάψει να *περιμένει* το αγαπημένο πρόσωπο. Για να γίνει αυτό, πρέπει και το παιδί να καταλάβει ότι εκείνος που αγαπούσε δεν θα ξανάρθει· ποτέ.

Σε περίπτωση που η οικογένεια είναι θρησκευόμενη, αυτή είναι συνήθως η κατάλληλη στιγμή να μιλήσει κανείς για την αίσθηση επαφής με το πνεύμα, και πιο συγκεκριμένα για τη σχέση του ανθρώπου με έναν Θεό που δεν μας εγκαταλείπει ποτέ, ούτε στη ζωή ούτε στον θάνατο.

Τα λόγια που χρησιμοποιούν συχνά οι γιαγιάδες για να προστατεύσουν τα μικρότερα παιδιά από τον πόνο, έχουν πολλές φορές πιο σοβαρές συνέπειες από τον ενδεχόμενο πόνο για τον θάνατο του παππού ή ενός θείου στον οποίο το παιδί είχε αδυναμία. Μια κουβέντα όπως: «Κοιμήθηκε για πάντα», μπορεί κάλλιστα να δημιουργήσει στο μικρό παιδί φόβο για τον ύπνο. Ίσως να μη θέλει να πάει για ύπνο από φόβο μήπως δεν μπορέσει να ξυπνήσει...

Η φράση «Έφυγε ταξίδι», μπορεί να καταλήξει σε μια

κρίση πανικού κάθε φορά που πρέπει να μπουν σε αυτοκίνητο ή τρένο...

Ούτε ωφελεί να πούμε στο παιδί: «Είναι πάρα πολύ μακριά και δεν μπορεί να γυρίσει» γιατί, παρ' όλα αυτά, το παιδί θα τον περιμένει.

Το καλύτερο είναι μάλλον να χρησιμοποιήσει κανείς τη μεταφορά του παραμυθιού, ή να φέρει παραδείγματα από τη φύση, όπως το πέσιμο των φύλλων, τον θάνατο των ζώων ή τον κύκλο ζωής κάποιων εντόμων (στα παιδιά μου άρεσε πολύ να τους λέω για τις πεταλούδες, καθώς τα εντυπωσίαζε πάντοτε το γεγονός της τόσο σύντομης ζωής τους, για μία μόνο μέρα). Καμιά φορά είναι καλό να εξηγούμε ότι οι πάντες, οι γιατροί και οι νοσοκόμες, έκαναν ό,τι ήταν δυνατόν για να κάνουν καλά το αγαπημένο μας πρόσωπο, αλλά, μερικές φορές το σώμα έχει τόσα τραύματα ή είναι τόσο άρρωστο, που τα φάρμακα δεν μπορούν να το γιατρέψουν.[1]

Πολλοί γονείς αγχώνονται για τη συμπεριφορά που πρέπει να έχουν απέναντι σε θέματα όπως είναι η αγρυπνία για τον νεκρό (αν συνηθίζεται), το σώμα του νεκρού, την κηδεία, τον ενταφιασμό...

Η προσωπική μου θέση, και η θέση μου ως θεραπευτής, είναι ότι πρέπει να επιτρέπουμε και να ενθαρρύνουμε το παιδί να βοηθάει και να συμμετέχει σε ό,τι συμβαίνει στο περιβάλλον του, με μία μόνο επιφύλαξη: να του εξηγήσουμε πρώτα τι πρόκειται να δει, τι θα ακούσει, και γιατί. Το να πάρει μέρος στην ιεροτελεστία μπορεί να το βοηθήσει να

1. Μία συμβουλή: από την πείρα μου έχω διαπιστώσει ότι η απόφαση να πει κανείς ψέματα, ή να κρύψει από το παιδί την αιτία του θανάτου, είναι συνήθως πολύ δύσκολη, και επιπλέον, στην καλύτερη περίπτωση, είναι τελείως ανώφελο. (Σ.τ.Σ.)

καταλάβει τι είναι ο θάνατος και να ξεκινήσει καλύτερα η διαδικασία του πένθους. Αυτό σημαίνει ότι μπορούμε επίσης να επιτρέψουμε στο παιδί να δει τον νεκρό (εκτός εάν είναι πολύ πληγωμένος, παραμορφωμένος ή μη αναγνωρίσιμος).

Είναι σημαντικό για την εξέλιξή του και για την επεξεργασία του πένθους να ξέρει ότι αυτός που πεθαίνει παύει να κινείται, δεν αναπνέει πια, δεν τρώει, δεν μιλάει, δεν κάνει τσίσα, ούτε κακά, δεν νιώθει πια πόνο, ούτε κρύο, δεν πεινάει...

Και επαναλαμβάνω: εάν το παιδί δεν θέλει να δει τον νεκρό ή να πάρει μέρος σε οτιδήποτε άλλο, δεν είναι σωστό να το πιέσουμε, με κανέναν τρόπο.

Ασχολούμαι με τα παιδιά

Αν οι γονείς —ή ο γονέας που έμεινε—, είναι υπερβολικά βυθισμένοι στη θλίψη τους και δεν είναι σε θέση να ασχοληθούν με τα παιδιά, θα εξυπηρετούσε να αναλάβει κάποιος άλλος την ευθύνη να είναι δίπλα τους αυτές τις πρώτες στιγμές. Ασφαλώς, το καλύτερο θα ήταν να είναι κάποιος πολύ κοντινός στο παιδί — ένα πρόσωπο που θα του επιτρέψει να εκφράσει τα συναισθήματά του και θα είναι σε θέση να απαντήσει στις ερωτήσεις του. Αν είναι δύο χρόνων το παιδί και πέθανε ο παππούλης του, πρέπει να του πείτε: «ο παππούλης πέθανε» και να αντέξετε ό,τι επακολουθήσει. Εγώ νομίζω ότι εμείς είμαστε εκείνοι που τρομάζουμε με τις αληθινές απαντήσεις. Όταν πεθαίνει ένας άνθρωπος που αγαπάμε, όλοι έχουμε ανάγκη από παρηγοριά, να αισθανόμαστε εμπιστοσύνη και ασφάλεια μέσα στο περιβάλλον μας. Αυτό μπορεί να γίνει μόνο όταν λέμε την αλήθεια.

Υπάρχουν, βασικά, τέσσερις-πέντε ερωτήσεις που δημιουργούν στο παιδί ανάλογους φόβους, για παράδειγμα, μπροστά στο θάνατο του ενός από τους δύο γονείς.

Γιατί πέθανε;
Έφταιγα εγώ;
Θα πάθω κι εγώ το ίδιο;
Ποιος θα με φροντίζει τώρα;
Ποιος θα παίζει τώρα μαζί μου;

Μερικά παιδιά πιστεύουν ότι ο θάνατος είναι «μεταδοτικός». Παραδείγματος χάριν, εάν πεθάνει ο μπαμπάς, μπορεί να σκεφτούν ότι κινδυνεύουν να τα εγκαταλείψει και η μαμά τους.

Στην περίπτωση αυτή, είναι απολύτως απαραίτητο να τα διαβεβαιώσουμε ότι η μαμά είναι πολύ λυπημένη, αλλά είναι καλά στην υγεία της και δεν πρόκειται να της συμβεί τίποτα. Να του δώσουμε τη βεβαιότητα ότι εκείνη θα είναι στο πλάι του και θα συνεχίσει να ασχολείται μαζί του και να το φροντίζει όσο καλύτερα γίνεται. Τις πρώτες στιγμές είναι πολύ σημαντικό να ενισχύσουμε τη σωματική επαφή. Να το πλησιάζουμε, να το βάζουμε να κάθεται δίπλα μας, να το κρατάμε αγκαλιά, να το χαϊδεύουμε, να το ακούμε, να κλαίμε μαζί του... κι αυτό δεν σημαίνει ότι απαγορεύεται κάποια στιγμή να το αφήσουμε μόνο του στο δωμάτιό του ή να του επιτρέψουμε να βγει να παίξει με τους φίλους του...

Ένα από τα πιο συχνά συναισθήματα —κι απ' τα πιο κατανοητά εξάλλου—, είναι ο θυμός γιατί αυτός που πέθανε τον *εγκατέλειψε*. Αυτός ο αληθινός «καβγάς» εμφανίζεται με χίλιους τρόπους: νεύρα, εφιάλτες, παιχνίδια που κάνουν θόρυβο, αταξίες και καμιά φορά συμπτώματα όπως εμετοί, πυρετός, χτυπήματα με γροθιές...

Αν συμβαίνει κάτι τέτοιο, θα πρέπει να ψάξετε να βρείτε με ποιον τρόπο θα μπορέσει να εκφράσει καλύτερα την οργή του, φωνάζοντας, τρέχοντας, γρονθοκοπώντας...[1] και να είστε σε επιφυλακή μήπως εμφανιστεί κάποιο επικίνδυνο σύμπτωμα, όπως:

Απώλεια ενδιαφέροντος για δραστηριότητες που του άρεσαν.

Συχνή δυσκολία στον ύπνο.

Απώλεια όρεξης ή υπερφαγία-βουλιμία.

Φόβος να μείνει μόνο του.

Συμπεριφορά που δείχνει παλινδρόμηση (νυχτερινή ενούρηση, μιλάει σαν μωρό...)

Υπερβολική μίμηση του προσώπου που πέθανε.

Επαναλαμβάνει συχνά με διάφορες εκφράσεις την επιθυμία του να ξαναδεί το πρόσωπο που χάθηκε.

Απομονώνεται.

Σημαντικές σχολικές αποτυχίες ή άρνηση να πάει σχολείο.

Άρνηση, άγχος, εύκολο κλάμα.

Υποκατάσταση εκείνου που πέθανε με άλλο πρόσωπο της οικογένειας (φωνάζει μπαμπά τον θείο)

Επαναλαμβάνει τις ίδιες ιδέες.

Σωματικά συμπτώματα που επιμένουν.

Επιθετικότητα.

---

1. Εγώ, ως θεραπευτής, νομίζω ότι ένα-δυο μεγάλα μαξιλάρια θα βοηθήσουν πολύ. (Σ.τ.Σ.)

Σέβομαι τον τρόπο που το παιδί επιλέγει να αντιμετωπίσει την απώλεια

Η βασική διαφορά ανάμεσα στη λύπη του παιδιού και του ενήλικα είναι ότι η λύπη του παιδιού μπορεί να εμφανίζεται μ' έναν τρόπο πιο διακεκομμένο απ' ό,τι στον ενήλικα, αν και οι διεργασίες διαρκούν πολύ περισσότερο χρόνο. Η διαδικασία του πένθους χρειάζεται να αναλυθεί πολλές φορές στη διάρκεια της εξέλιξης της ζωής του, και θα ξαναζήσει την απώλεια αρκετά συχνά σε όλη του την παιδική και εφηβική ηλικία (στην τελετή αποφοίτησης, όταν πάει στο στρατό), όπως επίσης σε σημαντικές στιγμές της ενήλικης ζωής του (στον γάμο του, στη γέννηση του παιδιού του, κ.λπ.)

Τα παιδιά δεν αντιδρούν στην απώλεια με τον ίδιο τρόπο που αντιδρούν οι μεγάλοι, και μπορεί να μην εκδηλώνουν τα συναισθήματά τους τόσο ανοιχτά. Η συμπεριφορά τους, γενικά, λέει πολύ περισσότερα απ' ό,τι λένε τα λόγια τους. Οι γονείς τρομάζουν όταν το παιδί, παίζοντας, προσποιείται ότι πέθανε σαν έναν τρόπο να αποκαλύψει μέσα από το παιχνίδι τα πιο κρυφά του συναισθήματα, ή παίζει ότι μιλάει με το αγαπημένο του πρόσωπο που δεν υπάρχει πια σαν να ήταν εκεί μπροστά του, με σάρκα και οστά. Πρέπει να σεβόμαστε αυτόν τον φανταστικό μπαμπά, τη φανταστική μαμά, ή τον φανταστικό αδελφό, εάν το παιχνίδι αυτό δεν συνεχίζεται για πολύ καιρό, ή πάνω απ' όλα αν το παιδί εύκολα παραδέχεται ότι όλο αυτό είναι παιχνίδι.

Το πιο συνηθισμένο είναι να επεξεργάζεται το παιδί το πένθος με εναλλαγές φάσεων όπου άλλοτε κάνει διάφορες ερωτήσεις και εκφράζει συναισθήματα, και κατά διαστήματα δεν αναφέρει απολύτως τίποτε για το θέμα.

Το πένθος στην εφηβεία

Με δεδομένο ότι η εφηβεία είναι συνήθως από μόνη της μια δύσκολη φάση, η βίαιη εισβολή ενός θανάτου, συνήθως περιπλέκει στο νεαρό άτομο το έργο της αντιμετώπισης όλων εκείνων των αλλαγών, των δυσκολιών και των συγκρούσεων που χαρακτηρίζουν την ηλικία του.

Όπως το μικρό παιδί, έτσι και ο έφηβος δεν εκφράζει αυτό που αισθάνεται. Στην περίπτωση αυτή, όμως, για έναν άλλο λόγο: γιατί έχει πείσει τον εαυτό του ότι πρέπει με τη συμπεριφορά του να δείχνει ότι είναι ικανός να τα τακτοποιήσει όλα μόνος του.

Αυτές είναι σκέψεις που πολλές φορές ενισχύει κάποιος συγγενής. Παραδείγματος χάριν, η θεία, σε μια πολύ άτυχη παρέμβαση, λέει στον δεκαπεντάχρονο, μετά τον θάνατο του πατέρα του, ότι αυτός πρέπει τώρα να στηρίξει συναισθηματικά την μητέρα του για να μην καταρρεύσει...

Τον καημενούλη!

Ενώ ο ίδιος δεν αισθάνεται ότι είναι σε κατάσταση να αντέξει τη δική του στενοχώρια, απαιτούν απ' αυτόν να επωμισθεί και τον πόνο της μητέρας του!

Ο μεγάλος κίνδυνος αυτών των συμπεριφορών άρνησης και αναβολής του πένθους είναι, ασφαλώς, ότι η λύπη μετατρέπεται με τον καιρό σε μνησικακία, φόβο, αδυναμία ή κατάθλιψη... και συναισθήματα όπως αυτά αποτελούν τον προθάλαμο για ν' αρχίσει να αναρωτιέται γιατί, ή για ποιόν, να ζει.

Εκτός από τα συμπτώματα της κατάθλιψης, ορισμένοι έφηβοι μπορεί να εκδηλώνουν κάποια από τις παρακάτω ανησυχητικές συμπεριφορές:

- Δυσκολίες στον ύπνο, ανυπομονησία, χαμηλή αυτοεκτίμηση.
- Σχολική αποτυχία και αδιαφορία για την προσωπική τους εμφάνιση.
- Επιδείνωση των οικογενειακών σχέσεων ή των σχέσεων με φίλους.
- Κατάχρηση αλκοόλ και άλλων ουσιών, καβγάδες στο δρόμο, ασύδοτη σεξουαλικότητα.
- Άρνηση του πόνου, επίδειξη δύναμης και «ωριμότητας» ή επικίνδυνα σπορ.
- Αλλαγή συνηθειών, συντρόφου ή κοινωνικού κύκλου (πάντοτε προς το χειρότερο).

Όπως σε όλες τις περιπτώσεις, μπροστά στην επιπλοκή απαιτείται η γνώμη και η επαγγελματική διάγνωση του ειδικού.

Παρόλο που στην εμφάνιση μοιάζουν με ενήλικες, η συναισθηματική τους ανωριμότητα απαιτεί αρκετή συναισθηματική υποστήριξη για να μπορέσουν να ξεκινήσουν τον επώδυνο και δύσκολο δρόμο των δακρύων.

Πολλές φορές οι έφηβοι σκέφτονται (ακριβώς όπως και πολλοί γονείς) ότι η πραγματική ανακούφιση θα έρθει μέσα από τη βοήθεια των γονέων και των φίλων τους. Όταν όμως πρόκειται για τον θάνατο —εκτός εάν κάποιος φίλος έχει ήδη βιώσει αυτήν την κατάσταση—, οι νέοι αισθάνονται ανίσχυροι και τρομαγμένοι. Το πιθανότερο είναι ότι οι φίλοι θα απομακρυνθούν και θα τους αφήσουν τελείως μόνους τους.

Ένα από τα επεισόδια που με κάνουν να ντρέπομαι περισσότερο απ' οτιδήποτε άλλο στη ζωή μου, ήταν η συμπεριφορά μου μπροστά στον θάνατο της μητέρας του φίλου μου, του Σαλβαδόρ, όταν ήμαστε συμμαθητές στο Γυμνάσιο. Η μητέρα του ήταν για μένα σαν δεύτερη μάνα, όπως ακριβώς και η δική μου για τον φίλο μου, τον «Λούμε». Και, όπως καταλαβαίνετε, μπροστά στην είδηση του θανάτου της, το μόνο που ένιωσα ήταν το σώμα μου να παραλύει. Θυμάμαι τη φοβερή αίσθηση να θέλω να φύγω τρέχοντας, στην κυριολεξία, και να μην μπορώ. Μετά την κηδεία, έβγαλα ένα εισιτήριο με το τρένο για τη Μαρ δε Πλάτα και εξαφανίστηκα για δέκα μέρες. Σήμερα ξέρω ότι αυτό ήταν απόδραση, τότε, όμως, δεν καταλάβαινα καθόλου τι γινόταν. Εκείνη τη στιγμή, το μόνο που σκεφτόμουν ήταν να φύγω όσο το δυνατόν μακρύτερα από τον ανυπόφορο πόνο που μου πίεζε το στήθος και δεν με άφηνε να αναπνεύσω. Ασφαλώς, δεν ήμουν προετοιμασμένος ν' αντέξω αυτό που φανταζόμουν ότι έσκισε την καρδιά του φίλου μου στα δύο, ούτε να πιέσω τον εαυτό μου να αποδεχτεί τον θάνατο εκείνης της θαυμάσιας γυναίκας.

Πολλά χρόνια μετά, κατάφερα να αποκαταστήσω μέσα μου εκείνη τη συμπεριφορά, όταν έμεινα ώς το τέλος δίπλα σ' έναν άλλο φίλο, που έχασε τη μητέρα του μετά από μακρόχρονη ασθένεια και μεγάλη ταλαιπωρία.

Δίπλα σε κάποιον που πεθαίνει

The ultimate gift of love
is letting someone die
in their own way.[1]

Λέει ο Δαλάι Λάμα, ότι για να μην ξεριζωθεί το δέντρο από την καταιγίδα στηρίζεται αποκλειστικά σχεδόν στις ρίζες

1. *Το ύστατο δώρο αγάπης είναι να αφήσεις κάποιον να πεθάνει με τον δικό του τρόπο.* (Σ.τ.Μ.)

του. Αν οι ρίζες του είναι δυνατές και βαθιά μέσα στο χώμα, το δέντρο θα αντέξει χωρίς πρόβλημα, ακόμη κι όταν θα το δέρνει ο πιο δυνατός άνεμος. Προσοχή, όμως, συμβουλεύει ο Δαλάι Λάμα: Το δέντρο δεν μπορεί ν' αρχίσει να βγάζει ρίζες όταν η καταιγίδα φαίνεται ήδη στον ορίζοντα. Στην περίπτωση αυτή, όπως και σε άλλες, όταν προκύψει η ανάγκη, είναι ίσως ήδη πολύ αργά.

Κατά τον ίδιο τρόπο, τις αποφάσεις που αφορούν την τελική φάση της ζωής πρέπει κανείς να τις παίρνει πριν να φτάσει εκείνη η ώρα. Αν και αυτά τα θέματα δεν είναι ευχάριστα ούτε είναι εύκολο να τα συζητά κανείς, ο καθένας πρέπει να κάνει χώρο μέσα του και να βρίσκει την κατάλληλη στιγμή για να επεξεργαστεί τα συναισθήματά του και τις προτιμήσεις του σχετικά μ' αυτές τις αποφάσεις.

Τα τελευταία χρόνια, χάρη στην πρόοδο της ιατρικής και της τεχνολογίας, είναι όλο και πιθανότερο ο θάνατος να μην είναι τελείως ξαφνικός. Η διάγνωση που προηγήθηκε, η κατασταλτική θεραπευτική αγωγή και η αντιμετώπιση κρίσης, όλα αυτά συγκεντρωμένα στην υπηρεσία της μονάδας εντατικής θεραπείας, μας δίνουν συχνά τον χρόνο να είμαστε για λίγο δίπλα σ' έναν δικό μας άνθρωπο που ετοιμάζεται για το τελευταίο του ταξίδι. Ασφαλώς, λόγω της ευαίσθητης και, κατά κάποιον τρόπο, θλιβερής φύσης αυτών των αποφάσεων, δημιουργούμε ένα είδος «συνωμοσίας της σιωπής» που αναβάλλει ή εμποδίζει τη συζήτηση του θέματος. Είναι σαν να φοβόμαστε ότι, φέρνοντας το θέμα στην επιφάνεια, θα προκαλέσουμε τον θάνατο (σαν να πιστεύει και το δέντρο ότι, αν ασχοληθεί με τις ρίζες του, μπορεί να προκαλέσει την καταιγίδα).

Οι ασθενείς ισχυρίζονται ότι δεν θέλουν να στενοχωρήσουν την οικογένειά τους.

Η οικογένεια φοβάται ότι ο ασθενής θα στενοχωρηθεί ή θα καταθέσει τα όπλα.

Οι γιατροί (εκτός από εκείνους που είναι ειδικοί στο θέμα αυτό), αισθάνονται αμήχανα να μιλάνε για τον θάνατο και δεν θέλουν να στενοχωρήσουν τον ασθενή και την οικογένειά του.

Οι στενοί φίλοι δεν θέλουν να είναι αυτοί που θα αρχίσουν να μιλάνε για εκείνη την ώρα, παρόλο που θα ήταν διατεθειμένοι να βοηθήσουν αν τους ζητιόταν να συμμετάσχουν στη δύσκολη στιγμή.

Όλοι σκέφτονται ότι θα έχουν αρκετό χρόνο για να συζητήσουν το θέμα αργότερα.

Και βέβαια, όταν έρχεται η ώρα για να πάρουν οι συγγενείς τις αποφάσεις που απαιτεί η τελευταία στιγμή, δεν τις παίρνουν, καθυστερούν επικίνδυνα και καταλήγουν τελικά, όταν είναι πλέον επείγουσα η κατάσταση, να παίρνουν τις αποφάσεις τρίτα πρόσωπα, πιο μακρινά, ή και άγνωστοι που δεν ξέρουν τις πραγματικές επιθυμίες του ασθενή και της οικογένειάς του.

Οπωσδήποτε, το πιο σημαντικό, αυτό που έχει νόημα στο να συντροφεύεις κάποιον ώς το τέλος, είναι ακριβώς η παρουσία. Η απλή αλλά δύσκολη πράξη του να βρίσκεσαι δίπλα στο αγαπημένο σου πρόσωπο στο τελευταίο κομμάτι της ζωής του. Μια απόφαση που πιάνει τόπο μόνο αν την παίρνει κανείς με την καρδιά του. Η δυνατότητα, επίσης, αν έχουν ειπωθεί όλα, να μοιραστείς μια σημαντική —και όχι αναγκαστικά δραματική—, στιγμή: την τελευταία σ' αυτήν τη ζωή, με τον άνθρωπο που αγαπάς.

Μια κλασική ιστορία...

Αφού κράτησαν αρκετή ώρα με επιτυχία τη θέση της εμπροσθοφυλακής, όπως τους είχαν αναθέσει, ο λοχίας, επανεκτιμώντας την κατάσταση, διέταξε οπισθοχώρηση.

Οι εχθρικές δυνάμεις πλησίαζαν, κι έπρεπε να επιστρέψουν στις δικές τους γραμμές, μέσα στις οβίδες και τον βομβαρδισμό.

Βιαστικά, οι περισσότεροι στρατιώτες καλύφθηκαν στα χαρακώματα της πλευράς όπου θα ήσαν ασφαλείς.

«Λοχία...» λέει ο Αντόνιο, «ο Πέδρο δεν είναι εδώ.»

«Πολύ λυπάμαι» απαντάει ο λοχίας, «θα πρέπει να έπεσε κατά τη διάρκεια της οπισθοχώρησης.»

Ο Αντόνιο αρπάζει το τουφέκι του και πάει να φύγει τρέχοντας.

«Τι κάνεις στρατιώτη; Κάτω αμέσως!» διατάζει ο λοχίας.

«Πάω να τον βρω...» λέει ο Αντόνιο.

«Μείνε εκεί που είσαι!» τον ξαναδιατάζει. «Ακόμη κι αν καταφέρεις να τον βρεις, δεν έχει νόημα να διατρέξεις τον κίνδυνο. Δυστυχώς, ο Πέδρο έπεσε από τις σφαίρες του εχθρού.»

«Δεν ζητάω άδεια...» λέει ο Αντόνιο, και αρχίζει να τρέχει προς την περιοχή την οποία μόλις είχαν εγκαταλείψει.

«Στρατιώτη!» φωνάζει μάταια ο λοχίας. «Στρατιώτη!»

Μισή ώρα μετά, όταν όλοι τον νόμιζαν κι αυτόν νεκρό, επιστρέφει ο Αντόνιο με μια σφαίρα στο πόδι, και σφιχτά στο χέρι του μια στρατιωτική ταυτότητα. Ήταν η ταυτότητα που είχε πέσει από το άψυχο σώμα του Πέδρο.

Ο λοχίας πηδάει από το χαράκωμα για να βοηθήσει τον Αντόνιο να κατέβει. Τον πετάει στην κυριολεξία μέσα στη λάσπη, ενώ συγχρόνως φωνάζει στους νοσοκόμους να του δέσουν το πόδι μ' έναν επίδεσμο για να σταματήσει η αιμορραγία.

«Σου το είπα ότι δεν άξιζε τον κόπο...» λέει ο λοχίας στον Αντόνιο και του δείχνει τη μεταλλική ταυτότητα.

«Άξιζε...» του λέει εκείνος.

«Δεν σε καταλαβαίνω... Πώς άξιζε τον κόπο; Όπως και να 'χει, ο Πέδρο είναι νεκρός, και τώρα έχω κι εσένα τραυματισμένο βαριά. Θα μπορούσα να είχα χάσει δύο άντρες αντί για έναν.»

«Ξέρεις, λοχία...» λέει ο Αντόνιο μ' ένα απίστευτο χαμόγελο στα χείλη, που είναι γεμάτα μώλωπες και ξεραμένο αίμα...

«Όταν τον βρήκα, ήταν ακόμη ζωντανός... Πήγα κοντά του και του έπιασα τα χέρια. Εκείνος άνοιξε τα μάτια και με κοίταξε... σαν να μου χαμογέλασε... Σίγουρα άξιζε τον κόπο... Πριν πεθάνει στην αγκαλιά μου, μου είπε: "Το ήξερα ότι θα ερχόσουν"».

10

Εξοδος και ταξιδι

Αυτός που πεθαίνει
δεν μπορεί να πάρει μαζί του
στο ταξίδι
τίποτα απ' όσα απέκτησε και έχει.
Θα πάρει, όμως, σίγουρα,
όλα όσα έδωσε.

Πατήρ ΜΑΜΕΡΤΟ ΜΕΝΑΠΑΣΕ

ΑΦΟΥ ΠΕΡΑΣΕΙΣ ΜΙΑ ΦΟΡΑ τον δρόμο των δακρύων, συνειδητοποιείς ότι ο καλύτερος τρόπος για να αντιμετωπίζεις και να ξεπερνάς τις απώλειες στη ζωή σου, είναι να φροντίζεις σε μόνιμη βάση την υγεία σου και την ευτυχία που μπορείς να δίνεις στους γύρω σου.

Μόνον έτσι θα μπορείς να παίρνεις κάθε απώλεια όπως είναι στ' αλήθεια: σαν ένα μέρος κι αυτό της ζωής, δηλαδή, που έχει κάτι να μας μάθει.

Αυτός είναι ο αντικειμενικός σκοπός της συζήτησης αυτών των θεμάτων που αναστατώνουν τους περισσότερους και κάποιους τους στενοχωρούν. Στόχος μας είναι να αναπτύξουμε μια καινούργια συμπεριφορά και μια μεγαλύτερη αποδοχή του πένθους, αρχίζοντας να ενθαρρύνουμε και να επικροτούμε κάθε εκδήλωση του δικού μας ή και του ξένου πόνου, εκφραζόμενοι ανοιχτά, χωρίς να φοβόμαστε μήπως μας απορρίψουν, μας απομονώσουν ή μας βγάλουν κάποιοι από τη ζωή τους επειδή φερόμαστε μ' αυτόν ακριβώς τον τρόπο.

Είναι αναγκαίο να κατανοήσουμε και να αποδεχτούμε ότι, σε τελική ανάλυση, η όλη σχέση μας με το σύμπαν, και πολύ περισσότερο με τον περιορισμένο κοινωνικό μας κύκλο, είναι εφήμερη. Ας πάρουμε μερικά μόνο εμφανή παραδείγματα:

Κάθε ζευγάρι χωρίζει με τον άλφα ή βήτα τρόπο.
Κάθε θρίαμβος τελειώνει.
Κάθε στόχος μπορεί να γίνει ανέφικτος.
Κάθε στιγμή του παρόντος θα περάσει.
Κάθε ζωή έχει ένα τέλος.

Ακολουθώντας τις διδαχές πολλών, κυρίως όμως τις ιδέες της Τζούντιθ Βιόρστ,[1] προσπάθησα να θεμελιώσω ότι το πένθος είναι ένα αναγκαίο —και το καταλληλότερο για την περίσταση— συναίσθημα, και ότι οι απώλειες είναι απαραίτητες για την προσωπική μας ανάπτυξη.

Το πένθος δεν είναι, επομένως, μια κακή λέξη, ούτε εκφράζει την αδυναμία κάποιου μπροστά στον θάνατο. Δεν είναι ένα συναίσθημα που πρέπει να αποφεύγει κανείς με κάθε τρόπο, ούτε είναι κάτι που πρέπει να κρύψει από τα βλέμματα των φίλων ή των εχθρών.

---

1. Judith Viorst, (γενν. 1931). Αμερικανίδα συγγραφέας, δημοσιογράφος και ερευνήτια ψυχανάλυσης. (Σ.τ.Μ.)

Σε μια ομάδα αυτοδιαχείρισης γονέων που είχαν χάσει το παιδί τους, με υποδέχτηκε κάποτε μια μεγάλη πινακίδα κρεμασμένη σε περίοπτη θέση στην είσοδο της αίθουσας όπου γίνονταν οι συναντήσεις της ομάδας. Η πινακίδα έγραφε:

Είστε ευπρόσδεκτοι και οι τρεις:
εσύ, το γέλιο σου και τα δάκρυά σου

Όλοι θα μάθουμε αργά ή γρήγορα —και θα το γνωρίσουμε πρωτίστως στο πετσί μας από προσωπική και επώδυνη πείρα—, ότι για να συνέλθεις από το πένθος χρειάζεσαι χρόνο, όπως ακριβώς χρειάζεται ένα τραύμα, ένα κρυολόγημα, ή το ξαναστήσιμο ενός πύργου από τραπουλόχαρτα που τον έριξε κάτω το αεράκι...

Μόνο με ένα πένθος μαθαίνω πώς είναι να βιώνω το πένθος, και ίσως δεν αρκεί η εμπειρία αυτή για να εγγυηθεί κανείς ότι θα λυθεί εύκολα το επόμενο, είναι σίγουρο όμως ότι θα με έχει μάθει κάτι από αυτά τα τέσσερα πράγματα:

I. Ότι... Ο μόνος δρόμος για να τελειώνω με τα δάκρυα, είναι αυτός που περνάει μέσα από αυτά.

II. Ότι... Κανείς δεν μπορεί να διανύσει τον δρόμο για λογαριασμό μου.

III. Ότι... Είναι η ιδέα του ανυπόφορου πόνου που κάνει δύσκολη τη διαδρομή, όχι ότι ο ίδιος ο πόνος είναι ανυπόφορος.

IV. Ότι... Το υγιές και χρήσιμο πένθος, δύσκολα το περνάει κανείς μόνος.

Το πέρασμα του επώδυνου και αναγκαίου δρόμου των δακρύων θα μας αφήσει πιο αποφασισμένους, πιο ώριμους και με μεγαλύτερη αυτοπεποίθηση, ανεξάρτητα από το πόσο δύσκολη κατέληξε να είναι η διαδρομή.

Στο τέρμα κάθε διαδρομής μάς περιμένει σαν ανταμοιβή το νέο νόημα αυτού που χάσαμε και η μετατροπή του πόνου μας σε δημιουργικότητα.

Αφήστε με να σας χαρίσω μια τελευταία ιστορία.

Σίγουρα μία από τις πιο λυπητερές αλλά και τις πιο ωραίες ιστορίες που θυμάμαι: την ιστορία του Γκεδάλια, του ξυλοκόπου.

Σ' ένα εβραϊκό χωριουδάκι στην Πολωνία, ο κόσμος ετοιμαζόταν για τη μεγαλύτερη θρησκευτική γιορτή: το Γιομ Κιπούρ. Τη μέρα της συγχώρεσης.

Μόλις βγήκε το πρώτο αστέρι, κι όπως κάθε χρόνο, οι κάτοικοι σχεδόν χάθηκαν στα βουνά, γιατί όλοι έπρεπε να είναι στο ναό, να νηστεύουν και να προσεύχονται για να εξασφαλίσουν ότι ο καλός Θεός θα τους έγραφε στο βιβλίο του έναν έναν —και το χωριό ολόκληρο—, και θα τους χάριζε μια καλή χρονιά.

Για ένα ολόκληρο εικοσιτετράωρο, κανένας εβραίος που σεβόταν τους νόμους και τους κανόνες της θρησκείας δεν έτρωγε, δεν έπινε, δεν δούλευε, δεν διασκέδαζε. Αφοσιωνόταν εξ ολοκλήρου στην προσευχή.

Σουρούπωνε, όταν ο τελευταίος από τους θεοσεβούμενους κατοίκους του χωριού μπαίνει λαχανιασμένος στο ναό και φωνάζει:

Ραβίνε... Ραβίνε...

«Τι συμβαίνει;» λέει ο Μπάαλ Σεμ Τοβ.

«Έχουμε ένα φοβερό πρόβλημα. Πρέπει να το λύσουμε. Θα μας τιμωρήσει ο Θεός. Το χωριό ολόκληρο θα τιναχτεί στον αέρα από την οργή του...»

«Ηρέμησε... Τι είναι αυτό το φοβερό που συμβαίνει;»

«Ερχόμουνα βιαστικός προς το χωριό, και για να φτάσω στην ώρα μου έκοψα δρόμο μέσα από το βουνό, και πέρασα μπροστά από την καλύβα του Γκεδάλια... Κι εκεί... βλέπω τον γίγαντα μπροστά σ' ένα τραπέζι γεμάτο από κάθε λογής φαγητά και ποτά, έτοιμο να καταβροχθίσει ένα βουνό από πιάτα, που θα ήθελε πάνω από είκοσι τέσσερις ώρες για να τα φάει. Σκέφτηκα μήπως δεν είχε συνειδητοποιήσει τι μέρα ήταν, ή τι ώρα, γι' αυτό πλησιάζω να τον χαιρετήσω και να τον ενημερώσω. Μόλις όμως με βλέπει να πλησιάζω, και πριν προλάβω να μιλήσω, μου φωνάζει:

"Ξέρω ότι μόλις αρχίζουμε το Γιομ Κιπούρ, εγώ όμως τρώω όποτε θέλω κι όσο θέλω! Έξω από δω!"

»Είδα τα μάτια του να γυαλίζουν από θυμό και σκέφτηκα ότι έπρεπε να σου το πω. Εσύ είσαι ο ραβίνος του χωριού και εσύ πρέπει να μας σώσεις από την οργή του Θεού γι' αυτήν την αμαρτία.»

«Τι θέλεις να κάνω; Αρχίζει το Κιπούρ. Θα του μιλήσω τη Δευτέρα...»

«Τρελάθηκες; Ποια Δευτέρα; Δεν καταλαβαίνεις; Μέχρι τη Δευτέρα ο Θεός μπορεί να έχει καταστρέψει την περιοχή ολόκληρη.»

«Όχι, όχι, όχι, όχι» φωνάζουν και όλοι οι άλλοι μαζί.

«Τώρα πρέπει να πας για να μας σώσεις απ' αυτόν τον αγριάνθρωπο που θέλει να μας αφανίσει. Στο μεταξύ, εμείς θα παρακαλέσουμε τον Θεό να κάνει υπομονή μέχρι να μιλήσεις μαζί του, και να μην καταστρέψει το χωριό μας για τις αμαρτίες του Γκεδάλια.»

Ο Μπάαλ Σεμ Τοβ παίρνει το ραβδί του για τον δρόμο και τραβάει για το δάσος όπου βρίσκεται η καλύβα του ξυλοκόπου.

Από μακριά φαίνεται το μεγάλο ξύλινο τραπέζι γεμάτο κρέατα, φρούτα και λαχανικά, που το φωτίζουν λυχνάρια λαδιού. Τη στιγμή που φτάνει, η νύχτα μόλις έχει πέσει και η μέρα της συγχώρεσης μόλις έχει αρχίσει. Πράγματι, ο Γκεδάλια είναι στο τραπέζι και τρώει λες και δεν έχει ξαναβάλει μπουκιά στο στόμα του. Το θέαμα είναι εντυπωσιακό. Ο ξυλοκόπος είναι πραγματικός γίγαντας: ψηλός σαν κυπαρίσσι, στρογγυλός σαν μεγάλο πλατάνι και γερός σαν βελανιδιά. Κάθεται λοιπόν εκεί, τεράστιος, να τρώει και να πίνει χωρίς σταματημό ούτε για να πάρει ανάσα.

«Τι συμβαίνει, Γκεδάλια; Γιατί τρως τη σημερινή ημέρα, που είναι η μέρα της συγχώρεσης; Μπορείς να φας όλες τις άλλες μέρες, σήμερα όμως θα μπορούσες να μας συνοδεύσεις στη νηστεία μας.»

«Όχι» λέει ο Γκεδάλια.

«Γιατί όχι, Γκεδάλια; Σου έχουμε κάνει κάτι; Σε έχουμε πειράξει;»

«Δεν έχω καιρό για λόγια, Ραβίνε. Έχω όλα αυτά που πρέπει να φάω, γιατί αύριο πρέπει να ξαναπάω για δουλειά...»

«Γιατί λες ότι πρέπει να φας όλα αυτά τα φαγητά; Για ποιο λόγο πρέπει να φας τόσο πολύ;»

Ο Γκεδάλια συνεχίζει να τρώει σαν να βρίσκεται σε απόγνωση, και δεν λέει κουβέντα. Δεν απαντάει.

Ο Μπάαλ Σεμ Τοβ κάθεται στο χώμα σιωπηλός και αρχίζει να προσεύχεται.

Έτσι περνάνε τη νύχτα και ολόκληρη την επόμενη μέρα. Δεν κοιμάται κανένας από τους δύο. Ο ένας προσεύχεται και ο άλλος τρώει.

Τέλος, εμφανίζεται ξανά το πρώτο αστέρι στον ορίζοντα και ο Μπάαλ Σεμ Τοβ σηκώνεται και πλησιάζει τον Γκεδάλια.

Το τραπέζι είναι άδειο, εκτός από λίγα ψίχουλα ψωμιού που έχουν ξεφύγει από τη λαιμαργία του μοναδικού καλεσμένου σ' αυτό το δείπνο.

Ο ραβίνος τον κοιτάζει χωρίς να λέει τίποτα, και τότε αρχίζει ο Γκεδάλια να μιλάει:

«Μια μέρα, όταν ήμουν δέκα χρόνων, με πήρε ο πατέρας μου στο δάσος μαζί του. Προσπαθούσε να μου μάθει να χρησιμοποιώ το τσεκούρι. Είχαμε πάει με τα μουλάρια μας φορτωμένα προμήθειες, μερικές κουβέρτες και τα τσεκούρια μας στον ώμο. Όλα έγιναν τόσο γρήγορα... Ξαφνικά εμφανίζονται τέσσερεις Κοζάκοι μέσα από το δάσος το πυκνό, αρπάζουν δύο τον πατέρα μου και οι άλλοι αρχίζουν να ψάχνουν τους σάκους που ήταν φορτωμένοι στα μουλάρια για κρασί και φαγητό. Αφού πήραν αυτά που ήθελαν, αρχίζουν να κοροϊδεύουν τον πατέρα μου. Τον σπρώχνουν και τον προσβάλλουν, του τραβάνε τη γενειάδα και του χτυπάνε τον πισινό. Σε μια στιγμή λέει ο ένας: "Δώσε μας το ασήμι που έχεις".

»Ο καημένος ο πατέρας μου δεν είχε ποτέ πάνω από λίγα χάλκινα νομίσματα στην τσέπη του, τα βγάζει λοιπόν και τους τα δίνει. "Αυτά είναι όλα, σκουπίδι; Αυτά έχεις όλα κι όλα;" του λένε. "Δεν σου αξίζει να ζεις".

»Και αμέσως τον δένουν οι τρεις σ' ένα δέντρο, ενώ ο τέταρτος με κρατάει στον αέρα με το ένα χέρι και μου λέει: "Κοίτα και μάθαινε, εβραιάκι, μάθαινε"...

»Ρίχνουν λίγο λάδι πάνω στον πατέρα μου και του βάζουν φωτιά...

»Ο πατέρας μου ήταν κοντός και αδύνατος, και κάηκε σε ένα λεπτό, σχεδόν χωρίς φλόγα...

»Οι Κοζάκοι έφυγαν.

»Από την ημέρα εκείνη, ορκίστηκα ότι σε όλη την υπόλοιπη ζωή μου θα τρώω τόσο πολύ, θα γίνω τόσο χοντρός, θα μαζέψω τόσο λίπος, ώστε να είμαι σίγουρος ότι αν ποτέ μού συμβεί το ίδιο, θα καώ με τόσο μεγάλη φωτιά, θα βγάλω τόσο μαύρο καπνό, που από οποιοδήποτε μέρος του κόσμου θα φαίνεται η στήλη του πυκνού καπνού κι όλοι θα ξέρουν ότι στο μέρος εκείνο καίνε κάποιον άνθρωπο.»

Ο Μπάαλ Σεμ Τοβ πλησιάζει τον Γκεδάλια, τον φιλάει στο μέτωπο και γυρίζει στο χωριό.

Λένε πως από κει κι έπειτα, ο ραβίνος έλεγε συχνά:

«Αν κάποτε σωθεί αυτό το χωριό από την τιμωρία του Θεού, που όλοι ξέρουμε ότι μας χρειάζεται, αν σωθεί λέω... αυτό, να ξέρετε, θα το χρωστάμε στον Γκεδάλια.»

ΒΙΒΛΙΟΓΡΑΦΙΑ

ARIES, Philippe: *El hombre ante la muerte*
BEAUVOIR, Simone de: *La fuerza de las cosas*
—, *La vejez*
BURNELL, D.: *Clinical Management of Bereavement*
CHATEAUBRIAND, P.: *La vejez es un naufragio*
CORR/McNEIL: *Adolescence and Death*
COSBY, Bill: *El tiempo vuela*
COUSIN, Norman: *La voluntad de curarse*
DESPELDER/STRICKLAND: *The Last Dance: Death and Dying*
DOKA, Ed.: *Children Mourning, Mourning Children*
—, *Illness: A Guide for Patients, Their Families and Caregivers*
DOPASO, Hugo: *El buen morir*
FITZGERALD, H.: *The Grieving Child: A Parent's Guide*
FREUD, Sigmund: *Consideraciones sobre la vida y la muerte*
—, *Correspondencia a Lou Andreas-Salomé*
GLASER, B. & STRAUSS, A.: *Time for Dying*
CLICK, WEISS, PARKES: *The First Year of Bereavement*
GROLLMAN, E.: *Talking About Death: A Dialogue Between Parent and Child*
KASTENBAUM, R.: *Death, Society and Human Experience*
KRIPPER, Daniel: *La muerte, el duelo y la esperanza*
KRISHNAMURTI, J.: *El vivir y el morir*
KÜBLER-ROSS, E.: *On Death and Dying*
—, *La rueda de la vida*
—, *Preguntas y respuestas a la muerte de un ser querido*

LACAN, Jacques: *Seminario La Ética*
LIBERMAN, Diana & ALPER, Silvia: *El duelo de la viudez.* www. duelum.com.ar
MANONI, Maud: *La última palabra de la vida*
—, *Lo nombrable y lo innombrable*
MINOIS, Georges: *Historia de la antigüedad al renacimiento*
NABE, C. M./CORR, D. M.: *Death and Dying, Life and Living*
OSHO: *La muerte, la mayor ficción*
—, *Los tres tesoros del Tao*
PARKES & WEISS: *Recovery from Bereavement*
RANDO, T.A.: *Treatment of Complicated Mourning*
SCHAEFER, D/LYONS,C.: *How do We Tell the Children?: Understand and Cope with Grief*
SCHNAKE, Adriana : *El lenguaje del cuerpo*
SCHUCHTER, Z.: *Treatment of Spousal Bereavement: Multidimensional Approach*
SILVERMAN, Pr.: *Widow-to-widow*
SLAIKEN/LAWHEAD: *El factor fénix*
SÓFOCLES: *Edipo en Colona*
TIFFAULT, B. W.: *A Quilt for Elizabeth*
VIORST, J.: *The Tenth Good Thing About Barney*
—, *Control Imperfecto*
WALKER, A.: *To Hell with Dying*
WASLAWICK, P.: *Someone Dies*
WASS, H./CORR, C.A.: *Childhood and Death*
WOLFELT, A.: *Helping Children Cope with Grief*
WORDEN,W.: *Children and Grief: When a Parent Dies*
—, *Grief Counseling and Grief Therapy*

Περιεχομενα

ΝΑ ΣΟΥ ΠΩ ΜΙΑ ΙΣΤΟΡΙΑ

Το ξεκίνημα μιας στενής φιλίας, μ' έναν εικοσάχρονο φοιτητή που προσπαθεί να τιθασεύσει τις νευρώσεις του.

ΒΑΣΙΣΟΥ ΠΑΝΩ ΜΟΥ

Είκοσι χρόνια αργότερα, ο κάποτε νεαρός φοιτητής, χρειάζεται και πάλι τη βοήθεια του παλιού του φίλου, που έχει όμως χαθεί...

ΙΣΤΟΡΙΕΣ ΝΑ ΣΚΕΦΤΕΙΣ

Είκοσι οκτώ ιστορίες που σημαδεύουν την ψυχή και το μυαλό έτσι όπως μόνο η καλή λογοτεχνία μπορεί να το πετύχει.

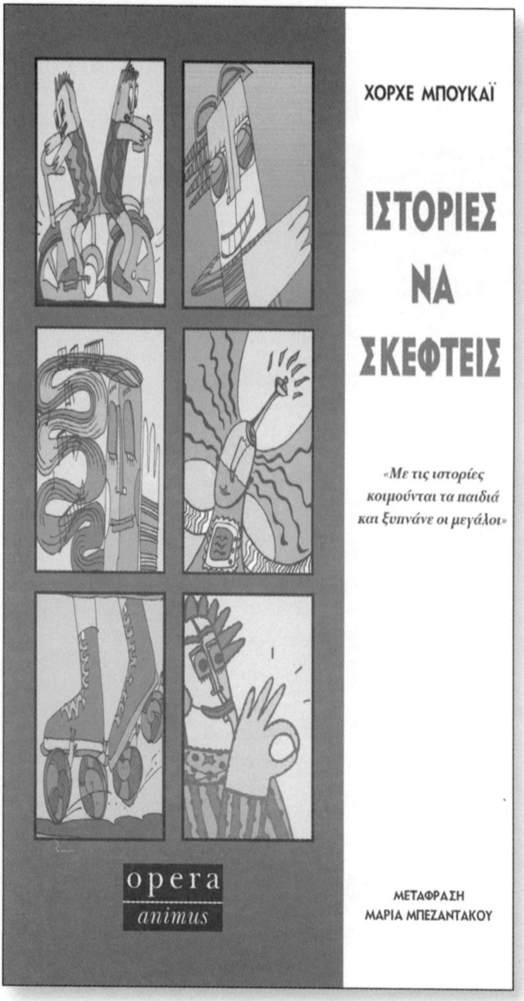

ΝΑ ΒΛΕΠΕΙΣ ΣΤΟΝ ΕΡΩΤΑ

Όταν ο έρωτας, η ψυχοθεραπεία και το διαδίκτυο μπερδεύονται αναπάντεχα δημιουργώντας ένα πολύ εκρηκτικό μείγμα.

Ο ΔΡΟΜΟΣ ΤΗΣ ΑΥΤΟΕΞΑΡΤΗΣΗΣ

Ο Μπουκάι βάζει στο μικροσκόπιο τη ζωή, τις σχέσεις, τη στάση και τη συμπεριφορά μας απέναντι στους άλλους και στον εαυτό μας.

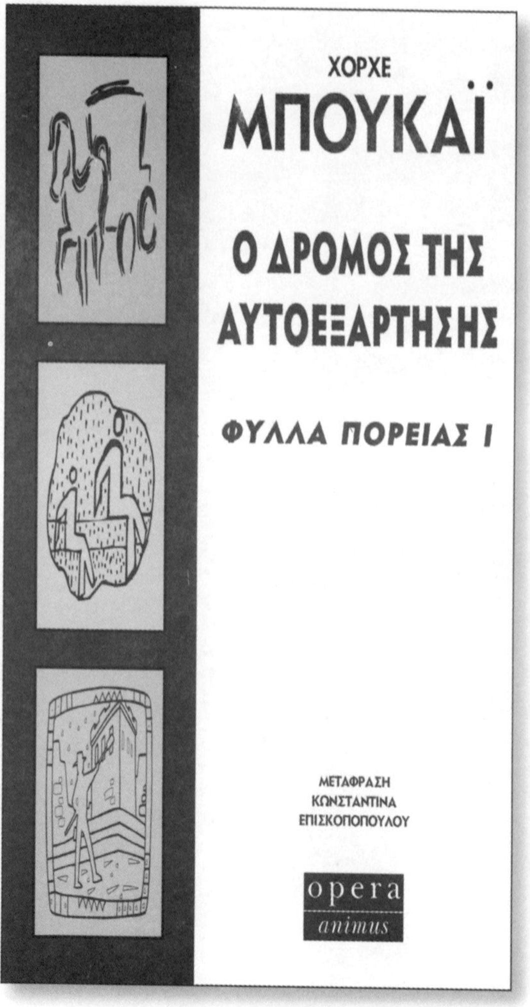

Ο ΔΡΟΜΟΣ ΤΗΣ ΣΥΝΑΝΤΗΣΗΣ

Όταν συναντιόμαστε, τότε εγώ: «Μας στηρίζω με όλη μου την καρδιά. Αν, όμως, με πιέσεις να διαλέξω ανάμεσα σ' εσένα κι εμένα... εμένα.»